심리학, 배신의 상처를 위로하다

THE GIFT OF BETRAYAL by Eve A. Wood

Copyright ⓒ 2006 by Eve A. Wood

English language publication 2006 by Hay House Inc.
Korean translation Copyright ⓒ 2010 by Imago Publishers, Inc.

Korean translation rights are arranged with Hay House UK Ltd. through Amo Agency, Korea.

Tune into Hay House broadcasting at: www.hayhouseradio.com

이 책의 한국어판 저작권은 아모 에이전시를 통해 저작권자와 독점 계약한 (주)이마고에 있습니다. 신 저작권법에 의하여 한국 내에서 보호를 받는 저작물이므로 무단전재와 무단복제를 금합니다.

심리학, 배신의 상처를 위로하다

초판 1쇄 발행일 • 2010년 8월 25일
초판 2쇄 인쇄일 • 2010년 9월 20일

지은이 • 이브 A 우드
옮긴이 • 안진희
감　수 • 김한규
펴낸이 • 김미숙
편　집 • 이기흥
디자인 • 박선옥
마케팅 • 백유창
관　리 • 이생글
펴낸곳 • 이마고

121-840 서울시 마포구 서교동 408-17 4층
전화 (02)337-5660 | 팩스 (02)337-5501
E-mail : imagopub@chol.com | www.imagobook.co.kr
출판등록 2001년 8월 31일 제10-2206호

ISBN 978-89-90429-90-2　03180

＊ 값은 뒤표지에 있습니다.
● 잘못된 책은 바꿔드립니다.

심리학,
배신의 상처를 위로하다

이브 A. 우드 지음 | 안진희 옮김 | 김한규 감수

이마고

차례

옮긴이의 글 ·· 009
머리말_ 나는 왜 늘 이런 사람만 만나는 걸까? ················· 013

#1 배신이라는 현실이 당신 앞에 닥쳤을 때

어디까지가 진짜였고, 어디까지가 가짜였는가? ············· 025
믿고 싶지 않은 현실들 ·· 027
기꺼이 분노하라 ·· 029
내게 무슨 일이 일어난 거지? ·· 031
혹 내게 문제가 있는 건 아닐까? ······································ 033
진실을 알고 나니 차라리 맘이 편해 ································ 034
이제 어떻게 해야 하는가? ·· 036

#2 당신의 삶이 배신으로 무너질 때

힘을 가질 것인가, 희생자가 될 것인가? ························· 041
탓할 것인가, 배우고 성장할 것인가? ······························ 044
당신이 진정 원하는 것은 무엇인가? ································ 049
헤어져야 할까, 유지해야 할까? ·· 052
당신은 선택권을 가지고 있다 ··· 058

#3 당신의 영혼을 좀먹는 소시오패스, 그들은 어디에나 있다

당신은 그중 한 사람과 결혼했을 수도 있다! ··················· 061
때리는 남편에게 계속해서 다시 돌아가는 여성이 존재하는 이유 ····· 067
소시오패스에 대처하는 9가지 방법 ································· 070
최대한 빨리 빠져나오기 ·· 072

#4 당신이 여기까지 온 데는 분명히 이유가 있다

- 당신은 이제 알고 있다 ··· 077
- 우리는 모두 과거를 재경험하고 있다 ··· 081
- 당신은 처음부터 존재했을 위험 경고를 무시했을 가능성이 높다 ··· 084
- 과거의 잘못된 신념이 현재의 삶을 지배한다 ··· 088
- 당신은 인생을 더 나은 방향으로 바꿀 수 있다 ··· 092

#5 용서와 치유

- 용서할 수 없으면 용서하지 말라 ··· 097
- 진정한 용서는 치유가 시작된 이후에만 가능하다 ··· 100
- 용서가 아닌 것들 ··· 102
- 유년의 상처가 가진 유독성 ··· 102
- 변화는 불시에 찾아온다 ··· 104
- 자기 자신을 더 사랑하고 더 관대하게 대하라 ··· 105

#6 스스로의 능력을 믿으라

- 기적을 원한다면 먼저 그 기적이 일어날 것임을 믿으라 ··· 112
- 긍정적인 생각이 인생에 미치는 힘 ··· 113
- 당신의 가장 간절한 바람은 무엇인가? ··· 117
- 자기긍정문을 만들어 복창하라 ··· 123

#7 진정으로 원하는 삶을 살고 싶다면 움직이라

- 자신이 원하는 것과 원하지 않는 것 인식하기 ··· 127
- 가슴속 열망을 명확히 하는 것을 도와줄 수 있는 25가지 방법 ··· 132
- 내면의 욕구를 밖으로 표현하기 ··· 137
- 상대를 고치려 드는 습성을 버리기 ··· 139
- 잘못을 인정하고 사과하기 ··· 140
- 정말로 중요한 것이 무엇인지 생각해보기 ··· 143

#8 삶의 속도를 늦추라

- 배신의 상처에서 벗어나기 위한 긴 여정 ······ 147
- 자신에게 시간을 선물하라 ······ 150
- 속도를 늦추고 삶의 틀을 다시 짜는 18가지 방법 ······ 154
- 당신의 욕망과 당신의 선택은 서로 일치하는가? ······ 158

#9 모험하라, 시도하라, 자신의 감정에 관심을 기울이라

- 당신은 배울 수 있고 변할 수 있다 ······ 163
- 당신이 할 수 있는 16가지 새로운 모험 ······ 165
- 당신이 원하는 사랑 찾기 ······ 167
- 감정 공유하기 ······ 169
- 선 긋기 ······ 171
- 화, 상처, 혹은 실망 표현하기 ······ 173
- 감정 표출하기 ······ 175
- 건설적인 비판 하기 ······ 177
- 도움 요청하기 ······ 179
- 죄책감 느끼지 않고 거절하기 ······ 181
- 부담되지 않게 도움 주기 ······ 182
- 실수했을 때 사과하기 ······ 184
- 흔히 빠지는 데이트의 함정 ······ 185

#10 동성친구들에게 도움을 구하라

- 여성은 여성을 치유한다 ······ 191
- 지금 당신 곁에는 당신의 손을 잡아줄 친구들이 있다 ······ 192
- 우리는 숨기고 있는 비밀만큼 아프다 ······ 194
- 남자에 관해 여자에게 배우기 ······ 200

#11 남자들이 여자에게 해줄 수 있는 것과 절대 해줄 수 없는 것

- 당신이 남자에 관해 알아야 할 것들 ······ 209
- 남자와 효과적으로 의사소통하는 방법 ······ 212

남자의 뇌는 이리저리 뛰어다니는 메뚜기와 같다 ⋯⋯⋯⋯⋯⋯⋯⋯ 217
남자와 여자의 감정 차이 ⋯⋯⋯⋯⋯⋯⋯⋯⋯⋯⋯⋯⋯⋯⋯⋯⋯⋯⋯ 219

#12 행복한 성생활은 우리를 치유한다

우선 섹스에 관한 진부한 통념에 마침표부터 찍으라 ⋯⋯⋯⋯⋯⋯ 224
배신으로 상처받은 과거를 떠나보내는 자신만의 의식을 거행하라 ⋯ 228
자신만의 사랑의 언어 발견하기 ⋯⋯⋯⋯⋯⋯⋯⋯⋯⋯⋯⋯⋯⋯⋯ 232
다시 누군가를 만날 수 있을까? ⋯⋯⋯⋯⋯⋯⋯⋯⋯⋯⋯⋯⋯⋯⋯ 234
당신 안에 숨어 있는 내면의 여신을 해방시키라 ⋯⋯⋯⋯⋯⋯⋯⋯ 238

#13 불안과 걱정을 다스리는 법

사소한 걱정으로 자신을 괴롭히지 말라 ⋯⋯⋯⋯⋯⋯⋯⋯⋯⋯⋯⋯ 242
걱정에 불을 지피는 생각들을 멈추게 하는 사고 중지 기법 ⋯⋯⋯ 247
자신만의 사고 중지 기법을 개발하라 ⋯⋯⋯⋯⋯⋯⋯⋯⋯⋯⋯⋯⋯ 249
카페인 섭취량을 줄이라 ⋯⋯⋯⋯⋯⋯⋯⋯⋯⋯⋯⋯⋯⋯⋯⋯⋯⋯⋯ 252
인간관계에서 현재에 머무르기 ⋯⋯⋯⋯⋯⋯⋯⋯⋯⋯⋯⋯⋯⋯⋯⋯ 254
지금 이 순간은 충분히 아름답다 ⋯⋯⋯⋯⋯⋯⋯⋯⋯⋯⋯⋯⋯⋯⋯ 255

#14 당신 앞에 놓인 새로운 인생을 마음껏 축하하라

성취감 연습하기 ⋯⋯⋯⋯⋯⋯⋯⋯⋯⋯⋯⋯⋯⋯⋯⋯⋯⋯⋯⋯⋯⋯ 263
감사의 일기 쓰기 ⋯⋯⋯⋯⋯⋯⋯⋯⋯⋯⋯⋯⋯⋯⋯⋯⋯⋯⋯⋯⋯⋯ 266
마침내 얻은 자유, 당신은 이제 희생자가 아니다! ⋯⋯⋯⋯⋯⋯⋯ 269
역경의 밝은 면 ⋯⋯⋯⋯⋯⋯⋯⋯⋯⋯⋯⋯⋯⋯⋯⋯⋯⋯⋯⋯⋯⋯⋯ 272
우리는 당신과 당신의 멋진 미래를 믿는다 ⋯⋯⋯⋯⋯⋯⋯⋯⋯⋯ 274

끝맺는 글_배신이 당신에게 가져다준 선물 ⋯⋯⋯⋯⋯⋯⋯⋯⋯⋯ 275
감사의 말 ⋯⋯⋯⋯⋯⋯⋯⋯⋯⋯⋯⋯⋯⋯⋯⋯⋯⋯⋯⋯⋯⋯⋯⋯ 279

옮긴이의 글

누구나 살아가면서 크고 작은 '배신'을 겪는다. '배신을 당했다'라는 거창한 표현을 쓸 만한 경험도 있지만 '배신감을 느꼈다'로 표현할 수 있는 소소한 일들도 있다. 영원히 싱글로 살자며 의기투합했던 친구가 당당히 애인을 소개할 때, 오래된 단골식당의 맛이 갑자기 확 바뀌었을 때, 나밖에 모르던 조카 녀석이 훌쩍 커버렸을 때, 우리는 '배신감'을 느낀다.

어쩌면 우리는 날마다 누군가를 배신하고 누군가에게 배신당하며 살고 있는 것일지도 모른다. 무언가에 대한 예상이나 기대가 어긋날 때 우리는 배신감을 느낀다. 그리고 씁쓸하게 한 번 웃고는 넘어간다. 그러면서 살아가고 성장하고 나이 들어간다.

하지만 이 책에 나오는 배신은 이러한 일상적인 배신과는 다르다. 인생을 뿌리째 뒤흔드는, 너무 고통스러워서 차라리 지옥에 있는 게 낫겠다 싶은 경험들이다. 한 개인을 황폐화시키고 일상적인 삶을 꾸리기 힘들게 만드는 경험들이다.

배신(背信). 신의를 저버린다는 뜻이다. 이 책에는 마음 깊이 믿었던 사람들에게 배신을 당하고 철저히 무너졌던 여성들 그러나 거기에서 강인하게 일어섰던 수많은 여성들의 이야기가 나온다. 그리고 그 속에는 저자인 이브 A. 우드 박사의 이야기도 포함돼 있다. 그녀는 이 책에서 자신의 이야기를 놀랍도록 솔직하게 보여준다. 자신이 느꼈던 절망감과 무력감 그리고 그 극복에 대해 담담하고 솔직하게 풀어놓으면서, 어둠의 터널에 갇혀 있는 사람들에게 그 끝에는 반드시 빛이 있다고 간곡하게 이야기한다. 자기 자신이 직접 겪었고 이겨냈기 때문에 그리고 많은 사람들을 치유의 길로 안내했기 때문에 그러한 확신이 가능한 것이리라.

이 책은 기본적으로 여성의 관점에서 본 남녀관계, 그중에서도 '배신'의 경험에 관한 이야기다. 그러나 매우 보편적인 이야기를 하고 있기도 하다. 서로 사랑하던 두 사람의 관계가 그중 한 사람의 일방적인 통보로 끝이 난다면, 당하는 사람에게 상대방의 '선언'은 치명적일 수밖에 없다. 이것도 일종의 배신인 것이다.

그 상처는 금방 아물기도 하고, 매우 오랜 시간을 두고 밤잠을 설치게 만들기도 한다. 어느 경우든 이별의 상처는 흔적을 남긴다. 심각한 경우에는 이성에 대한 신뢰에 치명적인 손상을 입혀 새로운 사람을 만나는 것 자체에 거부감을 가지게 만들기도 한다. 여러 번 사랑을 한다고 이러한 상처에 대한 면역력이 저절로 생기는 것 같지는 않다.

커다란 흉이 지지 않게 생채기를 곱게 다독여주는 법, 네 잘못이 아니라고 자신을 꼭 안아주는 법 그리고 새로운 삶과 사랑을 향해 힘차게 나아가는 법, 결정적으로 다음에는 배신당하지 않을 수 있는 법(!)을 이 책은 체계적이고 자세하게 알려주고 있다.

또한 이 책은 전문적이면서도 동시에 매우 일상적이고 적용하기 쉬운 극복 방안들을 제시해 배신에 고통받는 사람들이 실질적인 도움을 받을 수 있도록 하고 있다.

개인적으로 이 책에서 가장 인상 깊었던 부분은 5장 '용서와 치유'였다. 많은 심리치유서가 가해자에 대해 용서하고 심리적인 화해를 하는 것이 치유의 근본적인 출발점이라고 말하고 있는 반면, 이 책은 그러한 통념은 잘못되었다고 말하고 있다. 치유가 선행되어야 함은 물론 그 치유가 상당히(그 정도는 개인에 따라 다르다) 진행됐을 때에만 비로소 용서가 가능하다는 것이다. 의무감이나 주위 상황에 쫓겨, 혹은 막연히 그래야 할 것 같아서 조급하게 용서를 하게 되면 그게 오히려 더 깊은 상처를 남길 수 있다고 저자는 말한다. 평생 상대를 용서하지 못할 것 같은 격렬한 분노에 사로잡혀본 사람이라면, 상대를 용서해야만 할 날이 올까봐 그게 오히려 두려웠던 적이 있는 사람이라면, 이 장을 읽고 마음속 깊이 위안을 얻을 수 있을 것이다. 그리고 자신의 생각이 잘못된 게 아니라는 사실에 안도감을 느낄 것이다.

"우리 헤어지자."
"내가 잘할게."

영화 〈봄날은 간다〉에서 갑자기 헤어지자는 은수에게 상우는 반사적으로 자신이 잘하겠다고 한다. 잘못한 것이 아무것도 없음에도 말이다. 사랑은, 이별은, 배신은 우리를 '죄인'으로 만든다. 자기 자신을 탓하고 원망하게 만든다.

책의 번역을 마무리 짓던 중 문득 이 영화가 생각났다. 물론 극중 은수의 배신은 이 책에 나오는 배신들에 비하면 귀여운(?) 수준이지만 말이다. 이 책을 읽는 모든 분들이 이 영화의 마지막 장면에 나오는 상우처럼 빙긋이 웃을 수 있게 되기를, 온몸으로 바람을 맞으며 그 자체를 온전히 즐길 수 있게 되기를 바란다.

이브 박사는 이 책의 내용에 대해 자기가 예전에 알았으면 얼마나 좋았을까 하는 생각이 들었다고 말한다. 그랬다면 그토록 많은 아픔과 고통을 겪지 않아도 되었을 거라는 얘기다. 나 또한 비슷한 생각이 들었다.

'아. 이런 책이 진작 있었더라면 그때 좀 덜 힘들었을 텐데.'

그러한 의미에서 이 책을 번역하게 된 게 얼마나 다행이고 감사한 일인지 모른다. 내게 뜻밖의 '선물'로 다가왔던 이 책이 책을 읽는 모든 분들에게도 귀중한 '선물'이 될 수 있기를 진심으로 희망한다.

 머리말

나는 왜 늘 이런 사람만 만나는 걸까?

우리는 '아무리 어려운 상황이라도 희망은 있다.' '터널의 끝에는 빛이 있기 마련이다.' '신은 누구에게나 감당할 수 있는 만큼의 고통만을 주신다.'는 말을 들어본 적이 있다. 하지만 우리의 세계가 절망감으로 무너질 때—연인이나 인생의 동반자 또는 배우자가 우리를 '배신'할 때, 한 폭의 그림처럼 완벽했던 우리의 인생이 한 줌의 재로 변해버릴 때—이러한 경구는 공허한 울림으로 변하고 진실과는 거리가 먼 한낱 진부한 문장에 불과하다는 것을 깨닫게 된다.

나는 끔찍하고, 고통스럽고, 인생을 통째로 바꿔버리는 배신을 경험한 수많은 여성들과 함께 아픔을 나눠왔다. 그리고 그들이 절망감과 무력감, 자기연민, 슬픔, 고통의 나락에서 벗어날 수 있도록 도왔다. 우리는 함께 분노했고, 농담을 나눴고, 웃었다. 그리고 다음과 같은 질문에 직면할 때는 함께 울었다.

— 왜 하필 나야?
— 그가 내게 어떻게 이럴 수 있지?
— 그는 도대체 누구지?

─ 내가 왜 그 사실을 놓쳤지?
─ 나는 왜 이 모양일까?
─ 내가 어쩌다 여기까지 왔지?
─ 나는 왜 늘 이런 사람만 만나는 걸까?
─ 믿을 만한 사람이 세상에 있기는 한 걸까?
─ 내가 누군가를 다시 믿을 수 있을까?

우리는 함께 그 고통스러운 기억을 이야기하고, 배우고, 수용하며 변화했다. 그리고 나와 함께 작업했던 이들은 모두 앞의 경구가 '진실'임을 증명했다. '내' 삶이 배신에 무너졌을 때 나 또한 이들과 똑같은 과정을 거쳤다.

배신을 당한 이들은 모두 희망과 치유, 인생의 기쁨을 충분히 누릴 자격이 있다. 그것들은 바로 앞에서 우리를 기다리고 있다. 다만 이를 경험하기 위해서는 우선 '배신이 주는 뜻밖의 선물'을 이해해야 한다. 일단 머리로 받아들여야—이해하고, 의미를 해석하고, 배워야—한다. 또한 몸으로 부딪쳐야 한다. 회피하지 않고 당당히 맞서서 다른 누군가의 이야기가 아닌 나 자신의 이야기로 만들어야 한다. 내 환자들과 내가 해냈다면 당신 역시 할 수 있다.

우선 내가 겪은 일을 들려줌으로써 이야기를 시작하려 한다. 이를 통해 당신이 나와 함께 치유의 길로 한 발짝 발을 들여놓은 후 차차 내 환자들의 경험을 나누도록 하겠다. 나는 이 책을 이성애적 관계에 있는 '여성'들을 위해 썼다. 하지만 일단 배신을 겪은 적이 있다면 당신이 이성애적 관계에 있는 남성이든 동성애적 관계에 있는 사람이든 이 책에서 큰 도움을 받을 수 있을 것이다. 다만 이러한 경우 '그'를 '그녀'로 '그녀'를 '그'로 바꿔서 읽기 바란다(일부 장의 내용은 이성애적 관계에 있는 여성에게만 적용됨을 미리 밝혀둔다).

예상과는 달랐던 나의 결혼생활

아주 오래전—"그들은 영원히 행복하게 살았답니다."라는 말을 여전히 믿고 있던 시절—에 나는 결혼했다. 당시 스물세 살의 의대 2학년이었던 나는 태어나서 처음으로 사랑에 빠졌다. 내가 사랑한 피터(그의 진짜 이름은 아니다)는 나보다 4개월 일찍 태어난 의대 1년 선배였다. 우리는 둘 다 학생이었다. 하늘이 내려주셨다고 생각한 그 남자와 16개월을 사귄 뒤에 나는 어릴 적부터 다니던 예배당에서 가족들과 친구들, 랍비의 앞에 섰다. 그리고 그를 남편으로 받아들이겠다는 서약을 했다. 건강할 때나 아플 때나 영원히 그를 사랑하고 존경하며 소중히 여기겠다고 맹세했다. 하지만 그때 나는 무슨 일을 저지르고 있는지 전혀 알지 못했다!

나는 스스로를 잘 알고 있다고 생각했다. 또한 '그'도 잘 알고 있다고 생각했다. 그와 7개월을 사귄 뒤부터 엄마는 서둘러 결혼하라고 종용하기 시작했다. 당시 우리는 내 아파트에서 함께 살고 있었는데 엄마는 이에 대해 걱정을 늘어놓았다.

"네가 빨리 결혼식을 올리지 않으면 그는 언제까지나 동거만 하려고 들 거다."

정말 '그렇게 되면' 문제가 되겠다는 생각이 들었다. 나는 아직 반짝거리는 눈을 가진 천진난만하고 경험이 부족한 소녀에 불과했다. 나는 그와 약혼했고, 이 결정이 정말로 옳은 것이라고 생각했다.

약혼 후 얼마 지나지 않아 나는 매우 우울해졌다. 우울증 진단을 받은 것은 아니지만 며칠 동안 도무지 울음을 멈출 수가 없었다. 도대체 뭐가 문제인지 알 수 없었다. '어느 때보다도 행복해야 하는데…….' 나는 생각했다. '무슨 문제가 있겠어?' 나는 친구들에게 조언을 구했다. 친구들은 이런 증상이 호르몬 변화 때문이라고 했다. 덧붙여 (지금 생각하기에) 아주 우스꽝스럽고 모호한 이유들을 댔다. 아무도 내게 "네 몸이 이 결혼계획에 대해 뭔가 말하려고 하나 봐. 아무래도 그만두는 게 좋겠어." 같은 말은 해주지 않았다. 나는 몸과 마음의 상호작용에 대해 전혀 알지 못한 채, 엄마가 세우는 결혼계획에 따라 힘겹게 앞으로 나아갔다. 나는 늘 하던 대로 고분고분 행동했다. 더 좋은 방법을 알지 못했다. 아무도 자신이 아는 것 이상으로 행동할 수는 없는 법이다.

약혼기간 내내 나는 간헐적으로 불안해했다. 우리는 완벽하게 멋진 시간을 함께 보내기도 했지만 서로 싸우기도 했다. 이것은 내게 완전히 새로운 경험이었다. 천성적으로 갈등을 싫어하는 나는 그런 상황을 항상 피해왔었다. 나는 피터의 말과 행동에 자주 상처를 받았다. 그럼에도 불구하고 우리는 그럭저럭 잘 해결해 나가는 것처럼 보였다. 하지만 나는 해결한다는 것이 무엇을 의미하는지 진정으로 알지 못했다. 내 부모님은 자식들 앞에서 단 '한 번도' 다투지 않았다. 그들은 자신들이 자식에게 훌륭한 모범이 되고 있다고 믿었다.

어렸을 때 그리고 성인이 되어서도 나는 항상 어떤 목표를 필요로 했다. 내가 어디를 향해 가고 있는지 그리고 그곳에 가기 위해 무엇을 해야 하는지 항상 알아야 했다. 아마도 나를 완벽하게 통제하고 있다는 착각이 문제 있는 가정에서 그나마 나를 제정신으로 버티게 해주었을 것이다. 어쨌든 결혼해야 할 사람과 결혼을 한다는 생각이 나를 계속 앞으로 나아가게 했다. 그와 보낸 즐거운 시간들은 그와 영원히 행복하게 살 수 있을 것이라는 내 의식적인 믿음을 확고히 해주었다. 그리고 그 의식적인 믿음이 나로 하여금 불가능을 가능케 하기 위해 계속 노력하도록 만들었다.

결혼생활은 내 예상대로 전개되지 않았다. 정신과 전문의 수련과정을 마칠 무렵, 심한 산통 끝에 사랑스러운 남자아기의 엄마가 되었다. 그후 3년이 채 지나지 않아 남편과 나는 두 아들의 부모가 되었다. 늘 아이들을 간절히 원한 나였지만 약혼기간에 겪은 불안정한 경험은 여전히 해결되지 않은 채 남아 있었다. 스트레스와 갈등이 계속됐고 나는 무슨 일이 생기든 그것을 '해결'하기 위해 끊임없이 노력했다.

때때로 진심으로 즐거웠던 것도 사실이다. 나는 남편과 즐거운 시간을 보냈으며 보람 있는 일도 많이 했다. 또한 내게는 훌륭한 아이들이 있었다. 하지만 나는 남편에게 의지할 수도, 그가 꾸준히 나를 지탱해줄 것이라는 믿음을 가질 수도 없었다. 나는 자주 그에게 큰 상처를 받았고, 실망했고, 압도되었다. 나는 불행했고 혼란스러웠다. 그리고 마음 깊이 불만족스러웠다. 그와 나는 몇 년 동안 치료와 상담을 받았다. 하지만 문제는 점점 심각해졌다.

끔찍한 일들이 벌어지곤 했다. 그는 바로 사과했으며 앞으로 변하겠다고 매번 약속했지만 계속해서 내 신뢰를 깨뜨렸다. 나는 끊임없이 문제를 바로잡고 해결해야 했다. 그가 변하리라는 희망을 버린 것은 아니었지만 불안과 공포는 늘 가시지 않았다. 마치《지킬 박사와 하이드 씨》의 주인공과 함께 살고 있는 것 같았다. 그는 예고없이 공격적으로 돌변하곤 했다.

스물네번째 결혼기념일에 즈음하여 우리에게는 아홉 살부터 열아홉 살까지의 네 아이가 있었으며 각방을 쓰고 있었다. 그와 함께 있으면 어딘가가 늘 아팠다. 또한 심한 정신적 고통이 뒤따랐다. 내 삶이 완전히 무너진 것은 바로 이때쯤이었다.

나는 피터가 이중생활을 하고 있다는 확실한 증거와 맞닥뜨렸다. 그는 서로 존중하고 지키기로 맹세한 결혼서약의 근간을 뿌리째 흔드는 일을 저질렀다(법적인 이유로 그가 한 일에 대해 세세한 이야기를 할 수는 없지만 그의 배신은 정말로 충격적이었다). 결혼생활을 가능하게 했던 내 환상은 산산이 부서져버렸다. 나는 황폐해졌다. 결국 그에게 집을 나가라고 했다. 불가능한 일을 가능하게 만들기 위해 27년을 애쓴 끝에 나는 마침내 이혼 소송을 제기했다.

나는 그랜드캐니언보다 더 넓은 인생의 대지에서 느닷없는 폭탄에 맞아 산산조각이 났다. 성인이 된 후의 내 인생 전부를 그와 함께 헛된 미래를 만드는 데 다 보내버린 것이다. 우리에게는 네 명의 아이들이 있었다. 지난 세월 동안 부모님과 친구, 동료, 친척들은 그가 저지른 연이은 문제들을 해결할 수 있도록 도와주었다. 모두 그를 믿고 희생했으며 그를 돕는 데 온갖 수단을 다 동원했다. 그들은 이러한 결과를 바란 것이 결코 아니었다. 나는 내 인생의 많은 부분이 거짓이었다는 사실을 깨닫게 되었다. 남편은 나를 위험에 빠뜨려왔던 것이다. 내 인생은 가라앉기 시작했다. 나는 '죽을' 수도 있었다. 아이들이 엄마 없이 남겨질 수도 있었다는 말이다. 나 몰래 끔찍한 일을 벌이던 와중에도 그는 늘 내가 '자신을' 충분히 내조해주지 않는다고 말하곤 했다.

이 책을 읽고 있다면 당신도 아마 나와 같은 상황에 처했을지도 모른다. 당신은 배신당하는 것이, 삶이 무너지는 것이, 꿈이 연기 속으로 사라져버리는 것이 어떤 기분인지 알 것이다. 어떻게 할 것인가, 아니 어떻게 했는가? 자신의 세계가 무너질 때 어떻게 삶을 치유해야 하는가?

당신은 선택권을 가지고 있다. 당신은 이 배신의 경험을 저주라고 생각할 수도 있고, 축복이라고 생각할 수도 있다. 이 일을 '그'에 관한 일로 만들 수도 있고, '당신'에 관한 일로 만들 수도 있다. 희생자가 될 수도 있고, 스스로 책임질 수도 있다. 그의 탓을 할 수도 있고, 자신에 대해 배우면서 앞으로 나아갈 수도 있다. 성장할 수도, 움츠러들 수도 있다. 삶을 치유할 수도, 시들어서 죽을 수도 있다. 기쁨, 빛 그리고 사랑을 선택할 수도 있고, 비탄에 잠긴 채 홀로 남을 수도 있다.

나는 배신의 경험에서 선물을 찾기로 결심했다. 배신으로부터 배우고 이를 내가 항상 원하던 삶을 만드는 기회로 삼기로 했다. 그리고 지금 나는 그 어느 때보다 행복하다. 결혼이라는 관에 마지막 못을 박아주신 신께 진심으로 감사드린다. 나는 현재 항상 마음속으로 꿈꿔왔던 일들을 이뤄나가고 있다. 그리고 나의 인생을 밝혀주는 남자와 함께 하고 있다. 나는 그 어느 때보다 많이 웃고 크게 노래 부른다. 발걸음은 가볍고 목소리는 경쾌하다. 또한 꿈꿨던 것 이상으로 넘치는 사랑을 경험하고 있다. 열정과 즐거움이 고통과 인내를 대신해 내 인생에 찾아왔다. 무엇보다 나는 온몸이 짜릿할 정도로 자유롭다! 나는 배신의 선물을 이해했다. 그리고 '당신' 역시 할 수 있다. 배신의 경험은 역으로 당신을 해방시킬 수 있다. 어떻게 그런 일이 가능한지 앞으로 보여주겠다.

배신에 관한 대부분의 책은 용서, 즉 상대방과 자기 자신을 용서하는 데 초점을 맞춘다. 하지만 나는 이러한 관점이 방향을 잘못 잡고 있다고 생각한다. 만약 화상을 입었다면 상처를 먼저 치료해야 한다. 어떻게 하다 상처를 입게 됐는지 알아보고 우선 그 치료방법을 찾아야 한다. 그러고 나서 자기 자신, '오직' 자신만을 용서해야 한다. 이 모든 것을 끝내야 비로소 애초에 당신의 손을 불구덩이에 집어넣었던 그 사람을 어떻게 처리할지 결정할 수 있다. 오로지 자기 자신이 회복의 과정을 거치고 고통을 넘어서기 시작한 후에야 가해자를 용서하는 것이 가능하다. 이 과정을 너무 빠르게 진행하려고 해서는 안 된다. 이는 마치 앞으로 걸어가면서 자꾸 뒤를 돌아보는 것과 같다. 당신은 비틀거리고 넘어지고 어쩌면 목이 부러질 수도 있다. 치유는 절대 '그'에 관한 것이 아니다. 치유는 온전히 '당신'에 관한 것이고 '당신'을 위한 것이다.

삶을 치유하고자 한다면 그 안으로 완전히 걸어 들어가야 한다. 당신은 영광스러운 미래를 누릴 자격이 있으며, 이 책은 그곳으로 갈 방법을 가르쳐줄 것이다. 그러한 미래를 가지기 위한 첫번째 단계는 그것이 가능하다고 스스로 믿는 것이다. 반드시 가능하다고 자신에게 말하기 시작하라. 그리고 나아가기 시작하라. 당신은 앞으로 맞이할 미래에 대해 깜짝 놀라게 될 것이다.

이 책의 도움을 받는 방법

나는 배신의 선물을 이해하는 데 도움을 줄 14개의 핵심 질문 또는 교훈들로 이 책을 구성했다. 내 환자들과 내 인생 여정은 이 열네 가지가 배신으로 무너진 삶을 치유하는 데 핵심적인 요소들이라고 가르쳐주었다. 각각의 핵심 교훈은 별개의 장으로 분리되어 있는데 읽다 보면 중요한 개념들이 서로 연관되어 있음을 발견할 수 있을 것이다. 이 책에는 내가 예전에 읽었으면 얼마나 좋았을까 싶은 생각이 드는 내용들을 담았다. 만약 이런 책이 진작 있었더라면 내 경험을 이해하는 데 도움이 됐을 것이고 그토록 많은 아픔과 고통을 겪지 않아도 됐을 것이다. 나는 이 책이 당신의 인생에서 그러한 역할을 할 수 있기를 희망하고 기도한다. 당신은 완전함으로 향하는 자신만의 고유한 길을 찾을 수 있을 것이다. 당신은 그렇게 많은 고통을 받아야 할 이유가 전혀 없다.

다음은 앞서 말한 열네 가지의 핵심 질문 또는 교훈들이다. 이것들을 이해하고, 배우고, 자신만의 것으로 만들기 바란다.

1. 배신이란 무엇인가? 어떠한 감정이 들게 만들고 우리를 어디로 데려가는가?

2. 당신은 선택권을 가지고 있다. 힘을 갖겠는가? 혹은 희생자가 되겠는가?
3. 소시오패스와 결혼했을(혹은 사귀고 있을) 가능성이 있는가?
4. 어떻게 여기까지 오게 됐는가, 이 경험을 통해 무엇을 배워야 하는가?
5. 치유에 있어서 용서의 역할은 무엇인가?
6. 가슴속 열망을 이룰 수 있는 스스로의 능력을 믿는가?
7. 당신이 진정으로 원하는 삶은 무엇인가?
8. 삶의 속도를 늦추고, 자신이 하고 있는 모든 일들을 점검해보라.
9. 모험하고 시도하라. 그리고 자신의 감정에 관심을 기울이라.
10. 동성친구들에게 도움을 구하라.
11. 남자들이 당신에게 해줄 수 있는 것은 무엇이고 해줄 수 없는 것은 무엇인가?
12. 당신의 삶 속으로 기쁨과 즐거움 그리고 열정을 초대하라.
13. 이 순간의 선물을 위해 현재에 머무르라.
14. 새로 찾은 자유, 충만함 그리고 멋진 행운을 축하하라.

 당신은 열네 가지 핵심 질문 또는 교훈 목록을 다 읽었다. 이제 함께 이들을 하나하나 탐험해갈 동안 다음을 명심하기 바란다. 삶을 치유하는 여정은 개인마다 완전히 다르다. 당신은 이 책을 읽는 도중 많은 사례와 제안을 만날 것이다. 이 과정에서 모쪼록 자신에게 좀더 관대해지기 바란다. 자신을 다른 사람과 비교하지 말고 자신의 치유 과정에 대해 성급히 판단내리지 말아야 한다. 각각의 이야기와 요점으로부터 배우려고 노력은 하되 모든 사람은 자신만의 고유한 속도와 고유한 방식으로 느끼고 보고 성장한다는 사실을 늘 염두에 두어야 한다.
 이 교훈들 중 일부는 당신이 가장 치유받고 싶던 부분을 어루만져줄 수 있을 것이다. 반면 지금 이 순간에는 공감이 되지 않는 말들도 있을 것이다. 괜찮다. 어떤 것이 필요하다면, 필요한 바로 그 순간 그것을 얻을 수 있다는 믿음을 가지라. 마음이 가는 교훈들을 가지고 작업을 진행하라. 치유는 자신의 속도로 나아가는 과정이다.

  글쓰기는 치유에 도움이 된다. 책 귀퉁이에 메모를 하거나 감정, 생각, 아이디어 등을 가볍게 일기에 적어보도록 하자. 그림을 그리거나 색을 칠하는 등 창의적인 모든 방법을 동원해 책에 나오는 교훈들을 자신만의 것으로 만들라. 이러한 것들은 당신의 삶을 치유하는 데 도움이 될 것이다. 당신은 '분명히' 성공할 수 있다.

배신이라는 현실이
당신 앞에 닥쳤을 때

#1

| 어디까지가 진짜였고, 어디까지가 가짜였는가?

　배신이란 신뢰를 깨뜨리는 것이다. 이제까지 진실이라고 믿고 의지한 것은 전부 거짓이었다. 당신은 거짓된 삶을 살고 있었다. 연인, 배우자, 인생의 동반자에게 배신당할 때 삶은 산산조각 난다. 굳게 믿었던 사람이 당신을 배신했다. 당신은 혼자다. 버림받았고 위험에 처해 있다. 그 사람과 한 약속과 맹세는 의미를 잃었다. 자신이 누구인지, 그 사람이 정말로 어떤 사람인지 더 이상 확신을 가질 수가 없다. 지금까지의 삶에 대한 생각이 완전히 흔들린다. 어디까지가 진짜였고, 어디까지가 가짜였는가?
　가장 흔하고도 가장 파괴적인 형태의 배신은 당신의 연인이나 배우자가 당신 아닌 다른 사람과 정서적이고 육체적인 친밀함을(또는 그중 한 가지 친밀함을) 나누는 것이다. 아무리 적게 잡아도 여성 중 40퍼센트, 남성 중 60퍼센트 정도가 인생의 어느 시기에는 바람을 피운다고 한다. 당신이 이런 식으로 배신을 당했다면, 당신의 인생 파트너는 자신을 당신이 아닌 다른 누군가와 공유하기로 선택한 것이다. 그는 어디에 있는지, 무엇을 하고 있는지에 대해 거짓말을 했다. 현실은 완전히, 무서울 정도로 다름에도 불구하고 거짓을 믿도록 당신을 유도한 것이다.

당신은 상대방이 진실을 고백해서, 혹은 우연히 증거를 발견하거나 남에게 들어서, 또는 그 사람이 거짓말하고 있는 도중에 알아채는 식으로 그의 배신에 대해 알게 된다. 어떤 방법을 통해 알게 되든지 간에 그 사실은 당신의 뿌리를 흔들 것이다. 배신은 당신이 인간관계에서 만날 수 있는 가장 잔인하고 고통스러운 문제가 될 것이다. 당신은 황폐해질 것이다. 어쩌면 배신은 당신을 영원히 망가뜨리고 파괴해버릴지도 모른다. 단 당신이 그렇게 내버려둔다면 말이다. 배신이 얼마만큼 인생을 궤도에서 이탈하게 만들 수 있는지 여기 하나의 예가 있다.

내게 상담하러 왔을 때 팸은 32세의 아름답고, 창조적이고, 활기가 넘치는 성공적인 직장여성이었다. 그녀는 이혼한 지 2년이 지난 뒤에 나를 찾아왔는데 여전히 우울해하고 자신을 심하게 자책하고 있었다. 그녀는 헤어진 전남편을 애타게 그리워하고 있었다. 그는 신혼여행 때 그녀를 사랑하는지 확신이 들지 않는다고 말하고서 결혼식을 올린 지 9개월도 채 되지 않아 이혼을 요구했다. 팸은 그가 새로이 결혼할 여자와 예전부터 바람을 피우고 있었다는 사실을 알게 되었다.
2년이 지났지만 팸은 여전히 전남편을 그리워하고 그의 행복에 대해 분노를 느꼈다. 그녀는 아내와 엄마로서의 자신의 미래를 강탈당한 듯한 심정이었다. 스스로의 힘으로는 어떤 기쁨도 누릴 수 없을 것만 같았다.

나는 그녀와 전남편의 관계가 과연 어떠했는지 궁금했다. 그녀는 어떻게 그를 선택하게 됐을까? 그녀는 왜 그런 부정직하고 상처만 주는 남자를 그리워하고 있을까? 나는 그녀가 미래를 설계하면서 전남편에게 너무 얽매

이는 것 같아 매우 걱정됐다. 그러나 한편으로는 그러한 끔찍한 경험 뒤에 삶을 치유하는 법을 배우기 위해 나를 찾아온 것에 대해 깊이 안도했다.

배신은 끔찍하다. 그리고 배신은 많은 다양한 감정을 불러일으킨다. 팸의 이야기는 그중 일부만을 보여주고 있다.

배신으로 인해 생기는 일반적인 반응, 의문, 경험에 대해 살펴보자. 모두를 다룰 수는 없지만 당신은 여기 나오는 다양한 설명과 이야기 안에서 자신의 모습을 발견할 수 있을 것이다. 그렇다고 해도 당신의 경험은 이 짧은 목록에 빠져 있을지 모른다. 잊지 말아야 할 것은 어떤 일을 겪었다고 해도 당신은 결코 혼자가 아니라는 사실이다. 다른 사람들 또한 그 고통 속에 있었다.

믿고 싶지 않은 현실들

'그럴 리가 없다.'

사람들이 자신이 배신당했다는 사실을 알자마자 보이는 최초의 반응은 충격, 부인, 알게 된 진실 전반에 대한 축소 등이다. 이상해 보일지 모르지만 이러한 반응은 당연한 것이다. 우리는 인간으로서 생존하기 위해 어느 정도의 건강한 부인 행위를 해야 한다. 인생에서 벌어지는 모든 놀랍고 부정적인 일에 늘 집중하며 살 수는 없다. 그렇지 않다면 우리는 아침에 침대에서 일어나지도, 길을 건너지도, 차에 시동을 걸지도 못할 것이다. 어느 정도의 부인과 축소의 사고 패턴은 우리가 사회에서 건강하게 기능하는 데 필수적이다. 이것이 불가능하다면 우리는 아이들을 밖에 내보내지도, 돈을 주식시장에 투자하지도, 직업을 바꾸지도 못할 것이다.

부정적인 뉴스를 약간의 의심을 가지고 받아들이는 것은 건강한 일이다. '아마도 사실이 아닐 거야. 사실이라 하더라도 그 정도로 나쁘진 않을 거야.'라고 우리는 스스로에게 이야기한다. '너무 멀리 나가지 말자. 진정하자.' 나쁜 뉴스일수록, 위협적이거나 끔찍해질 가능성이 더 클수록 우리는 그것을 꾹꾹 누르거나 밀어낸다.

예를 들어 제니는 남편 잭이 인터넷상에서 남자들과 동성애적인 농담을 주고받는다는 사실을 안 뒤, 어느 날 밤 섬뜩한 느낌과 함께 잠에서 깼다. 너무나 갑자기 그녀는 남편이 대화를 나누던 그 남자들과 성적인 행위를 했을지도 모른다는 사실을 깨달은 것이다. 그리고 그가 실제로 많은 불법적인 동성애 모임에 참여해왔다는 사실도 알게 됐다. 그녀가 그 사실이 자신의 건강에 미치는 영향을 파악하고 전반적인 성병 검사의 필요성을 깨닫는 데는 며칠이 더 걸렸다(다행히도 그녀는 어떤 병에도 걸리지 않았다. 그녀는 현재 이혼한 상태이고, 자신의 가슴속 열망을 이루는 길을 찾아 잘 걸어가고 있다).

내가 '지옥에서 온 전화'라고 부르는 또 다른 예를 보자. 어느 날 엘리스는 전화를 받았다. 존이라는 사람이 건 전화였다. 그는 자신을 소개한 뒤 그녀의 남편 댄이 자신의 부인과 바람을 피우고 있다고 말했다. 그녀는 전화를 즉시 끊고 전화가 왔다는 사실 자체를 며칠 동안 마음속에서 완전히 지워버렸다. '잊어버린' 것이다. 왜 그랬을까? 그녀는 남편이 불륜을 저지를 수 있다는 가능성조차 생각해볼 수 없었던 것이다. 며칠이 지나고 그 기억이 다시 떠오르자 그녀는 남편과 마주앉았다. 남편은 존의 말을 인정했다(모든 파트너들이 불륜을 시인하는 것은 아니다. 처음에만 잡아떼기도 하고 끝까지 부정하기도 한다).

댄은 결혼생활을 간절히 지키고 싶어했기 때문에 부부상담을 추진했다. 그와 엘리스는 내 환자가 되었고 그들에게 닥친 현실적인 문제와 관계의 위기에 대해 책임 있는 모습을 보였다. 그들은 회복 프로그램에 등록해서 각자의 시간을 보냈다. 댄은 섹스 중독에 관한, 엘리스는 상호의존에 관한 프로그램이었다. 그들은 또한 긴 별거 기간을 가졌다. 충분한 개인 치료와 부부상담을 받은 뒤에 그들은 마침내 화해했다. 몇 년 동안의 노력이 안정적이고 만족스러운 결혼생활을 가능하게 한 것이다.

제니와 엘리스의 이야기에서도 볼 수 있듯이 사람들이 배신당했을 때 가장 흔하게 보이는 첫 반응은 부인과 축소다. 그리고 그 경험은 오르락내리락하는 파도를 타고 여러 단계로 찾아온다. 이러한 방어의식은 당신을 보호하기 위해 계속 반복해서 생겨난다. 당신은 자신에게 말할 것이다.

'진실이야. 아니야, 진실이 아니야. 아마 이건 맞을 거야. 하지만 저건 아닐 거야. 내가 확대해석하고 있는지도 몰라.'

아마 당신은 계속 오락가락할지 모른다. 하지만 당신은 그 많은 것을 한 번에 하나씩만 받아들이고 생각할 수 있다는 사실을 잊지 말라. 진실을 전혀 몰랐다가 점차 조금씩 깨닫게 된다고 해도 너무 조급해하지 말기를 바란다. 그리고 그 과정에서 자신을 너무 책망하지 말라. 이처럼 오락가락하는 것은 제정신으로 일상생활을 유지하기 위해서는 어쩔 수 없는 일이다.

기꺼이 분노하라

배신에 대한 또 다른 반응은 공포, 분노, 불신이다. "그런 일을 한다는 게 말이 돼?" 우리는 분노한다. "도대체 자기가 뭐라고 생각하는데. 어떻게 감히……. 나, 아이들, 사람들 시선 같은 건 전혀 신경 쓰지 않는 거야? 짐승만도 못해. 꺼져!"

화를 낼 때, 질문을 던질 때, 심지어 욕을 퍼붓는 순간에도 우리는 도저히 이해가 되지 않는 그 일에 대해 이해해보려고 애쓴다. 인생이 이렇게 순식간에 무너질 수도 있는 것인가? 감히 누가 우리 인생을 이렇게 망가뜨릴 수 있단 말인가? 우리는 안전하기를 원한다. 파괴자를 파괴하고 싶어한다. 세상이 안전하다고 믿고 싶고, 가까운 사람들을 신뢰할 수 있기를 원한다. 가장 가까운 사람이 우리의 존재 자체를 위협할 때 우리는 충격과 분노로 반응한다. 이것은 자기보호적이고 너무나 당연한 반응이다. 우리는 상황을 통제하고 주도권을 쥐고 조치를 취해야 한다. 이러한 행동은 우리에게 힘을 부여하고 깊은 치유를 가능하게 한다. 그러므로 분노를 터뜨리자. 다만 분노가 지나치게 오래 지속되거나 분노로 인해 누가 육체적으로 다치지 않는 한에서 말이다. 다음 이야기를 보자.

한나는 동거 중인 애인 론이 자신의 가장 친한 친구와 성관계를 가지고 있다는 사실을 알았을 때 그의 옷장 서랍을 모두 빼서 내용물을 거실에 쏟아버렸다. 그리고 나서 벽장에 있는 모든 양복, 셔츠, 바지들을 꺼내어 부엌에 있는 쓰레기 더미에 던져버렸다.
남자친구 옷장에 있는 물건을 하나씩 세게 던지면서 강력한 힘과 치유의 느낌을 받았다고 그녀는 말했다.
"그에게 옷을 던지고 있다고 상상했어요. 정말 기분이 좋았죠."
모든 옷을 침실에서 꺼낸 뒤 그녀는 종이에 뭔가를 써서 옷더미 위에 올려놓았다. 거기에는 '꺼져. 당장 나가. 꼴도 보기 싫어.' 라고 적혀 있었다.
몇 시간 후 론이 꽃다발과 사과 카드를 가지고 집에 돌아왔을 때 그녀는 그의 말을 들을 준비가 되어 있었다. 자신의 분노를 있는 그대로 느끼고 표출한 후 그녀는 그의 참회와 자신의 고통을 똑바로 바라볼 수 있었다. 그리고 그것은 그녀가 다음 단계로 나아갈 수 있게 해주었다.

치유 과정에서 진전을 보이기 위해서는 충격, 공포, 화 그리고 극도의 분노를 위한 자리를 만들어야 한다. 이 모든 감정을 겪는 것은 인간의 본성이다. 어떤 사람은 곧바로 감정을 표출할 것이고 어떤 사람은 오랫동안 조용히 있을 것이다. 한나의 경우에는 직접적이고 강렬한 분노를 표출했지만 어떤 사람들은 반대로 매우 냉정해져서 자신의 주위에 거대한 벽을 쌓는다. 연인의 옷을 가방 안에 차곡차곡 정리해서 '짐을 가지고 꺼져 버려.' 라는 의미로 침대 위에 반듯하게 놓아둘지도 모른다. 어떤 말도 직접 입 밖으로 꺼내지 않은 채로 말이다. 또는 주의를 딴 곳으로 돌리기 위해 밖에 나가 친구들과 떠들썩한 파티를 즐길지도 모른다. 배신자와 직접 대면해야 한다는 생각을 피하기 위해 애써 다른 일에 관심을 두려는 것이다.

분노는 무서운 것이다. 어떤 사람들은 상처 준 사람들을 향해 분노하기보다는 공포와 자책감에 사로잡혀 뒤로 물러선다. 심지어 분노를 전혀 인지하지 못하기도 한다. 어린 시절에 학대를 경험한 사람은 분노의 감정을 느끼는 것에 대해 심하게 두려워한다. 이들은 배신자들이 자신의 인생에서 완전히 사라질 때까지도 자신이 어린 시절에 학대를 겪었는지, 그 영향이 아직 남아 있는지 전혀 인지하지 못하기도 한다.

우리는 각자 다른 방식으로 분노를 경험한다. 충격과 불신, 분노의 파도를 헤쳐 나갈 때 스스로에게 관대해지도록 하라. 모든 감정에는 반드시 이유가 있다. 어떤 감정이 들면 그 감정을 존중하고 그로부터 배우라. 이것이 치유의 시작이다. 감정을 일부러 조절해야 할 필요는 없다. 그냥 그대로 두라. 좋고 나쁨이나 옳고 그름을 판단하지 말고.

| 내게 무슨 일이 일어난 거지?

'배신'의 경험을 이해하고 그 의미를 받아들이기 위해서는 우선 정보가

필요하다.

　　── 누가 알고 있는가?
　　── 누가 관여되어 있는가?
　　── 누가 나를 지지해줄 것인가?
　　── 가장 믿었던 사람이 가장 위협적인 사람으로 변했는가?
　　── 이 모든 것이 의미하는 바는 무엇인가?

　이러한 질문을 던지면서 우리는 현실의 상태와 과거의 경험을 어느 정도까지 믿어야 하는지 알아내려고 애쓴다. 어디까지가 '진짜'인가? 우리는 인생에 대해 통제력을 가질 필요가 있다. 인생이 얼마만큼 무너졌는가? 바닥에 떨어져 깨져버린 달걀 같은가? 다시 원상 복구할 수 있기는 한 것인가? 되돌리고 싶기는 한 것인가? 어떤 위험에 맞닥뜨렸는가? 미래는 도대체 어떻게 되는 것인가?

　르네와 그녀의 남편은 결혼생활 초기에 불륜문제를 겪고 이를 함께 돌파했다. 그는 관계를 끝냈고 다시는 방황하지 않겠다고 맹세했다. 그래서 결혼한 지 15년 된 남편이 과거의 여자와 다시 관계를 맺고 있다는 사실을 알았을 때 르네는 완전히 무너졌다. 그녀의 결혼생활에서 12년은 행복한 시절이었다. 그녀는 은퇴 후 별도의 수입이 없는 상태였고, 이미 과거에 한 차례 고통스러운 이혼을 경험한 적이 있었다. 아이는 없었고 남편이 그녀의 유일한 가족이었다. 하나뿐인 여동생은 외국에 살고 있었다.
　르네는 자신이 무엇을 믿어야 하는지 간절히 알고 싶어했다. 그리고 결혼생활을 끝내면 혼자 힘으로 생활을 꾸려나갈 수 있을지에 대해 극도로 두려워했다. 그녀는 어떻게 해야 할지 결정할 수가 없었다. 머무를 것인가,

떠날 것인가? 그녀는 자신의 경험을 이해하고 가장 최선의 미래를 그려보기 위해 상담을 받기로 결정했다.

우리의 과거, 현재, 미래를 이해하기 위해서는 우선 그 세부사항을 알 필요가 있다. 삶을 치유하는 데에는 어느 정도의 정보가 필요하다. 구체적으로 어느 정도가 필요할지는 시기에 따라 달라질 것이다.

하지만 여기서 주의해야 할 것이 하나 있다. 배신의 경험과 관련된 세부사항을 알아내고 뒤쫓는 데 너무 몰두한 나머지 자신의 상태를 살피고, 자신을 돌보고, 개인적으로 성장할 기회를 놓칠 수도 있다는 점이다. 여기에 대해서는 다음 장에서 자세히 이야기하겠지만 이는 정말 중요하다.

여자들은 자신의 욕구와 문제, 자기 자신에게 쏟을 관심을 다른 사람에게 쏟는 데 전문가다. 자기희생적이고, 타인중심적이며, 다른 사람을 보살피고 사랑을 쏟는다. 위대한 어머니, 아내, 친구 그리고 자원봉사자다. 종종 애완동물, 화분, 이웃을 자신보다 더 잘 돌보기도 한다. 자신의 기쁨, 상처, 고통은 무시하고 다른 사람들에게 집중할 때가 많다.

배신과 관련된 경험을 이해하려 할 때 당신의 삶의 치유를 위해 필요한 정도까지만 알아보고 그 이상은 관심을 두지 않도록 하라. 자신이 좀더 많은 정보를 알려고 하지는 않는지 주의하라. 당신은 필요 이상으로 많은 정보를 얻게 될지도 모르고 또는 그것을 원할지도 모른다. 하지만 기억하라. 치유는 온전히 '당신'에 관한 것이며, '당신'을 위한 것이다!

혹 내게 문제가 있는 건 아닐까?

배신을 당한 경우 우리는 자신과 자신의 가치에 대해 지나치게 의심한다. 그리고 자신이 얼마나 바람직한 사람인지 궁금해한다. 심지어 자신이 충분하지 않다—충분히 날씬하지 않다, 충분히 매력적이지 않다, 충분히 똑똑하지 않다, 충분히 베풀지 않는다, 충분히 낙천적이지 않다, 충분히 섹시하지 않다, 충분히 애정을 주지 않는다—고 믿기 시작할지도 모른다. 우리는 빠르게 그리고 흔쾌히 파트너의 잘못에 대한 책임을 진다. 다른 사람의 행동에 대해 자신을 탓하는 것이다.

미디어는 여자들에게 '당신은 충분하지 않다.'는 메시지를 끊임없이 퍼붓고 있다. 그리고 본성적—관계지향적이고 조화를 추구하는 성향—으로 여자는 다른 사람의 결정이나 태도에 대한 책임을 자기가 지려 한다. 게다가 배신자들은 우리의 잘못을 발견해내고 온갖 단점을 비판함으로써 이러한 자기비판적 사고에 기름을 붓는다.

나의 말을 단단히 마음에 새기기 바란다. 당신은 파트너의 선택과 행동에 대해 아무런 책임이 없다. 당신은 멋지고, 사랑스럽고, 그 자체로 충분하다. 당신은 어떻게 여기까지 오게 되었는지, 앞으로 어느 곳으로 가야 할지 알아내야 한다. 반드시 알아낼 것이다. 하지만 당신의 세계에 닥친 위기에 대해 절대 자신에게 책임을 돌려서는 안 된다. 당신은 충분하다는 말로는 부족한 사람이다. 당신에게는 아무 문제도 없다.

진실을 알고 나니 차라리 맘이 편해

자신이 배신당했다는 사실을 알게 되는 끔찍한 과정의 한복판에서도 어떤 여성들은 진실을 확인한 것에 안도감을 느끼기도 한다. 자신의 세계가 산산조각 났지만 동시에 모든 것이 명료해졌기 때문이다. 그들은 배신의 부산물—파트너가 비밀스러운 사생활을 향유하며 낳은 결과물—을 이미 경험하고 있었다. 다만 어떻게 대응해야 할지 몰랐을 뿐이다. 그들은 속고 기만당하고 심지어 비난을 감수해야 했다. 완전히는 아니지만 그들은 이미 알고 있었다. 파트너가 자신을 배신하고 있다는 것을.
　카산드라의 이야기가 바로 그러한 경우이다.

"나는 증거가 거기에 있는 걸 보고야 말았어요."
그녀는 첫 방문 때 내게 말했다. 자원 소방대원인 그녀의 남편은 어느 아침 긴급출동 전화를 받고 컴퓨터를 미처 끄지 못한 채 급하게 집을 떠났다. 빈 컵과 반쯤 먹은 머핀을 치우기 위해 책상 앞에 간 그녀는 대경실색했다. 컴퓨터 화면에 성인 파트너와 성행위를 하고 있는 아동들의 사진이 있었던 것이다. 마우스를 몇 번 클릭해본 뒤 그녀는 방대한 양의 아동 포르노 파일을 발견했으며 남편이 포르노 제작에 관여하고 있음을 알게 되었다.
마음속 깊이 혼란스러웠지만 본인의 직감에 대한 진실을 확인하고 남편의 괴상한 행동들에 대한 이유를 찾은 것에 그녀는 묘한 안도감을 느꼈다. 그리고 조언을 구하고 안내를 받기 위해 나를 찾아왔다.
"이 사실을 어떻게 해야 하죠?" 그녀는 알고 싶어했다. "이제 어디로 가야 하죠? 그와 맞서는 게 안전하기는 할까요? 누구에게 말해야 할까요? 하지만 이 말만은 해야겠어요. 이상하게 들릴지 모르겠지만 저는 제가 미치지 않았다는 것을 확인하게 되어서 다행이라고 생각해요. 아마도 우리 결혼은 이제 끝나겠죠. 나는 오랫동안 이 상황에서 벗어나야 한다고 생각했어요. 남편은 내가 망상에 젖어 있다고 말했죠. 결국 전 무엇을 믿어야 할지 몰라 진실을 포기해버렸어요. 나를 믿지 못하게 되어버린 거죠. 이제 모든 게 명확해져서 신께 정말 감사드려요."
그녀가 남편의 치부를 폭로했다는 말을 들었을 때 먼저 걱정이 앞섰다. 그러나 그녀가 적극적으로 행동을 취하고 해당 기관에 적절한 때 신고할 수 있도록 독려하는 것이 내 역할이었다. 그리고 그녀는 결국 해냈다.

카산드라의 경우에 직감에 대한 확인과 구체적인 증거는 그녀가 앞으로 나아가는 데 큰 도움이 되었다. 하지만 진실을 확인했어도 여전히 파트너와의 관계를 회복하고자 하는 바람을 가질 수도 있다. 안도감은 밝혀진 진실 그 자체에서 오는 것이다. 당신이 그 진실을 가지고 어디로 향할지에 상관없이 말이다.

이제 어떻게 해야 하는가?

삶이 무너질 때 다음에 무슨 일이 일어날지 걱정하는 것은 당연하다. 우리는 공황상태에 빠져서 자신에게 묻는다. "이제 어떻게 하지? 어디로 가야 하지?" 내 환자들은 자주 이렇게 말하곤 한다. "뭘 해야 할지 모르겠어요."

남편의 부정과 소름 끼치는 행동에 대해 알게 되었을 때 나는 마치 볼링공으로 배를 얻어맞은 것 같은 느낌이었다. 나는 충격, 공포, 불신, 안도의 감정을 동시에 느끼면서 책상 앞에 앉아 있었다. 무엇을 해야 할지 전혀 생각나지 않았지만 무엇이 필요한지는 정확히 알고 있었다. '지지(support)'. 나는 대화가 필요했다. 누군가에게 확인받아야 했다. 지독한 외로움을 떨쳐버려야 했다.

나는 절친한 친구 셜리에게 전화를 걸었다. 그녀는 22년 전 첫 남편에게 나와 비슷한 방식으로 배신당한 경험이 있었다. 그녀는 완벽한 전화 상대였다. 그녀의 도덕적 분노와 애정 가득한 격려는 바로 그 순간 내게 가장 필요한 것이었다. 약 30분간 셜리와 통화를 한 후 나는 기분이 훨씬 나아졌다. 따뜻한 격려를 받은 후 교감과 안도감을 느꼈다. 나는 생각했다.

'나는 혼자가 아니야. 많은 사람들이 비슷한 고통을 겪었고, 살아남았고, 충만한 삶을 살고 있어. 나도 친구들의 도움으로 반드시 이겨낼 거야.'

그리고 나는 해냈다. 많은 이들이 그런 것처럼.

배신당한 뒤 삶을 치유하는 여정은 사랑, 안내 그리고 희망을 필요로 한다. 장기적으로 큰 틀에서 '무엇을 해야 할지' 아직 잘 모를 수도 있다. 하지만 하루하루의 단위로 생각해보면 좀더 분명히 알 수 있을 것이다. 친구, 가족, 동료, 상담자, 멘토, 종교적 지도자에게 도움을 구하라. 확신, 사랑 그리고 지지를 얻을 수 있을 것이다.

앞으로 어떻게 할 것인지 선택권은 당신에게 있다. 바람을 통제할 수는 없지만 바람에 어떻게 반응할지 선택할 수는 있다. 항해의 방향은 당신이 정하는 것이다. 다음 장에서 당신은 선택에 대한 교훈을 배울 것이다. 성장할 것인가 위축될 것인가, 배울 것인가 탓만 할 것인가, 떠날 것인가 머무를 것인가? 당신의 미래는 당신이 선택한다. 매일, 매 순간마다. 당신은 꿈꿔온 세계를 반드시 만들 수 있다. 준비되었는가? 가자!

당신의 삶이
배신으로 무너질 때

#2

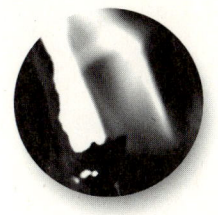

힘을 가질 것인가, 희생자가 될 것인가?

인생은 선택의 연속이다. 다음과 같은 표현들을 알 것이다. '인생은 스스로 만들어나가는 것이다.' '뿌린 대로 거둔다.' '기대한 대로 얻을 것이다.' '자기 배의 선장은 바로 자기 자신이다.' '인생은 자기충족적 예언이다.'

이러한 유명한 말들은 모두 일리가 있지만 나는 당신이 이들을 해석하는 데 신중하기를 그리고 자신에게 관대하기를 바란다.

그렇다. 우리는 모두 자유로운 선택권을 가지고 있다. 그리고 매순간마다 각자 앞에 놓인 무수히 많은 문제와 기회들을 어떻게 바라볼지 그리고 이에 어떻게 대응할지 결정해야 한다. 똑같은 컵을 보고도 반이나 차 있다고 해석할지 반밖에 안 남았다고 해석할지 선택할 수 있다. 우리는 통제력을 가지고 있다. 하지만 대부분의 경우 우리가 통제할 수 있는 것은 자신의 반응뿐이고 다른 사람의 반응은 통제하기가 거의 불가능하다. 그러므로 우리는 다른 사람이 하는 생각, 말, 아이디어, 행동에 책임이 없다.

당신의 세계가 배신에 무너질 때 당신은 자신의 감정과 행동에 대해 잠시 통제력을 잃을 수도 있다. 현실 부정, 절망, 무력, 분노 그리고 비난에 휩싸여 헤어 나오기 쉽지 않을 것이다. 또한 마주하고 있는 거대한 문제와 타협하는 과정에서 원래의 당신이라면 절대 하지 않을 생각과 말과 행동을 하게 될지도 모른다. 일시적으로 자신이 아닌 다른 사람이 되는 것이다. 심지어 늘 혐오해오던 최악의 모습으로 변할 수도 있다.

아마 나중에 후회할지도 모를 방식으로 파트너를 헐뜯을 것이다. 그가 잘못되기를 바랄 수도 있다. 누군가가 자신의 이야기를 들어주고 이해해주고 확인해주기를 간절히 바랄 것이다. 복수를 꿈꾸거나 시도할 수도 있다. 다시 말해서 당신은 아주 오랫동안 진짜 자신을 잃어버릴 수도 있다.

이번 장은 가장 중요하면서도 지속적인 방식으로 배신의 경험을 극복할 수 있는 방법에 관한 이야기이다. 말하자면 끔찍한 재앙을 훌륭한 기회로 바꿀 수 있는 가능성에 관한 것이다. 현재 상황에서 당신은 매 순간 기회와 선물이 있음을 전혀 느끼지도, 보지도 못할 것이다. 하지만 모든 저주에는 축복이 있고, 모든 하락세에는 상승세가 있고, 모든 고난에는 새로운 가능성이 있으며, 모든 소멸에는 미래가 있다는 점을 기억하고 상기하려 애쓴다면 삶의 치유에 큰 도움이 될 것이다. 내 이야기를 통해 이 의미에 대해 살펴보자.

배신에 무너졌을 때 나는 막 세번째 책을 쓰기 시작할 참이었다. 《이미 충분히 아름다운 삶(Loving the Good-Enough Life)》이라는 책을 내기로 헤이하우스 출판사와 계약을 한 상태였는데, 사건이 벌어진 그날로부터 5개월 뒤가 마감이었다.

이런 일을 겪어본 사람이라면 잘 알겠지만 나는 그 책을―또는 다른 어떤 책이라도―쓸 수 있는 상태가 아니었다. 한순간에 네 아이를 혼자 책임지게 된 것이다. 더군다나 파트타임 임상치료를 하고 있는 의사로서 돌봐야 할 환자들이 있었고, 계속 진행시켜야 할 업무가 엄청났다.

나는 헤이하우스의 편집자 질 크래머에게 전화를 걸어 출간일정을 연기해야 할 것 같다고 말했다. 내가 어떤 문제에 직면해 있는지 말하자 큰 충격을 받은 질은 진심으로 나를 걱정해주었다. "오, 맙소사! 괜찮으세요?" 그녀가 물었다. "아무 문제 없어요. 필요한 만큼 충분한 시간을 가지세요." 그녀는 덧붙였다. "저희가 도와드릴 게 있을까요?"

내가 쓴 이전 책들을 읽어본 사람이라면 내가 얼마나 낙관적이고 긍정적이며 쾌활한 사람인지 알 것이다. 내 좌우명은 '뜻이 있는 곳에 길이 있다.' 이다. 중요한 것은 인생이 우리에게 어떤 시련을 안기느냐가 아니라 우리가 그에 어떻게 대처할지 선택하는 것이다. 나는 많은 사람들이 그러한 관점을 채택하고 유지하며 삶을 치유하도록 도왔다.

내가 왜 지금 전작들과 내 신념에 대해 이야기하고 있는 것일까? 이 일화가 주는 교훈을 이해하는 데 조금이나마 도움이 되었으면 하는 마음 때문이다. 질이 우려를 표하자마자 나는 바로 대답했다. "저는 지금 지옥의 한복판을 걸어가고 있어요. 하지만 신께 감사하게도 저는 제가 썼던 글 모두를 믿어요. 모든 일이 그러하듯이 이 일에도 이유가 있을 거예요. 저는 괜찮을 겁니다. 결국에는 모든 게 더 좋아질 거예요."

나는 치유의 길을 선택하기로 결정했다. 모든 것이 끔찍하게 여겨졌지만 결국 나는 위기 속에서 기회를 찾고 희망적인 태도를 취하기로 선택했다. 나는 인생을 이전보다 더 나아지게 만들기로 결심했다. 흐르는 시간 속에서도 나는 스스로에게 희망과 권한을 선택하라고 되새기는 것을 잊지 않았다. 내가 이를 완벽하게 해낸 것은 아니다. 하지만 아이들과 앉아서 이야기할 때마다 나는 긍정적인 이야기를 반복했다.

"걱정할 필요 없어. 우리 모두가 힘든 시기를 헤쳐 나가고 있어. 몇 달이 걸릴지도 몰라. 하지만 결국 다 좋아질 거야. 우리는 안전해. 우리에게는 서로가 있어. 서로를 사랑하고 있고. 너희들은 아무 잘못 없어. 이런 고통을 겪게 해서 정말 미안해. 다행히 우리에게는 돈이 충분히 있단다. 언젠가는 우리 인생은 예전보다 훨씬 더 좋아질 거야."

　삶이 무너졌을 때 나는 두려움에 휩싸였다. 엄청난 고통을 받았으며 격렬한 싸움이 이어졌다. 하지만 그 와중에도 시종일관 긍정적인 자세를 유지하려고 노력했다. 배신의 선물을 이해하고, 명확히 하고, 현실화하는 길을 선택한 것이다. 그리고 많은 사람들이 같은 길을 택하도록 도왔다. 나와 내 환자들이 이러한 방식으로 삶을 치유할 수 있었듯이, 당신도 할 수 있다.

| 탓할 것인가, 배우고 성장할 것인가?

　당신의 삶이 무너질 때 당신 내면의 깊은 뿌리까지도 흔들린다. 납득이 되던 인생의 많은 부분들이 의미를 상실한다. 탓할 대상을 찾아 절망과 혼란, 고뇌의 구렁텅이에 당신을 몰아넣은 책임을 지우고 싶은 것은 당연한 일이다. 그러한 사람을 '찾아내는' 일은 어렵지 않다. 배신은 부정직하고 부도덕하며 유해한 행동들을 포함하고 있기 때문에 배신한 파트너를 탓하고 싶은 마음을 이기기는 어렵다. 파트너와 함께 한 사람들을 탓하고 싶은 마음을 이기기는 더욱 어렵다. 또한 그러한 상황에서 당신은 가장 쉬운 방법으로 자기 자신을 탓할지도 모른다.

　우리는 상처를 받았을 때 누군가를 가해자로 만들려는 자기방어 경향이 있다. 이는 우리가 다른 방법으로는 절대 설명할 수 없는 일을 이해할 수 있게 한다. 우리가 이용당했을 때 분노를 느끼고 도덕적 분개를 하는 것은 중요하다. 발생한 일에 대해 누가 책임이 있는지를 분명히 하고 발생 원인과 구체적 설명을 구하는 것은 건강한 일이다. 하지만 우리는 남을 탓하는 태도를 경계해야 한다. 감정이 폭발하여 상대방의 잘못을 샅샅이 찾아내려는 데 혈안이 되지 않도록 우리 자신을 보호해야 하는데, 그 이유는 이러한 태도가 삶의 치유를 오히려 방해하기 때문이다.

자신의 불행에 대해 자기 자신 그리고 다른 사람들을 비난하면 할수록 우리는 점점 더 무력해진다. 희생자로 바뀌는 것이다. 우리의 자유의지, 선택의 축복, 배울 수 있는 기회를 포기하는 것이다.

예를 하나 들어보자. 1장에 나왔던 팸의 이야기를 되돌아보자. 그녀를 기억하는가? 그녀는 이혼한 지 2년이 지났지만 자신이 가져야 할 아름다운 미래가 전남편에 의해 파괴되었다고 여전히 믿고 있었다. 그는 비난받아 마땅했고 그녀는 패배자였다. 그녀는 자신을 위한 어떤 좋은 대안도 혼자의 힘으로는 찾을 수가 없었다.

나는 그에게 집중하는 일을 그만두라고 강력하게 말했다. 나와 치료를 시작했을 때 그녀는 요가 선생님이 되기 위한 수업을 적극적으로 받고 있었다. 그녀는 어떤 개인적 평가도 내리지 않고 현재의 순간에 집중하는 훈련에 흠뻑 빠져있었는데, 나는 그 요가 요법을 그녀가 현재 직면하고 있는 인생문제에 적용시켜보라고 권유했다.

"과거에 벌어진 일에 집중하는 것은 현재의 당신에게 전혀 도움이 되지 않아요." 나는 그녀에게 말했다. "벌어진 일은 이미 벌어진 일입니다. 이미 끝났고, 마침표를 찍었고, 그 자체로 완성된 거예요. 그 일에서 배울 건 분명히 있지요. 애초에 무엇 때문에 그렇게 최악의 결혼을 하게 된 건가요? 왜 계속해서 그를 이상화시키고 있나요? 자신에 대해 배우는 것은 자신의 힘을 되찾는 거예요. 하지만 그에 대해 그렇게 한다면 정반대의 결과를 낳게 될 거예요."

팸과 나는 문제의 초점을 이동시키고 흘려보낼 것은 흘려보내는 작업을 했다. 그에 대한 책망을 그만두면서부터 그녀는 자신이 진정으로 원하던 삶을 만들어가기 시작할 수 있었다. 최종적으로 그녀는 직업을 바꿨고, 다른 곳으로 이사했고, 새로운 친구들을 사귀었다. 그녀가 지난 몇 년 동안 느끼지 못한 행복감을 현재 느끼고 있다는 사실은 참으로 가슴 벅찬 일이다. 그녀는 믿을 수 있고, 자신에게 어울리고, 자신과 잘 맞는 남자들과 데이트하고 있다. 나는 그녀가 소울메이트를 찾을 수 있을 것이라고 확신한다. 남편과 아이들을 갖는 것은 그녀가 열망하는 미래의 그림 중 가장 큰 부분이고, 그녀는 이를 이루기 위해 온 힘을 다해 노력하고 있기 때문이다.

남에 대한 책망은 우리 자신을 인질로 삼는다. 그것은 우리에게 속삭인다.

"내게 벌어진 일 때문에 나는 고군분투하면서 고통 속에 살고 있어. 내가 할 수 있는 일은 아무것도 없어. 나는 보고 있을 수밖에 없었어. 나는 희생자야. 나는 이 일에 어떤 잘못도 없어. 이 상황을 바꾸기 위해 내가 할 수 있는 일은 아무것도 없어."

이러한 생각은 우리를 막다른 골목으로 몰아넣고 분노하게 만들고 비참한 생각이 들게 한다.

우리가 성장하기 위해서는 원망을 없애고 배울 수 있는 기회를 붙잡아야 한다. 한 발 앞으로 나아가기 위해서는 구체적으로 누가 어떤 일에 책임이 있으며 어떤 부분은 취하고 어떤 부분은 버릴 것인지 결정해야 한다.

누군가를 탓하는 것과 잘못에 대한 책임을 지우는 것은 전혀 다른 일이다. 치유를 위해서는 책임과 소유권을 할당하고 그 책임자를 통제해야 한다. 이렇게 하지 않는다면 경험으로부터 아무것도 배우지 못할 것이다. 자신의 실수를 보지 못할 것이고 앞으로 나아가기 위해 무엇을 해야 하는지도 알아내지 못할 것이다.

당신을 배신한 그 사람을 당신이 선택하고 함께 머물렀던 데에는 여러 가지 이유가 있을 것이다. 당신의 천성과 과거의 경험이 당신으로 하여금 그의 어떤 부분에 끌리도록 만들었을지도 모른다. 당신은 이 끔찍한 고통을 겪게 되기까지의 과정에서 일부분을 담당했다. 치유를 위해서는 당신이 무의식적으로 선택한 것이 무엇인지 그리고 왜 그러한 선택을 했는지 이해해야 한다.

또다시 내 이야기를 해보겠다. 내가 전남편을 선택하고 그와 함께 하기까지 어떤 식으로 어린 시절의 패턴을 반복했는지 알게 될 것이다.

어린 시절부터 나는 우울증에 걸린 엄마를 보살펴야 했다. 그 당시에 나는 엄마가 실제 병명이 있는 어떤 상태 때문에 고통 받고 있다는 사실을 알지 못했다. 그리고 엄마는 자신에게 뭔가 문제가 있다거나 치료가 필요하다는 것을 인정할 만한 사람이 절대 아니었다. 대신 억압적이고 죄의식을 불러일으키는 방법으로 나에게 세 아이 중 첫째로서 그리고 유일한 딸로서 본인과 남동생들을 돌보아야 한다는 사실을 주지시켰다. 엄마는 매일 저녁 침실로 들어가버리고 집안의 어떤 일에도 관여하지 않았다. 아빠는 거의 매일 밤 직장에서 일했기 때문에 내가 남동생들을 돌봐야 했다. 나는 불평을 하거나 내 의견을 주장할 수도 없었다. 내가 화를 내면 엄마는 내게 너무 감정적이라고 말하곤 했다. 나는 그 말을 곧이곧대로 받아들여 점차 내 감정을 무시하게 되었다. 열 살 무렵 나는 '과도하게 부모 노릇을 하는' 자기희생적인 아이가 되어 있었다. (이제 와서 엄마를 탓하지는 않는다. 많이 아픈 상태에서 일어난 일이기 때문이다. 하지만 본인의 역할을 제대로 하지 않은 것에 대해서는 책임이 있다고 생각한다.)

의대 1학년 때 내게 관심을 보이는 남자를 만났다. 내 첫 책인 《희망(There's Always Help; There's Always Hope)》에도 나와 있지만 나는 그 당시

047

에 매우 절망적이었다. 의대 공부가 실제로 어떤지 알고 나니 매우 우울해졌다. 그래서 학교 1년 선배였던 그가 1학년 때 자신이 겪은 고통과 우울감에 대해 이야기하기 시작했을 때 나는 그와 동질감을 느꼈다.

그의 개인적인 고난과 가족문제를 공유하기 시작했을 때 나는 그에게 완전히 빠져들었다. 익숙한 역할 속으로 걸어 들어간 것이다. 나는 경청하고, 보살펴주고, 지지해주고, 문제를 해결해주었다. 이 책의 서두에서도 밝혔듯이 나는 엄마가 재촉하는 상황에서 그와 급하게 결혼했다.

여러 면에서 나는 결혼생활 내내 가족들을 돌보고 문제를 해결하는 역할을 했다. 상황이 점점 나빠질수록 나는 돌파구를 찾기 위해 더욱더 노력했다. 나는 매우 불행했다. 이제 나는 내가 지나치게 열심히 노력했고 너무 오랫동안 그래왔다는 것을 알고 있다. 애초부터 내 노력이 결실을 맺게 될 가능성은 전혀 없었다. 그는 결코 바뀌지 않을 사람이었고 내가 그와 행복해질 수도 없었다. 하지만 이를 분명하고 확실하게 깨닫기 위해서는 결혼생활이 산산조각 나는 것을 감당해야 했다. 나는 이 '공중분해'가 가져다준 선물에 대해 매우 고맙게 생각한다. 이 선물이 없었더라면 그 상태에서 빠져나오는 데에 더 오랜 시간이 걸렸을 것이다. 그 상태로 있었다면 나는 지금처럼 행복하지 못했을 것이다.

배신이 모두 당신에게 탈출하라고 가르치지는 않는다(이번 장 뒷부분에서 이 주제에 대해 이야기할 것이다). 그러나 배신은 모두 당신에게 선택권을 제시한다. 당신은 스스로 힘을 가질지 희생자가 될지 선택할 수 있는 기회를 가지고 있다. 배울 것인지 탓할 것인지의 선택권도 가지고 있다. 당신은 성장할 수도 있고 작아질 수도 있다. 자신을 돌볼 수도, 남들에게만 집중할 수도 있다. 가슴속 열망을 창조해낼 수 있는 기회는 오직 당신에게만 있다. 어떤 사람이 되고자 하는지는 당신의 책임이고, 오직 당신만이 선택할 수 있는 것이다.

당신이 진정 원하는 것은 무엇인가?

마리아 슈라이버는 《삶은 항상 새로운 꿈을 꾸게 한다(Just Who Will You Be?)》라는 작지만 훌륭한 책을 썼다. 이 책은 그녀가 조카의 고등학교 졸업식에서 한 연설과 그 전후에 가졌던 생각들을 정리한 것이다. 여기서 그녀는 한 가지 위대한 질문을 던진다.

우리 인생에서 고요하고 즐거운 때에, 작은 시련이 있을 때에 그리고 큰 문제에 부닥쳤을 때에 우리는 다음 질문을 우리 자신에게 던질 기회와 책임을 가진다. 바로 '어떤 사람이 될 것인가?' 이다. '무엇을 할 것인가?' '어디에서 살까?' 또는 '어떤 직업을 가질까?' 가 아니라 바로 '어떤 사람이 될 것인가?' 이다. 다른 말로 바꿔보면 다음과 같다.

— 나는 무엇을 믿는가?
— 어떤 종류의 사람이 되기를 원하는가?
— 진정으로 나에게 중요한 것은 무엇인가?
— 나의 목표, 희망, 꿈, 욕구는 무엇인가? 그리고 그것들은 변했는가?
— 과거에 나에게 도움이 되던 것들이 현재 내 욕구를 만족시켜주는가?
— 내 가슴을 뛰게 만드는 것은 무엇인가?
— 어떤 종류의 선택들을 하고 싶은가?
— 어떤 가치와 믿음을 가지고 살고 싶은가?
— 인생에서 커다란 고난에 직면했을 때 내게 가장 중요한 것은 무엇인가?

삶이 무너질 때 이를 치유하는 것은 어떤 사람이 될 것인지 결정하는 일에 달려 있다고 해도 과언이 아니다. 기쁨을 선택할 것인가, 고통을 선택할 것인가? 성장과 비난, 오늘과 어제, 자신의 가슴속 열망과 다른 사람이 써준 대본 가운데 무엇을 선택할 것인가? 당신은 희생자가 될 필요가 없다. 당신이 스스로를 이 지점까지 데려왔다는 점을 명심하라. 당신은 더 크고 더 나은 미래를 향해 나아갈 수 있다. 내면의 지혜를 존중하고 최고의 '나'가 되지 않겠는가?

삶이 무너졌을 때 나는 나에 대해 진지하게 돌아봤다. 내게 가장 중요한 것은 무엇인지 내가 지금껏 꾸려온 인생이 과연 내가 원하던 삶이었는지 긴 시간을 가지고 치열하게 고민했다. 나는 어떻게 여기까지 왔으며, 내가 변화시키고 싶은 것은 무엇이었는가?

나는 인생에서 가장 중요한 것을 잃어버리고 살고 있다는 사실을 깨달았다. 나의 가장 큰 바람은 소울메이트였다. 정직하고, 원칙을 지키고, 재미있으며, 사랑을 베풀고, 헌신적이며, 열정적이고, 지적이고, 자기 확신에 차 있으며, 섹시하고, 열린 마음을 가지고 있고, 독립적이며, 건강하고, 신이 있고, 기품 있는 사람. 나는 과거에 결혼생활을 경험한 적이 있고 아내에게 충실했던 사람을 원했다. 자녀가 있고 그들과 좋은 관계를 유지하는 남자와 함께하고 싶었다. 나를 바라봐주고 사랑해주며, 내가 가지고 있는 세계관과 가족관을 공유할 수 있는 사람 그리고 함께 있으면 행복한 그러한 사람과 만나고 싶었다.

나는 마음속으로 늘 '이러한' 소울메이트를 갈망하고 있었다는 사실을 비로소 깨달았다. 하지만 잘못된 곳에서 사랑을 찾고 있었던 것이다. 전 남편은 결코 그러한 유형의 사람이 아니었고 변화할 여지도 없었다. 그의 배신을 통해 보고 겪은 구체적인 행동과 사건들에서 나는 내가 얼마나 잘못된 선택을 했는지 알 수 있었다.

나는 어떻게 했을까? 나는 위기를 환영하기로 했다. 그리고 오래된 역할을 버리기로 결심했다. 동그란 말뚝을 네모난 구멍에 억지로 맞추려고 헛되이 노력해왔던 과거를 버리고 내게 맞는 사람을 찾는 데 에너지를 쏟기로 결심했다.

엘리자베스 길버트의 회고록인 《먹고 기도하고 사랑하라(Eat, Pray, Love)》라는 멋진 베스트셀러 책이 있다. 이 책은 배신에 관한 이야기는 아니지만 저자가 결혼생활을 그만두기로 결심한 때부터 그후의 성장과정에 대해 다루고 있다. 당신이 아직 읽어보지 않았다면 한번 읽어보고 싶은 마음이 들 만한 책이다. 이 책의 서두에서 길버트는 "자신이 선택한 삶을 자신이 정말로 원한 적이 한 번도 없다."는 사실을 깨닫는다.

나는 이 이야기가 우리들 대부분에게 공감을 불러일으키기 때문에 큰 호소력을 가지고 있다고 생각한다. 이 책에서 길버트는 자신을 발견하기 위한 기나긴 여정을 시간 순으로 기록하고 있다. 그녀는 충만함과 기쁨을 향한 자신의 여행을 독자들에게 소개하고 있다. 그녀는 아름답고 경쾌한 문체로 자신이 치유를 위해 했던 일들을 묘사한다. 그녀는 과거를 떠나보내는 법을 배워야 했다. 또한 거대한 우주 안에서 자신을 위한 영혼의 자리를 발견해야 했다. 자신에게 맞는 사랑을 찾기 전에 그러한 임무를 완수해야 했다. 그녀는 새로이 배우게 된 것들에 소스라치게 놀란다. 그녀에게 최종적으로 기쁨을 가져다 준 것은 자신이 원하거나 선택할 것이라고 결코 예상한 적이 없는 것들이었다.

배신의 경험은 당신에게 스스로를 발견할 수 있는 기회를 제공한다. 그 기회가 당신을 어디로 데려가는지 알고 나면 당신 역시 경탄할 것이다. 나 또한 놀랐다. 길버트도 마찬가지다. 나의 많은 환자들 또한 그랬다. 놀라움과 경이에 자신을 활짝 열어놓으라. 기적은 일어난다. 스스로에게 물어보라.

'내가 가장 원하는 것은 무엇인가? 나는 원하는 것을 위해 살았는가? 무엇을 변화시켜야 하는가? 정확히 어떤 사람이 될 것인가?'

헤어져야 할까, 유지해야 할까?

당신이 직면하게 되는 가장 큰 문제들 중 하나는 관계를 청산할 것인지 아니면 그대로 유지할 것인지 결정하는 것이다.

배신은 관계의 종류에 상관없이 상상을 초월하는 고통과 상처를 남긴다. 그리고 배신에 어떻게 대처할 것인가에 대한 당신의 감정은 그의 행동이 어떠한지, 그가 얼마나 정직한지, 이 사건에서 그의 잘못은 어느 정도인지, 그가 진정으로 미안해하는지 그리고 그가 관계를 회복하기 위해 헌신적으로 노력하고 있는지에 대해 당신이 점점 더 알아갈수록 변할 것이다.

당신은 상처가 관계를 깨뜨릴 정도로 심한지, 그 정도는 아닌지 알고 싶을 것이다. 헤어질 경우 경제적인 면을 감당할 수 있을지 고민하느라 탈진상태에 이를지도 모른다. 아이들이 있기 때문에 유지해야 한다고 생각하고 있는가?(나도 그래야 한다고 오랫동안 믿었다. 내 환자들 중 많은 이들 역시 그렇게 생각한다.) 유지하기로 선택한다면 또는 헤어지기로 선택한다면 자신이 그 고통을 이겨낼 수 없을 것이라고 걱정하고 있지는 않은가?

임상경험과 개인적인 인생경험을 통해 알게 된 사실은 모든 개인에게는 각자 자신에게 맞는 정답이 있다는 것이다. 누구에게나 적용되는 '보편적인' 정답이란 존재하지 않는다. 마음 가장 깊숙한 곳에서 그리고 직감을 통해 당신은 어떻게 하는 것이 자신에게 가장 좋은지 알고 있을 것이다. 고민할 여지없이 어떻게 해야 할지 즉각 깨달았을지도 모른다. 또는 확신을 가지기 위해 시간이 좀더 필요할 수도 있다. 아이가 있다면 헤어지기로 결정하는 것은 당연히 훨씬 더 힘들 것이다.

당신, 오로지 당신만이 무엇이 자신에게 최선인지 결정할 수 있지만, 유지할 것이냐 헤어질 것이냐 하는 이 중대한 질문에 대한 답을 구하는 과정에서 도움이 될 만한 몇 가지 원칙과 가이드라인을 알려주고 싶다. 이것들이 당신에게 맞지 않는다면 미라 커셴바움이 쓴 《뜨겁게 사랑하거나 쿨하게 떠나거나(Too Good to Leave, Too Bad to Stay)》라는 책을 추천한다. 관계를 계속 유지할 것인지 끝낼 것인지 결정하는 데 도움을 줄 목적으로 만들어진 진단용 질문들을 꼼꼼히 살펴보기 바란다. 아주 훌륭한 책이다. 내가 말하고자 하는 바가 들어 있을 뿐만 아니라 더욱 자세하게 다루어져 있다. 풍부한 사례와 훌륭한 조언 역시 제시되어 있다.

다음은 중요한 가이드라인이다.

---

1. 지금껏 이 관계에서 진정으로 행복한 적이 한 번도 없었다면 미래의 언젠가는 행복해질 수 있다고 생각하는 것은 비합리적이다. 제대로 된 적이 한 번도 없다면 절대 고쳐질 수 없는 것이다. 그리고 당신은 더 나은 인생을 살 자격이 있는 사람이다. 자신에게 그 선물을 주라.

---

2. 아이가 있다는 것이 나쁜 관계를 유지해야만 하는 합당한 이유가 될 수는 없다. 그렇게 한다면 아이들에게 당신과 똑같은 방식으로 즐거움과 자아실현을 희생하며 살라고 가르치는 것과 마찬가지다. 당신이 아이들에게 가르쳐주고 싶은 것이 그러한 것인가?
끔찍한 관계를 유지하며 함께 사는 부모와 같은 상황에서 이혼을 선택한 부모가 각각 아이들에게 어떤 영향을 미치는지 비교한 연구는 아직까지 없다. 내 경험과 다른 여러 의사들의 경험을 종합해보자면 좋지 않은 환경에서 아이를 키우는 것은 아이에게 매우 심각한 영향을 끼친다. 참기 힘들 정도로 좋지 않은 상황에서 그대로 참고 머무른다면 아이들은 자신들도 그렇게 살아야 한다고 배울 것이다. 자신의 마음과 본능을 따르는 것이 자기 자신과 사랑하는 사람들에게 가장 큰 도움이 된다는 사실을 믿으라.

---

3. 당신의 파트너가 깨끗이 자백하고 불쾌한 행위들을 끝내겠다고 약속하지 않는다면, 자신의 행동을 정당화하고 오히려 당신을 비난한다면, 또는 진정한 참회를 하고 당신의 고통을 치유하려는 의지를 전혀 보이지 않는다면, 그 관계는 개선의 여지가 없다. 많은 연구가

이를 보여준다. 결혼생활에서의 배신을 치유하는 일은 양쪽이 다 자발적 의지를 가지고 기꺼이 노력할 때에도 매우 고통스럽고 힘든 과정이다. 만약 가해자가 정직하지도 않고, 미안해하지도 않고, 공감대도 없고, 적극적으로 참여하지도 않는다면 성공할 가능성은 1퍼센트도 없다. 불가능한 일에 수고를 하지 말기 바란다.

―

4. 파트너를 더 이상 존중할 수 없다면 그와 만족스러운 관계를 맺을 가능성은 없다. 더 이상의 설명이 필요없이 너무나 당연한 이야기다. 서로 존중하지 않는다면 파트너가 될 수 없다.

―

5. 저지른 범죄가 너무 끔찍해서 다른 누구라도 그 일을 용서하거나 잊는 것이 어려울 정도라면 당신이 그렇게 할 수 있을 가능성은 희박하다. 당신도 인간에 불과하다. 아무도 지킬 수 없는 기준을 스스로에게 강요하지 말라.

―

6. 파트너가 헤어지고 싶어한다면 그것은 사실상 축복이다. 적극적이지도 헌신하지도 않은 사람과 관계를 맺는 것은 어떤 경우에도 도움이 되지 않는다. 당신은 스스로를 그리고 오직 자신만을 통제할 수 있다는 점을 명심하라. 당신과 함께 미래를 보낼 생각이 없는 사람과 관계를 맺는 것은 의미없는 일이다. 또한 그의 배신은 그 자신이 시간과 노력을 들이지 않은 결과다. 인생에 전혀 도움이 되지 않는 관계에서 풀려나는 것은 좋은 일이다. 노예상태에서 풀려나는 것과 마찬가지로 봐도 된다. 한마디로 축복이다.

―

7. 관계를 회복하는 데 더 이상 마음을 쓰고 싶지 않다면 당신의 관계는 이미 끝난 것이나 마찬가지다. 이것이 의미하는 바를 이해하고 당장 그 지옥에서 빠져나오라! 끝내도 좋다. 그의 배신은 문제 가득한 관계 속에서 당신이 필사적으로 잡고 있던 마지막 지푸라기를 날려버렸을지도 모른다. 또는 당신이 소중하게 여기던 것들을 너무 많이 파괴해서 더 이상 회복이 불가능한 상태일 수도 있다.

―

8. 아직 관계를 끊을 준비가 되어 있지 않다면 아직은 헤어질 시간이 아닌 것이다. 단 한 가지 경우를 제외한다면(아래에 있는 가이드라인 9번을 참고하라). 어떤 관계에서 헤어질 건지 유지할 건지 결심하기 전에 시간을 들여 자신의 고통과 불만족을 다양한 각도에서 살펴

보는 일은 반드시 필요하다. 대체로 배신의 치유를 위해 나를 찾는 사람들은 자신이 처한 상황을 벗어나는 데 도움을 필요로 한다. 그리고 그들이 점차 확신을 얻고 떠날 준비를 마치는 데는 최소한 몇 개월에서 몇 년까지 걸린다. 당신이 덫에 걸린 채 옴짝달싹 못하는 상태라고 느낀다면 치료나 상담을 받는 것에 가능성을 열어두라. 많은 여성들은 탈출하는 데 지지가 필요하다.

---

9. 파트너가 당신을 육체적으로 한 번 이상 폭행했다면 반드시 헤어져야 한다. 당신의 안녕은 지금 벼랑 끝에 서 있다. 죽느냐 사느냐의 문제다.

---

10. 만약 소시오패스와 관계를 맺고 있다면 그 관계는 점점 나빠질 것이다. 오래 머무를수록 더 많이 잃을 것이다. 상실한 것들은 과감히 끊어버리고 앞으로 나아가라! 이에 대해서는 3장에서 더 자세히 이야기할 것이다.

---

11. 탱고를 추는 데는 두 사람이 필요하다. 관계를 치유하기 위해서는 두 사람 모두의 적극성이 필요하다. 당신이 노력해보고 싶은 내면의 바람이 있다면 그리고 그 또한 그러하다면 시도해볼 만한 가치가 있다. 거의 확실하다. 그러나 당신의 바람이나 그의 태도가 바뀐다면 즉시 결정을 재고해보아야 한다는 사실을 잊지 말라.

---

12. 처음에 옳다고 느껴졌던 것도 당연히 바뀔 수 있다. 희망과 기도와 꿈이 산산조각 났을 때 그것들을 포기하는 것은 분명히 힘든 일이다. 당신은 가라앉는 배에 끝까지 매달려 있고자 할 수도 있다. 반대로 그 배가 항해에 조금이라도 적합한지 긴 시간을 들여 시험해보는 것보다 배신을 당했을 때 즉시 배에서 떠나는 것이 더 쉬울 수도 있다.

자신에 대해 인내심을 가지라. 가슴이 말하는 대로 따르고 그 과정에서 필요한 만큼 여러 번 마음을 바꿔도 괜찮다. 다음 질문들에 대해 곰곰이 생각해보기 바란다.

— 나의 패턴은 무엇인가?
— 불가능한 일을 가능하게 하려고 지나치게 노력하고 있지는 않은가? 아니면 상황이 힘들어질 때마다 포기하려고 하지는 않는가?
— 현재의 마음속 혼란을 어떻게 행동으로 표출하고 있는가?
— 현재 어디에 서 있는지 이해하기 위해 도움이 필요한가?

부탁하건대 어떤 도움이나 뜻밖의 일이라도 피하지 말라! 결국에는 내면의 지혜가 당신을 안내해줄 것이다. 그리고 당신은 자신을 위한 올바른 답을 찾아낼 수 있을 것이다.

유지하기

당신이 만약 유지하기를 선택했다면 당분간 어떤 상태일 것 같은가? 내가 줄 수 있는 최선의 대답은 '오랜 시간 동안 지옥 같을 것이다.'이다. 배신을 치유하는 일은 길고 어려운 과정이다. 많은 사람들이 그 길을 따라 여행했다. 치유는 분명히 가능하다. 당신과 파트너는 더욱더 강해지고 서로에게 헌신적인 상태로 배신의 경험을 극복할 수 있다. 미래를 함께 설계할 수도 있을 것이다. 단 그것이 당신이 원하는 일이라면 말이다.

하지만 그곳에 도달하기까지 많은 시간이 걸릴 것이고 두 사람은 함께 많은 문제들을 헤쳐 나가야 할 것이다. 가장 중요한 것은 정직과 상호존중을 기반으로 한 파트너십을 세우는 법을 배워야 한다는 점이다. 깊은 고통을 감수하며 믿음, 상호신뢰, 자존감, 죄의식, 수치심 그리고 책망에 이르는 방대한 문제들과 맞설 각오를 해야 한다. 두 사람은 각자 많은 개인적 지지가 필요할 것이고 부부상담 또한 필요할 것이다.

유지하는 것이 옳다고 생각한다면 페기 본의 《일부일처제의 신화(The

Monogamy Myth: A Personal Handbook for Recovering from Affairs)》라는 책을 권해주고 싶다. 저자는 불륜문제를 다루는 전문가이고 이 분야에 대해 30년간 연구하고 집필했다. 또한 그녀는 11년을 함께 한 남편이 7년 동안 불륜을 저지른 경험을 가지고 있다. 그녀는 당신이 마음의 소리를 따라갈 수 있도록 도와줄 치유의 방법을 알려줄 것이다. 그녀는 유지하기를 선택했고 남편과 함께 문제를 극복하는 데 성공했다. 하지만 그녀는 개인마다 각기 다른 올바른 답이 있다는 것을 잘 알고 있으며, 그 답을 찾으라고 가르친다. 이 책을 강력히 추천하고 싶다.

헤어지기

당신이 헤어지기로 마음먹었다면 앞으로 어떠할 것 같은가? 여러 면에서 유지하기와 그다지 다를 바 없을 것이다. 오랫동안 지옥이 펼쳐질 수도 있다. 헤어지고 당장은 모든 것이 조금이라도 나아졌다고 느낄지 모르지만 말이다.

헤어진다는 것은 힘든 일이다. 영원한 이별은 언제나 어려운 법이고 때때로 고문을 당하는 것처럼 몹시 괴롭기도 하다. 꿈은 사라진다. 미래는 무너진다. 과거의 사랑이 가장 큰 고난으로 변한다. 관계가 결혼생활을 포함하는 경우에 법률제도가 도움을 위해 끼어든다. 그리고 이미 어려운 일을 더욱 복잡하게 만든다. 아이가 있다면 양육권과 양육비 문제가 점점 복잡해져 결코 끝나지 않을 고통처럼 느껴질 것이다. 고소장이 양쪽으로 날아다닐지도 모른다. 공포, 무력감, 절망이 정기적으로 문을 두드리고 영혼 속으로 들어와 떠나지 않으려 할 수도 있다.

하지만 '이 또한 지나가리라'의 지혜가 힘난한 시간을 헤쳐 나갈 수 있도록 우리를 안내해줄 것이다. 유난히 힘들던 어느 날 한 절친한 친구가 내게 말했다.

"이 말이 네게 도움이 될지 모르지만 내 경우엔 걱정에 사로잡힐 때마다 영원한 것은 아무것도 없다는 사실을 되새기곤 해."

오랜 이혼 소송과 양육권 분쟁을 겪으면서 공포에 사로잡힐 때마다 나는 그녀의 말을 되뇌었다.

어떤 것도 영원하지 않다. 당신은 반대쪽 편에서 일어설 것이고 태양은 다시 뜰 것이다. 봄은 오고 만물은 소생할 것이다. 희망은 언제나 존재한다. 당신의 미래는 과거보다 더 밝을 것이다. 당신은 마침내 '극복할 것이다.' 어떤 것도 영원하지 않다.

헤어지기를 선택한 사람 역시 엄청난 지지를 필요로 한다. 반드시 다른 사람들에게 도움을 청하기 바란다. 그들의 지지는 세상을 다르게 만들어줄 것이다.

당신은 선택권을 가지고 있다

이번 장을 마치면서 핵심사항을 강조하고 싶다. 배신을 당했지만 그런 다음에 어떤 일이 생길지 결정하는 일은 오로지 당신에게 달려 있다. 당신은 선택권을 가지고 있다. 힘을 가질 것인가, 아니면 희생자가 될 것인가? 자신에 대해 배우고 성장할 것인가, 아니면 상대만을 탓하고 위축될 것인가? 유지할 것인가, 헤어질 것인가? 이 도전을 당신이 원하는 삶을 만들기 위한 기회로 보고 있는가? 치유되고 있는가? '정확히 어떤 사람이 되고 싶은가?'

당신은 선택권을 가지고 있다. 무너진 삶을 치유하기 위해서는 이 경험이 주는 선물을 이해하고 경험을 통해 성장해야 한다. 자신에게 이러한 미래를 꼭 선사하기 바란다.

당신의 영혼을 좀먹는 소시오패스,
그들은 어디에나 있다

#3

| 당신은 그중 한 사람과 결혼했을 수도 있다!

　당신은 소시오패스(sociopath)*와 결혼했을(또는 사귀고 있을) 가능성이 있는가? 이번 장은 매우 중요한 교훈을 포함하고 있다. 많은 환자들은 이 장을 '예전에 알았으면 좋았을' 이야기로 가장 많이 꼽는다. 나도 최근에 와서야 본격적으로 연구하게 된 주제다.

　편집자인 질 크래머와 함께 아이디어를 나누고 있을 때 내가 이 주제를 책에 넣겠다고 하자 그녀는 대답했다. "꼭 한 장 전체를 할애해야 합니다!" 생각할수록 그녀의 말은 백번 옳은 말이다.

　일반인 25명 중 한 명은 양심을 가지고 있지 않고, 미안함이나 죄책감

---

* 국내 정신의학계에서는 '반사회적 인격 장애'라는 용어를 많이 사용하고 있다. 타인의 권리를 경시하고 침해하는 양상을 특징으로 하는 성격장애로 범법행위, 거짓말의 반복, 충동성, 무책임감, 양심의 결여 등을 주요 특징으로 한다. Sociopath(사회병질자), Psychopath(정신병질자), Dissocial Personality Disorder(비사회적 인격 장애), Antisocial Personality Disorder(반사회적 인격 장애) 등으로 불린다. 우리 책에서는 원문을 살려 '소시오패스'라는 용어를 사용하기로 한다.

을 느끼지 않은 채 다른 사람에게 극도의 고통을 가할 수 있다는 사실이 밝혀졌다. 이 사람들은 자신의 행동이 사회, 친구, 가족, 심지어 자녀들에게 어떤 영향을 미칠지 전혀 신경 쓰지 않는다. 또한 어떤 경우든 죄책감이나 양심의 가책을 전혀 느끼지 않는다. 그러나 그들은 우리가 흔히 상상하는 모습과 전혀 다른 모습을 하고 있다. 그들은 '어디에나 있다.' 당신은 그중 한 사람과 결혼했을 수도 있다.

나는 정신과 전공의 수련과정에서 소시오패시에 관해 처음 배웠다. 하지만 그 당시에 정설이라고 배웠던 것은 완전히 틀린 것이었다. 처음에 소시오패시는 사이코패솔로지(Psychopathology)와 거의 동의어로 제시되었다.* 소시오패스는 강력범죄자였고 연쇄살인자, 명백한 괴물이었다. 소시오패시는 상대적으로 매우 희귀했고, 이 진단을 받은 사람들은 치료를 위해 의사를 찾는 일이 드물었기 때문에 정신과 환자가 되는 경우는 거의 없었다. 그들은 참여하는 어떤 일에도 충분한 문제의식을 가지지 않았다. 그들은 감정적 고통, 죄책감, 속죄의식을 느끼지 않기 때문에 정신과 의사와 많은 시간을 보내려 들지 않았다. 범죄의학 계통을 전공할 것이 아니라면 이 인격장애에 대해 많이 알 필요가 없었다.

그러나 진실은 밝혀지기 마련이다. 오늘날 25명당 한 명의 사람이 소시오패스라는 주장이 여러 심리학 연구[아래에서 논의할 《당신 옆의 소시오패스(The Sociopath Next Door)》라는 책에서 인용]에서 제시되고 있다. 그들 중 많은 이들이 양심이 결여됐다고 의심하기 어려운 사람들이다. 그들은 교사, 의사, 지도자, 개 산책인 그리고 부모의 모습을 하고 있다. 그들은 우리들처럼 평범하게 생겼다. 그들 중 많은 이들이 나의 환자였다. 그들은 중독, 우울증, 주의력결핍장애 그리고 일반인들이 경험하는 많은 문제들

---

* 소시오패시는 사회병질, 사이코패솔로지는 정신병질의 의미로 쓰인 것이다.

을 겪는다. 그들은 번지르르한 말을 잘하며 겉으로는 가슴 깊이 남을 염려하는 것처럼 보인다. 그러나 실상은 양심을 전혀 가지고 있지 않고 진정한 공감과 사랑의 능력을 가지고 있지 않다. 그들은 양의 탈을 쓰고 있는 늑대이기 때문에 매우 위험할 가능성이 많다.

나는 지인들, 친구들, 환자들 그리고 다른 과 동료 의사들로부터 소시오패스의 실상에 대해 배웠다. 전 배우자나 전 애인과 보낸 시간에 대해 이야기할 때 그들은 말하곤 했다. "그는 소시오패스였어." 그러고는 파트너가 저지른 악행에 대해 묘사했다. 그들 중 일부는 목숨을 부지한 채 그 관계에서 빠져나온 것에 대해 진정으로 신께 감사를 드렸다. 그들은 사기꾼, 범죄자, 학대자, 중독자의 감언이설에 속아 넘어간 것이다. 그들은 '측은지심'의 원칙에 끌려들어가 실제로는 자신을 이용하고 학대하고 배신하고 있던 사람들을 도와주느라 최선을 다하면서 수년을 보냈다.

내 친구와 환자들 중 몇몇이 소시오패시에 관한 놀라운 책을 내게 추천해주었다. 만약 읽지 않았다면 당장 일독을 권하고 싶은 책이다.《당신 옆의 소시오패스》라는 제목의 책에서 마사 스타우트 박사는 소시오패시를 구별하는 방법과 소시오패스에 대처하는 법을 가르쳐준다. 소시오패스들은 인생을 '게임'이라고 생각하고 이기고자 하는 욕망, 지배하고자 하는 욕구에서 동력을 얻는다고 그녀는 말한다. 그들에게는 양심이라는 것이 없고 도덕적 잣대도 존재하지 않는다. 감정적 애착 역시 가지고 있지 않다. 그들은 자신의 결정과 그 영향에 대해 자신이 책임이 있음을 인정하지 않는다. 그들은 일련의 상황에서 자신이 희생자라고 생각한다. 그들은 충동적인 거짓말쟁이이고 다른 사람을 파괴하려는 욕망에 의해 움직인다. 그들은 주로 '강한' 특징을 가지고 있는 사람들을 목표로 삼는다. 다시 말해 공감능력이 뛰어나고, 베풀기 좋아하고, 어려운 사람을 보살피는 사람일수록 소시오패스의 공격을 받을 가능성이 더 커진다는 뜻이다. 무섭지 않은가?

이제 긴 시간을 들여 깊이 생각해보기 바란다. 소시오패스와 관계를 맺고 있을 가능성이 당신에게 있는가? 당신의 파트너는 거짓말쟁이인가? 오로지 자신에게 필요할 때만 당신을 염려하는 것처럼 보이지 않는가? 당신을 놀라게 하는가? 당신이 해결해야 하는 문제들을 자주 만드는가? 당신의 동정심에 호소하는가? 당신을 공격하는가? 자신이 저지른 실수와 자신이 만들어낸 위기상황에 대해 당신을 탓하지는 않는가? 다음에 제시된 소름 끼치는 생각들 중 현재 가지고 있거나 한 번이라도 가져본 적이 있는가?

— 당신이 누구인지 모르겠어.
— 어떻게 그런 소름 끼치는 일을 할 수가 있어?
— 당신은 당신 자신을 위해서라면 나와 아이들까지 팔 수 있는 사람이야.
— 어떻게 자기 스스로를 용납할 수 있어?
— 당신과 난 다른 행성에 있는 것 같아. 그런 짓을 하겠다는 생각을 머릿속에 품었다는 것만으로도 문제가 돼. 절대 이해할 수 없어. 그런데 당신은 그 짓을 실제로 했어.
— 당신은 자기 외에는 누구도 신경 쓰지 않는 사람이야.

위의 질문과 생각들 중 공감되는 것이 몇 가지 있다면 당신은 현재 소시오패스와 함께 하고 있을(또는 있었을) 가능성이 높다. 당신은 사실 여부를 꼭 확인해보아야 한다. 왜 이런 말을 하는지 궁금한가? 소시오패스는 사람들을 철저히 파괴하기 때문이다.

만약 소시오패스가 당신 삶의 일부분을 차지하고 있다면 당신의 삶을 치유할 수 있는 유일한 방법은 그 관계에서 빠져나오는 것이다. 당신은 인간으로서 할 수 있는 모든 방법을 동원해 그를 피해야 한다. 그리고 그를 완벽하게 차단할 수 있도록 최선을 다해야 한다. 그는 당신의 영혼을 망치는 '독'이다.

다음은 소시오패스 파트너에 대해 나와 상담한 여성들의 이야기이다.

나는 노름꾼이자 나중에 소시오패스로 밝혀진 남자와 결혼했다. 그를 정말로 믿었다. 돈 관리하는 것을 싫어했던 나는 그에게 모든 재정을 맡겼다. 그런데 그는 내 돈을 모두 훔쳐가버렸다. 이혼 후 나는 살길을 찾아야 했다. 그가 여전히 두렵다. 나는 나이를 먹어도 결코 은퇴할 수 없을 것이다. 그는 내게서 계속 돈을 뜯어갈 것이다.

───

나는 힘든 이혼절차를 밟아왔고 얼마 전 그에 대한 고소절차를 마치고 고소장을 받았다. 그는 많은 여성들을 괴롭혔다. 그들 중 세 명은 현재 그에 대해 접근금지명령을 받아놓은 상태이다. 그는 스토커이자 도둑이고 약물중독자다. 그럼에도 그는 나를 문제덩어리로 여긴다. 그가 나를 해치기 전에 빠져나올 수 있어서 천만다행이다.

───

나는 남편이 직원들의 퇴직금을 3년간 빼돌려왔고 심지어 연로하신 내 부모님의 돈까지 훔쳤다는 사실을 얼마 전에야 알았다. 우리 부모님은 그에게 친부모나 다름없는 분들이시다. 어머니는 남편이 한 짓을 전화로 알려주셨다. 어느 날 어떤 사람이 와서 부모님 집을 차압하겠다고 했다. 그때야 비로소 부모님은 그가 납입금 수표를 넉 달 동안이나 빼돌린 사실을 발견했다. 다행히도 부모님은 밀린 대금을 갚을 만한 돈을 가지고 있었다. 그는 양심의 가책을 전혀 느끼지 않았다. 나는 그가 어떤 사람인지 더 이상 짐작조차 못하겠다. 나는 지지가 필요해서 이곳을 찾았다. 곧 이혼소송을 걸

예정이다.

―――

불륜을 저지른 전남편은 내 친구들에게 나에 관해 거짓말을 하고 다녔다. 그는 온갖 종류의 끔찍한 이야기들을 만들어냈다. 그는 이혼을 원했지만 양육비는 지불하고 싶어하지 않았다. 그는 내가 정당한 권리를 위해 싸우는 것을 포기할 때까지 모든 기술을 동원해 나를 망가뜨렸다. 그는 너무 많은 사람들이 내게서 등을 돌리도록 만들었다. 악명 높은 변호사를 고용하고 법률 시스템을 이용해 나를 공격했다. 결국 나는 비용과 상관없이 오직 그와 끝내고만 싶은 지경에 이르렀다. 내가 딸들의 양육과 모든 양육비용을 전적으로 책임지겠다고 하자 그는 마침내 이혼조정 합의서에 사인했다. 그 일이 있은 지 벌써 14년이다. 당시의 친구들 중 일부는 아직도 나를 미워하고 있고 앞으로도 나와 연락하지 않을 것이다. 그가 도대체 그들에게 뭐라고 얘기했는지 모르겠다.

당신은 도대체 어느 누가 저렇게 듣기만 해도 끔찍한 남자들에게 속을 수 있는지 궁금할 것이다. 매우 중요한 질문이다. 저 여성들이 나에게 이야기해준 정보의 대부분은 그들도 나중에야 비로소 알게 된 것들이다. 하지만 여전히 이 질문은 음미해볼 만한 가치가 있다.

우리 같은 일반인들에게 양심이 없는 사람이 존재한다는 사실은 상상조차 할 수 없는 일이다. '양심'과 '돌봄'은 우리를 인간으로 만들어주는 가장 기본적인 특징이기 때문에, 우리는 상대의 수용 불가능한 행동에 대해 많은 변명거리를 만들어주는 경향이 있다. 우리는 주관적 관점에서 그의 행동을 설명하고 이해한다. '저 사람은 너무 죄의식이나 수치심이 강해서 저러는 걸 거야.' 우리는 공격적인 행동을 발견하자마자 스스로에게 속삭인다. 소시오패스는 이러한 우리의 동정심과 공감능력, 용서하고 도와주고 싶어하는 본능을 교묘히 이용하고 이에 호소한다.

　머리 좋은 소시오패스들은 매우 교활하고 탁월한 설득력을 지니고 있다. 그들은 예민하고 부당한 취급을 받은 사람들처럼 보이기도 한다. 대부분의 경우 그들은 남을 보살피고 베푸는, 인정 많은 사람처럼 보이는 사회적 가면을 쓰고 있다. 이 때문에 그들의 배우자나 파트너는 고통 속에 살면서도 자신의 본능을 믿거나 누군가의 지지를 얻기가 힘들다. 소시오패스의 파트너는 헤아릴 수 없는 고통과 엄청난 경험들을 비밀로 하는 경향이 있다. 이러한 이유로 소시오패스와의 악몽 같은 관계는 '아주 오랜' 시간 동안 지속되기도 한다.

| 때리는 남편에게 계속해서 다시 돌아가는 여성이
| 존재하는 이유

　여성들이 소시오패스를 선택하고 그와 머무는 데는 또 다른 매우 중요한 이유가 있다. 그들의 과거가 그들로 하여금 자신을 이용하고 학대하는 남자들을 선택하도록 만든 것이다. '트라우마 족쇄(trauma bonds)' 또는 패트릭 J. 카네스 박사가 명명한 '배신의 족쇄(betrayal bonds)' 때문에 그들은 위험한 관계 속에 머무른다. 배신의 족쇄는 착취적인 관계에 의해 만들어진다. 희생자는 자신을 파괴하는 사람에게 애착을 느끼고, 그가 자신을 상처 입히고 배신하고 착취하더라도 그에게 충성을 다한다. 그리고 그의 배신은 족쇄를 강화하는 역할을 한다.

　만약 당신이 배신의 족쇄에 속박되어 있다면 당신은 자신을 상처 입히는 사람에게 정신이 마비될 정도의 집착을 갖게 될 것이다. 그의 행동을 합리화하려 애쓰고, 그가 남을 학대하는 사람이 아닌 것처럼 탈바꿈시키고, 당신 자신을 탓하며, 스스로의 판단을 믿지 않고, 해결 불가능한 일을 해결하기 위해 계속 노력하고, 해롭고 파괴적인 사람에게 충성을 다할 것이다.

배신의 족쇄에 속박되어 있다는 것은 매우 고통스러운 상태의 삶을 살고 있음을 의미한다. 공포에 사로잡혀 있고 겁에 질려 있으며 바짝 긴장한 상태이고 결코 자신이 안전하다는 느낌을 가지지 못한다. 또한 다음 위기가 언제 닥칠지 모르는 상황에서 단 한순간도 경계 태세를 늦추지 못한다. 이런 상태에서는 자신의 진정한 모습을 더 이상 알 수 없다. 늘 두렵고, 상처 입고, 비탄에 잠겨 있기 때문에 기쁨에 넘치는 자아는 깊숙한 곳으로 숨어버린다. 참된 자아—당신을 살아 움직이게 하는—는 묵살당한다. 더 이상 자기 자신이 아닌 것이다.

배신 또는 트라우마의 족쇄는 뒤에서 몰래 다가오기 때문에 자신이 일종의 정신이상 상태로 걸어 들어가고 있다는 사실을 인식하기란 쉽지 않다. 자신이 미친 짓을 하며 살고 있다는 사실을 전혀 깨닫지 못할 수도 있다. 똑같은 일을 반복하며 이번에는 결과가 달라지겠지라고 기대하면서 말이다. 헛된 약속을 믿고, 누구도 이길 수 없는 끔찍한 싸움에 관여하고, 파트너가 언젠가는 진실을 알아줄 거라고 믿고 이를 위해 노력하고, 그가 변하기만 하면 꽉 막힌 일이 모두 풀릴 것이라 기대하고, 파트너의 재능에는 관심을 기울이면서 정작 그가 당신을 학대하고 있다는 사실은 간과한다. 그리고 두려운 사람에게 점점 가까이 다가서는 이러한 행태를 무한 반복할 것이다. 마침내 더 이상 신뢰하지도, 심지어 좋아하지도 않는 그러한 사람에게서 벗어날 수 없는 자신을 발견하게 될 수도 있다. 당신의 관계가 이처럼 착취적이고 무시무시하다면, 그럼에도 불구하고 거기에서 벗어날 수 없다면 당신은 배신의 족쇄에 속박되어 있는 것이다.

도대체 어떤 사람들이 이처럼 고통스러운 지옥을 스스로 만들거나 그 안으로 제 발로 걸어 들어가는가? 지성과 자존감이 있는 사람들이 왜 그곳에 '머무르는가'? 당신이 현재 이러한 관계에 있다면 또는 경험한 적이 있다면 당신은 자신의 '멍청함'에 대해 자신을 호되게 꾸짖고 책망했을 것이다. 하지만 상황을 이렇게 만든 배후조종자는 바로 당신의 과거사라는 점이 밝혀졌다.

당신이 트라우마 족쇄에 한번 속박된 적이 있다면—주로 첫번째 경험은 선택권을 가지지 못한 어린 시절에 발생한다—비슷한 패턴으로 다시 빠질 가능성이 매우 높다. 과거는 당신의 신경화학작용에 영향을 미친다. 당신의 뇌는 과거의 심리적 외상을 재현하도록 프로그램되어 있다. 그러므로 당신은 과거의 관계 불안정성을 반복하는 사람에게 끌리게 되고 시간이 흐를수록 트라우마 족쇄의 힘은 점점 강력해진다. 그 결과 당신이 자신에게 해로운 사람들을 선택하는 횟수는 점점 늘어날 것이다.

누구나 배신의 족쇄를 만들어낼 수 있다. 어떤 관계에서든 정신적 충격을 크게 받은 사람은 누구든지 자신을 잃어버리고 트라우마 족쇄의 비정상적이고 사악한 순환에 제 발로 걸어 들어갈 수 있다. 게다가 배신의 족쇄에 속박된 시간이 길어질수록 벗어나기란 더욱 힘들어진다. 자신을 구타하는 남성에게 계속해서 다시 돌아가는 여성이 존재하는 이유가 바로 이것이다.

오랜 진료 경험 후 나는 트라우마 또는 배신의 족쇄는 생각보다 '매우' 흔하다는 결론에 도달했다. 그러므로 우리가 관계나 결혼의 지속 가능성에 대해 고민할 때 이러한 문제를 충분히 논의해보지 않는다는 사실은 심히 걱정스러운 일이다. 우리는 소시오패시에 대해서도 충분히 논의하지 않고 있다. 소시오패스와 함께 있다면 당신은 트라우마 족쇄에 속박되어 있을 가능성이 매우 높다. 이 두 가지는 거의 함께 나타난다. 끔찍한 지옥이 아닐 수 없다. 하지만 당신은 벗어날 수 있다. 그 첫번째 단계는 자신이 현재 어디에 있는지 정확하게 인식하는 것이다.

다시 정리해보도록 하자. 당신은 소시오패스와 결혼했거나 사귀고 있을 가능성이 있는가? 만약 그렇다면 당장 벗어나는 길밖에 없다. 만약 이 장의 마지막까지 읽고서도 대답에 자신이 없다면 《당신 옆의 소시오패스》를 읽어볼 것을 권한다. 당신이 만약 소시오패스와 트라우마 족쇄에 속박되어 있다면—또는 소시오패스는 아니지만 어떤 사람과 이 상태에 있다면—빠져나오는 데 전문적인 도움을 받아야 할지도 모른다. 고통스러운 관계로부터 자신을 구출하기 위해서 필요하다면 어떤 도움이라도 구하는 것이 좋다. 안전하지 않은 상태에 있다면 당신의 인생을 치유할 수 있는 방법은 아무것도 없다. 그러므로 첫번째 단계는 일단 반복적인 학대 사이클에서 빠져나오는 것이다. 그리고 나서야 당신은 비로소 배우고 성장할 수 있다.

나는 많은 사람들이 끔찍한 고통의 시절을 겪은 후 자신의 뇌와 인생을 재프로그램하는 과정을 지켜보았다. 당신 역시 할 수 있다. 이에 필요한 여러 가지 기술을 이 책 뒷부분에서 함께 살펴볼 것이다. 용기를 내라. 어떤 상황에서도 삶의 치유는 가능하다.

소시오패스에 대처하는 9가지 방법

일단 소시오패스에 대처하는 법에 대해 살펴보자. 마사 스타우트 박사는 그녀의 책에서 일상생활에서 소시오패스에 대처하는 13가지 법칙을 제안하고 있다.

다음 목록은 그녀의 핵심법칙 몇 가지와 내가 생각해낸 몇 가지 법칙을 함께 제시한 것이다. 만약 소시오패스가 당신의 인생 속에 들어와 있다면 이 개념들은 당신의 삶을 치유하는 데 필수적인 것들이다.

1. **불신을 유예하라.** 어떤 사람들은 양심이 전혀 없다는 사실을 '믿으라.' 그들은 도덕적 잣대를 가지고 있지도, 누구에 대해 진심으로 걱정하거나 진정으로 누군가를 사랑하지도 않는다. 당신이 인생에서 가장 의미 있다고 생각하는 일들이 그들에게는 아무런 의미를 가지지 않는다. 하지만 그들은 외관상으로는 당신이나 나와 별 다를 바 없어 보인다. 그러므로 당신이 그들 중 하나와 결혼했을 가능성이 전혀 없다고 말할 수는 없다.

2. **자신의 직감을 믿으라.** 본능은 거짓말을 하지 않는다. 어떤 사람이 듣기 좋은 말을 하거나 남을 돌봐주는 역할을 한다고 해도 양의 탈을 쓴 늑대일 수 있다. 관계가 뭔가 이상하다거나 안전하지 않다는 느낌이 든다면, 실제로 '그러한' 것이다.

3. **거짓말쟁이들을 믿어서는 안 된다.** 만약 어떤 사람이 세 번 거짓말을 한다면 그는 거짓말쟁이다. 남을 속이는 것은 양심이 결여된 사람의 첫번째 특징이다. 소시오패스들은 거짓말쟁이들이다. 거짓말쟁이를 파트너로 삼아서는 안 된다.

4. **동정심은 파트너 관계에 존재하지 않는다.** 당신이 너무 쉽게 남을 동정하는 성향을 가지고 있다면 이를 경계하라. 이러한 감정은 큰 재난을 당한 피해자들을 위해 아껴두어야 하는 것이다. 배우자나 인생 파트너에게 헤프게 쓸 것이 아니라는 말이다. 만약 동정심이 관계의 '주춧돌'이라면 당신은 소시오패스와 있을 가능성이 매우 높다. 어떻게든 그곳에서 빠져나오라.

5. **당신은 그가 필요하지 않다.** 당신은 혼자서도 아무 문제 없을 것이다. 소시오패스는 사람을 조종하는 데 능수능란해서 자신과 떨어져서는 살 수 없다고 믿게 만들 모든 방법을 동원한다. 당신에게는 그의 돈, 지지, 재능, 인맥, 파트너 행세 그리고 '공동양육' 어떤 것도 필요하지 않다. 그들에게는 오로지 '승리'만이 중요하다. 돌봄과 배려는 중요하지 않다. 오래 머물면 머물수록 당신이 치러야 할 대가는 커질 것이다.

6. **소시오패스에 대처하는 가장 좋은 방법은, 대처하지 않는 것이다.** 누구에게 어떤 말을 듣든 간에 당신은 소시오패스의 감정을 돌볼 필요가 전혀 없다. 소시오패스는 진정한 의미의

감정을 '가지고' 있지 않다. 하지만 당신은 가지고 있다. 그들과 관계를 유지하고 잘해주려고 지나치게 열심히 노력하다 보면 결국 당신만 파괴될 뿐이다.

7. 되지 않는 일을 억지로 고치려고 노력하지 말라. 양심이 없는 사람에게 계속해서 기회를 주지 말라. 그는 결코 변하지 않는다. 그는 당신의 관대함과 너그러운 성품을 이용할 것이다. 변하고자 하는 의지를 가진 사람만을 도우라. 당신 자신을 포함해서.

8. 다시는 소시오패스를 보호해주지 말라. 그가 가진 소시오패스의 모습을 누구에게도 숨기지 말라. 당신의 임무는 '자신'을 돌보는 일이다. 당신은 그에게 어떤 것도 빚지고 있지 않다. 그가 한 모든 행동의 결과는 그의 책임이다.

9. 당신이 여기까지 온 데에는 분명히 이유가 있고, 당신의 배신 경험에는 선물이 있다. 당신이 만약 현재 소시오패스와 함께 있다면 자신이 왜 이러한 유대관계를 만들어냈는지 앞으로 배울 수 있고, 반드시 배워야 한다. 당신이 이 고통스러운 순간에 대해 깨달음을 얻고 앞으로 나아갈 수 있다면 커다란 기쁨을 누릴 수 있을 것이다. 자신이 살아왔던 세계의 해체를 환영하라. 나를 믿어도 된다. '이' 지옥에서 벗어나는 것은 그 자체가 축복이다.

최대한 빨리 빠져나오기

이번 장의 가장 중요한 교훈에 대해 다시 살펴보자. 당신은 소시오패스와 결혼했을 수도, 사귀고 있을 수도 있다. 소시오패스는 사람들을 파괴한다. 그러한 사람이 삶의 일부라면 당신은 결코 삶을 치유할 수 없을 것이다. 만약 소시오패스와 함께하고 있다면 당신은 파트너의 위험에 대한 모든 진실을 자기 자신에게 숨겨왔을 것이다. 그리고 당신에게 점점 더 해를 끼칠 수밖에 없는 과거의 트라우마 관계를 반복해왔을 것이다.

이제 고백해야 할 시간이다. 혹시 소시오패스와 함께 하고 있지 않은지 자신에게 물어보라. 처음이자 끝이라는 단호한 태도로 답을 생각해내야 한다. 만약 대답이 '그렇다'라면 무슨 짓을 해서든지 빨리 빠져 나오기 바란다. 내가 보증하건대 결코 후회하지 않을 것이다. 사실 당신은 결국 기뻐할 것이다. 자신이 어떻게 그렇게 끔찍한 곳에 오랫동안 머물렀는지 도저히 이해할 수 없다는 생각이 들 날이 올 것이다. 당신의 인생은 훨씬, 아주 훨씬 좋아질 것이다. 당신은 자유롭게 될 것이다. 다음 장에서는 당신이 어떻게 여기까지 오게 되었는지 그리고 이 경험을 통해 무엇을 배워야 하는지에 대해 알아볼 것이다.

당신이 여기까지 온 데는 분명히 이유가 있다

#4

깨닫든 깨닫지 못했든 당신은 당신의 삶을 창조했다. 당신의 고유한 천성과 자라면서 배운 여러 가르침들이 지금까지 해온 '바로 그 일'들을 하게 만들었다. 그리고 잘 알겠지만 그중 일부는 당신에게 전혀 도움이 되지 않는다. 당신은 앞으로 그 모든 것을 바꿀 수 있는 힘을 가지고 있다. 하지만 이 작업을 성공적으로 해내기 위해서는 애초에 자신이 어떻게 여기까지 오게 되었는지 이해할 필요가 있다.

당신은 이제 알고 있다

어떻게 여기까지 오게 되었는가 그리고 이 경험을 통해 무엇을 배워야 하는가? 이번 장은 '먼데이모닝 쿼터백(주말에 벌어진 스포츠 경기 결과를 놓고 월요일 오전 사람들이 모여 수군댄다는 말. 일이 있고 난 후 뒤늦게 따따부따함을 의미—옮긴이)' 장이자, '지나고 난 후 돌아보면 모든 것이 명확히 보인다.'는 가르침을 주는 장이다. 마치 사후검시를 하는 것과 같다고 생각하면 될 것이다. 다시 말해 이번 장은 당신의 지난날의 인간관계를 새로운 시각으로 재해석해볼 수 있는 기회다. 현재 당신은 과거에 몰랐던 사실들을 알고 있다. 과거 어느 순간 시작된 '이야기'가 당신을 어디로 데려왔는지 알고 있는 것이다. 자기 자신과 파트너에 대해 미처 인식하거나 깨닫지 못했던, 받아들이지 않았던, 충분한 지혜가 없어 믿지 못했던 수많은 것들을 이제 알고 있다.

당신이 인생의 이 순간까지 온 데에는 분명히 어떤 이유가 있다. 당신이라는 존재는 유전적 요소, 감정, 충동, 호르몬, 신경생물학적 요소, 고유한 재능, 취약성, 개성, 신념 그리고 사상이 결합된 총체적 산물이다. 성장하면서 얻게 된 인생의 교훈들도 물론 이에 포함된다. 이 결정요소들 중 일부에 대해서는 이 장 후반부에서 더 자세히 배우게 될 것이다. 지금은 일단 과거를 되돌아보고 다음 질문들에 대해 곰곰이 생각해보기 바란다. 흔히 경험하는 일들에 대해 다시 생각해볼 수 있는 자기반성 리스트다.

자기반성을 위한 질문들

— 파트너를 찾는 데 너무 초조해하지 않았는가?
— 그와 잘 맞는다는 확신이 서지 않은 상태에서 당신에게 온 첫번째 프러포즈를 받아들였는가?
— 파트너에게 '안주' 했는가?
— 그를 너무 빨리 믿었는가?
— 정보가 불충분한 상태에서 그에 대해 우호적 판단을 내렸는가?
— 너무 어린 나이에 결혼의 의무를 졌는가? 그리고 결혼이 진정으로 의미하는 바를 이해하기에 긴 시간이 필요했기 때문에 그 관계 안에 머

물러 있었는가?

— 공포감—버림받을지 모른다는 공포, 늙어가고 있다는 공포, 돈에 대한 공포, 아이 양육과 돌봄에 대한 공포—때문에 관계에 계속 머무르기로 결정했는가?

— 인생에서 '당연히' 다음에 와야 할 순서이기 때문에 결혼을 결정했는가? 학교에 다니고, 취직하고, 그 다음 결혼하는?

— 이미 청첩장을 다 보내고 결혼 계획이 마무리되었기 때문에 결혼하지는 않았는가? 또는 부모가 성대한 결혼식을 치러주었기 때문에 그대로 머물렀는가?

— 문제의 심각성을 깨닫지 못한 채 오랫동안 불행한 파트너 관계를 참아왔는가?

— 균형 잡힌 조언과 지지를 해줄 만한 친구들과 지인들로부터 자신을 고립시켰는가?

— 당신은 '지나치게' 베풀기만 했는가? 또는 지나치게 사려 깊게 행동했는가?

— 여러 가지를 다른 사람에게 비밀로 하고 있는가?

— 용서할 수 없는 것을 용서했는가?

— 그가 바뀔 것이라는 희망을 품고 망나니 같은 남자와 오랜 시간을 함께 했는가?

— 지나치게 열심히 노력했는가? 또는 충분한 노력을 기울이지 않은 것은 아닌가?

— 너무 많은 보상을 바랐는가? 또는 너무 적게 기대했는가?

— 책임감이 지나치지는 않았는가? 또는 부족하지는 않았는가?

— 성적 욕구를 억누르고 그것을 방치했는가? 또는 만족되지 않은 욕구들이 있었는가?

── 성행위는 즐거움에 반대되는 일종의 의무라고 생각하는가?

── 원하지 않을 때에 성행위를 가졌는가? 또는 불쾌한 방식으로 성행위를 가졌는가?

── 파트너 관계의 나머지 부분이 문제가 있음에도 불구하고 오직 섹스를 위해 그 관계에 머물렀는가?

── 변화가 필요하다며 계획 세우기를 일삼다 결국 어떤 것도 달라지지 않았는데도 그대로 머물렀는가?

── 이용당하거나 학대당했는가?

── 다른 사람들의 이목 때문에 그 관계에 머물렀는가?

── 어떤 경우에도 결혼생활을 유지하는 것이 미덕이라고 배웠는가?

── 파트너가 당신을 완벽하게 만들어주리라 생각하는가? 당신을 행복하게 해주고 필요를 '전부' 만족시켜줄 것이라 보는가?

── 화려하고 매력적이라는 이유만으로 그를 선택하고 함께했는가? 그가 당신에게 못되게 구는데도?

── 파트너에게 '전부'가 되고자 노력했는가?

── 불행하거나 걱정거리가 많다는 이유로 음식, 알코올, 쇼핑 또는 다른 어떤 것들을 자신을 위로하는 데 이용했는가?

── 파트너에게 정직하고 숨김없이 마음을 터놓는가? 그는 당신에게 그러한가?

── 자기 자신을 지나치게 의심하는가? 또는 의심이 부족한가?

── 관계를 유지하는 것이 습관이나 일상이 되지는 않았는가? 아무 생각 없이 그 안에 머무르고 있지는 않은가?

── 자기 자신에 대해 너무 비판적인가? 또는 파트너에 대해 너무 비판적인가?

── '더 일찍 알았으면 좋았을 텐데.'라고 생각해본 것들이 있는가?

— 지나치게 예의바르고 숙녀처럼 행동하는가? 다시 말해 상대에게 폐를 끼치지 않기 위해 늘 신경쓰는가?
— 당신은 자신이 원하던 사람이었는가?
— 정확히 어떤 사람이 되고 싶은가?
— 앞으로 무엇을 바꾸고 싶은가?

다음으로 자기개념(Self-Concept)의 근원 그리고 자아발달과정에서 직관이 하는 역할에 대해 알아볼 참인데 앞선 질문들에 대한 답을 마음속에 잘 새겨놓기 바란다. 자신을 수용하고, 용서하고, 다른 방식으로 행동하고, 가슴속 열망을 이루기 위해서는 자신이 어떻게 이 지점에 오게 되었는지 이해해야 한다. 일단 현재의 경험들을 형성하는 데 양육이 어떤 역할을 했는지 알아보는 것으로 시작해보자.

우리는 모두 과거를 재경험하고 있다

어린 시절 자신에 대해 배우게 된 교훈들은 어른으로서의 자기개념을 결정한다. 자아형성기 동안 접했거나 배웠던 모델들은 우리의 사고방식에 극적으로 영향을 미친다. 대부분의 사람들에게 배움의 1차적인 장소는 자신이 태어난 가족 안이다. 우리는 부모가 말과 행동으로 가르쳐준 것들을 통해 자신과 다른 사람들에 대해 어떻게 생각할 것인지 배운다. 또한 다양한 인생의 경험들은 뇌구조의 발달에 실제적으로 영향을 미친다.

아이들은 어떤 교훈을 얻게 될 당시 자신이 가지고 있는 인지적 이해 수준으로 정보를 습득하고 저장한다. 예를 들어 아이의 생각을 구체적인 언어로 표현할 수 있다고 가정해보자. 아이들은 '나는 나쁜 애야.' 또는 '나는 말썽쟁이야.' 같은 교훈을 단순히 흡수한다. 무엇이 사람을 선하고 악하게 나누는 기준인지 이해할 능력이 아직 발달되지 않았기 때문에 아이들은 이러한 정보를 사실로 여기고 차곡차곡 저장한다.

이렇게 저장된 자기개념에 대해 인식하지 못한 채 우리는 성인이 된 이후 내내 이에 영향을 받는다. 이러한 오래된 사고방식은 각종 역기능과 강렬한 고통을 야기한다. 그러나 자신의 생각과 선택에 계속해서 질문을 던지다 보면 오랫동안 가져온 부정적인 신념들이 무엇인지 알아낼 수 있다. 일단 이를 알아내면 성인의 인지능력을 사용하여 아이 때부터 가져온 내면의 목소리에 반박할 수 있다. 내면화된 신념들을 인식하고 맞서 싸움으로써 이를 변화시키고, 더 건설적이고 긍정적인 생각들로 교체할 수 있다. 이러한 치유과정에는 파괴적인 사고방식을 재프로그램하기 위해 인지행동치료 중의 하나인 '자기긍정기법'을 이용하는 것도 포함된다. 이 기법에 관해서는 7장에서 더 자세히 살펴볼 것이다.

사고방식을 변화시키는 방법에 대해 배우기 전에 부정적인 교훈들이 우리에게 어떤 방식으로 영향을 미치는지 먼저 알아야 한다. 당신은 이 교훈들을 가지고 무엇을 하는가? 과거에 의해 영향을 받는다는 말이 진정으로 의미하는 것은 무엇인가?

이상한 말처럼 들릴지 모르겠지만 우리 모두는 지금 이 순간 과거를 재경험하고 있다. 어린 시절 멍청하다거나 게으르다는 말을 들었다면 현재에도 자신에게 '넌 멍청해.' 또는 '넌 게을러.' 라고 말하고 있을 것이다. 우리는 자기개념과 세계관에 따라 다른 사람들의 말을 해석하는데, 가끔 그들의 의도와 다르게 해석하는 경우가 생긴다. 예를 들어 친구나 상사가 프로젝트가 얼마나 진행됐는지 물어볼 때, 그들은 단순히 궁금해서 물어본 것임에도 불구하고 자신을 느려터지고 의욕 없는 놈이라 여겨 그런 질문을 한 것이라고 해석하는 경우가 있다.

게다가 우리는 가족 안에서 겪은 익숙한 불안정성 패턴을 성인 이후의 인간관계에서 재현한다. 그러한 불안정성이 예전이나 지금이나 매우 고통스러움에도 불구하고 말이다. 우리는 지나치게 비판적인 친구, 상사, 연인, 인생 파트너를 선택할지 모른다. 그리고 해결이 불가능한 것을 해결하기 위해 노력하는 상황을 반복할지 모른다. 익숙한 상황은 모든 것이 그럭저럭 맞게 흘러가고 있다고 느끼게 만든다. 우리 뇌는 이미 경험한 것에 대해서는 편안함을 느끼도록 프로그램되어 있다. 어느 유명한 말처럼 말이다.

"많은 여자들이 자신의 아버지와 결혼한다. 그리고 많은 남자들이 자신의 어머니와 결혼한다."

인간관계와 일에서 기쁨, 충만함, 즐거움을 경험하고 싶은 성인으로서의 욕구에도 불구하고 우리는 무의식적으로 어린 시절의 고통, 슬픔, 상실을 재현한다. 그러므로 우리의 가장 큰 과제는 다른 사람의 영향에 휩쓸리지 않고 자신이 원하는 진정한 삶을 사는 법을 알아내는 것이다.

당신은 '너의 최대의 적은 바로 너 자신이다.' 라는 표현을 들어봤을 것이다. 나는 이 말이 정말 맞다고 생각한다. 개인적 인생경험과 임상경험을 통해 나는 자기학대로부터 생기는 문제가 얼마나 심각한지 보아왔다. 어떤 사람들은 더 이상 개선의 여지가 없는 생활에 자신을 가둬놓고 빠져나오지 못하게 한다. 이러한 역기능 신념과 패턴을 인식하고 해결하지 않는다면 비생산적이고, 심지어 자기파괴적인 상황에서 영영 빠져나오지 못할 것이다.

비생산적인 생각들 중 일부는 인식하기가 쉽다. 반면 다른 일부는 마음속 깊숙이 묻혀 있고 의식적으로 알 수 없게 숨어 있다. 일단 쉽게 접근 가능한 생각들은 당신이 머릿속에서 듣는 것들이다. 예를 들어 당신의 내면 목소리가 '그렇게 한 건 바보 같은 짓이었어. 넌 진짜로 패배자야.' 라고 말한다면 당신은 대화에 참여함으로써 이러한 신념들을 발견할 수 있다. 하지만 더욱 깊이 숨어 있는 신념들을 찾아내기 위해서는 더 많이 파헤쳐야 한다. 이를 위해서는 파괴적인 인생 패턴들을 점검해보고 그 근원이 무엇인지 추적해보아야 한다. 당신이 무의식적으로 표출하는 것에는 무엇이 있는가? 당신이 아직 목소리를 부여하지 않은 기저의 신념들을 발견하기 위해서는 약간의 추리작업이 필요하다. 이 장의 시작부분과 끝부분에 있는 질문들은 이 작업을 도와주기 위해 고안된 것이다.

| 당신은 처음부터 존재했을 위험 경고를
| 무시했을 가능성이 높다

내가 정신과 의사가 되기 위해 받은 훈련을 통해 얻은 가장 중요한 교훈은 이것이다. '환자에 대해 알아야 할 가장 중요한 것들은 환자를 만난 바로 첫날 그 스스로 모습을 드러낸다.'는 사실이다. 환자들은 매번 각자 자신의 문제, '이야깃거리', 인생사를 가지고 왔다. 그리고 잘 관찰하고 잘 듣기만 하면 처음부터 그들 각자에 대해 많은 것을 알아낼 수 있었다. 훈련기간 동안 나는 환자가 보여주는 것을 보고, 듣고, 느끼고, 그 중요성을 이해하는 데 능숙해지는 것이 내 임무라는 사실을 깨달았다. 중요한 것은 모두 처음 시작할 때부터 바로 그곳에 있기 마련이다(물론 나는 의대를 졸업하고 결혼한 후 오랜 시간이 지난 후에야 이 교훈을 배웠다).

이 교훈은 우리 인생의 매일매일에 적용될 수 있는 말이다. 우리 각자는 모든 만남에 완전한 자기 자신을 대입시킨다. 우리는 누군가를 처음 만나는 순간부터 갖가지 종류의 정보를 등록하고, 내보내고, 처리한다.

그러므로 파트너와 관계를 맺기 시작한 바로 그 순간부터 당신은 많은 신호를 수집하고 동시에 내보내고 있었다. 만약 당신이 삶을 무너뜨린 관계 안에 있다면 당신은 처음부터 존재했을 위험 경고를 억누르고, 축소하고, 무시했을 가능성이 높다.

우리의 직관은 뛰어나다. 그러나 직관에 충분한 관심을 기울이지 않기 때문에 자주 잘못된 판단을 내린다. 우리는 자아의 가장 현명한 부분을 부정하고, 경시하고, 침묵시킨다. 또한 우리는 그렇게 하라고 배웠기 때문에 그렇게 한다. 더 이상 우리에게 도움이 되지 않음에도 어린 시절 받아들인 법칙들에 따라 행동한다. 더 이상 유효하지 않은 뿌리 깊은 불안정성을 반복하고, 몸이 보내는 메시지와 가르침을 잘못 해석한다. 또한 다양한 감정들을 식별하고 그 감정들이 무슨 말을 하고자 하는지 알아내는 능력이 부족하다. 우리는 알고 있는 한도 내에서 최선을 다하지만 그것이 반드시 '가능한' 가장 최선의 방법과 일치하는 것은 아니다.

이 교훈을 설명하기 위해 내 이야기를 해보겠다. 앞에서도 말했지만 나는 약혼 후 매우 우울했다. 주위에 도움을 구했지만 잘못된 안내를 받았을 뿐이다. 나는 이제 내 몸이 그 상황에서 벗어나라는 이야기를 하고자 했다는 사실을 알고 있다. 하지만 당시에는 몸이 내게 무슨 말을 하고 있는지 이해하는 방법을 전혀 몰랐다. 이러한 상태는 여덟 달 동안이나 지속됐다. 나는 전남편을 처음 만났을 때 어떤 일을 겪었는지 아직 이야기하지 않았다. 피터를 제일 처음 만난 날 과연 어떤 일이 있었을까?

나는 전남편을 의대 첫해 1월에 대학의 강의실 건물 바깥에서 처음 만났다. 피터는 과 친구인 매트와 함께 걸어가고 있었는데 내가 처음에 끌렸던 사람은 바로 매트였다.

매트와 피터는 나보다 1년 선배이면서 같은 반이었고 그들 반과 우리 반은 그날 저녁 공동 파티를 열 예정이었다. 매트는 나를 피터에게 소개시켜주고는 저녁 파티에 쓸 맥주 나무통들을 준비하기 위해 곧장 자리를 떴다.

나는 피터와 단둘이 남겨졌는데 몹시 불편함을 느꼈다. 그는 여자에게 매너 있게 행동하는 사람 같지 않았고 단정하지 못해 보였다. 나는 초조한 느낌이 들었다. 집이 같은 방향이었기 때문에 우리는 함께 몇 블록을 걸어갔다. 그가 내게 좋아하는 것이 뭐냐고 묻자 나는 달리기라고 말했고 그는 대답했다.

"언제 함께 달리기를 해야겠다."

그의 말은 왠지 나를 진짜로 불편하게 만들었고 나는 사야 할 것이 있다고 말한 뒤 옆에 있는 가게로 슬쩍 피해 들어갔다. 나는 자유로워진 것에 안도의 한숨을 쉬었다. 그러나 나는 웬일인지 그날 가졌던 직관의 지혜를 애써 억눌러버렸다.

피터는 그날 밤 파티가 끝나자 나를 집까지 바래다주기 위해 기다렸다. 그리고 그가 자신의 가족문제, 몸부림, 고통 그리고 도전에 대해 이야기하기 시작하자 나는 그에게 순식간에 빠져들었다. 무슨 일이 벌어지고 있는지 깨닫지 못한 채 나는 어머니와 오랫동안 공유했던 패턴 속으로 전속력으로 돌진했다. 나는 그의 상담 상대, 돌보는 사람, 문제 해결사 그리고 믿을 수 있는 친구가 되었다.

앞서 말했다시피 나는 매우 역기능적이고 자기파괴적인 관계에 오랫동안 머물렀다. 스물두 살의 어린 나이에 정신적으로 매우 힘들었던 의대 첫해에 나는 위험한 상태 안으로 제 발로 걸어 들어갔고, 거기서 빠져나오는 데는 아주 오랜 세월이 걸렸다. 오래된 패턴, 신념, 자기 불신 그리고 공포가 나로 하여금 불가능을 가능하게 하기 위해 끊임없이 노력하도록 만들었다. 그리고 나는 그 과정에서 엄청난 고통을 겪었다. 나는 무슨 일이 벌어지고 있는지, 무엇을 해야 할지 알지 못했다. 그 시간 동안 나는 많은 치료법을 시도해봤지만 그중 어느 것도 충분한 효과를 보지 못했다. 진정으로 중요한 것들을 내게 가르쳐준 사람은 다름 아닌 내 환자들이었다.

　이제 나는 몸과 마음의 상호작용에 대해 잘 알고 있다. 감정들을 식별하는 방법을 알고 그것들이 무엇을 의미하는지 이해하는 법을 안다. 직관적 지혜를 믿고 그 가능성에 완전히 몸을 맡기는 것이 얼마나 중요한지 알고 있다. 내면의 치유자는 결코 거짓말을 하지 않는다는 사실 또한 알고 있다. 그리고 누군가를 처음 만났을 때 불편한 감정이 느껴진다면 이는 가장 고차원의 자아가 보내는 심오한 메시지라는 것도 안다. 이 메시지는 우리를 보호하고, 구원하고, 치유해줄 것이다. 또한 이를 무시하면 커다란 위험에 처하게 될 것이다.

　이제 나는 이 교훈을 내 아이들과 환자들에게 가르친다. 이에 관해 책을 쓰고, 학술회의와 워크숍에서 그리고 라디오와 텔레비전에 출연해서 이야기한다. 내면을 바라보고 직관을 믿으라고 매일 나 자신에게 주지시킨다.

　스물두 살이었을 당시에 직관적 지혜를 믿어야 한다는 사실을 알았더라면 나는 결코 피터와 데이트도, 결혼도 하지 않았을 것이다. 내 몸은 계속해서 내게 탈출하라고 말했다. 교훈은 바로 첫날부터 그 자리에 있었다. 늘 그렇듯이 말이다! 나에게는 그것을 알아차릴 혜안이 없었다. 본능적인 느낌에 어떻게 대처해야 할지 몰랐던 것이다. 나는 이 장의 교훈을 이해하지 못했다.

　다시 복습해보자. 당신이 현재 처한 상황까지 온 데에는 이유가 있다. 당신은 이 경험으로부터 배워야 한다. 당신은 책임질 수 있다. 당신은 삶을 치유하고 가슴속 열망을 이룰 수 있다. 당신은 과거를 재창조하는 과정을 통해 여기까지 왔다. 여러 가르침들을 무시하고, 부정하고, 축소하고, 배제함으로써 말이다. 당신은 계속해서 당신에게 영향을 미치는, 숨은 역기능적 신념이 무엇인지 알아내야 한다. 당신은 최선을 다했다. 그러나 그것이 당신이 할 수 있는 최고는 아니다. 내 환자들과 나는 더 잘할 수 있는 법을 배웠고, 당신 역시 할 수 있다.

이 개념을 설명하기 위해 또 다른 이야기를 하고 싶다. 멜리사의 세계로 함께 들어가보자.

| 과거의 잘못된 신념이 현재의 삶을 지배한다
|

멜리사의 이야기는 인생을 궤도에서 벗어나게 만드는 오래된 신념들이 가진 힘에 관한 것이다. 또한 우리가 원하는 대로 인생을 살 수 있도록 무의식의 신념들을 재프로그램하는 데 필요한 내면의 힘에 관한 것이다.

나는 내 두번째 책 《감정을 다스리는 10단계(10 steps to Take Charge of Your Emotional Life)》에서 멜리사의 이야기를 일부분 소개한 적이 있다. 첫 결혼을 이혼으로 마무리한 그녀는 몇 년 후에 자신의 삶을, 특히 애정관계 부분의 삶을 치유하기 위해 나를 찾아왔다. 불륜을 저지른 그녀의 전남편은 애인과 함께 살기로 결정했다. 그리고 그녀는 여전히 치유되지 않은 상태였다.

처음 나를 찾아왔을 때 멜리사는 매우 황폐한 상태였다.
"아마 저는 완전히 회복되지 않은 상태일 거예요."
그녀는 말했다.
"왜냐하면 로맨틱한 관계를 회피하거든요. 어떤 사람과 잘되려고 할 때마다 저는 뒤로 한 발짝 물러서요. 결국 항상 남자들이 떠나죠. 결혼생활이 반복되는 거예요."
우리 둘은 그녀가 과거의 경험에서 얻게 된 교훈들을 분류하기 시작했다.

그녀는 무엇을 믿었는가? 왜 그녀는 계속해서 자포자기를 반복하는가?

멜리사는 장애를 가진 형제가 있는 가족 출신이었다. 그녀는 착한 학생이고 조용한 아이였다. 부모는 그녀가 관심이 필요하다는 사실을 알아채지 못했다. 그녀는 자주 숙제와 하고 싶은 일들을 옆에 제쳐놓은 채 남동생을 돌봐야 했다. 그 결과 멜리사는 '내 욕구는 중요하지 않아. 나는 운이 더 안 좋은 사람들을 도와야 해. 내게 어떤 결과가 오더라도.' 라는 교훈을 배우게 되었다.

그녀가 성인이 되어 인간관계에 대한 문제에 맞닥뜨렸을 때 이 내면화된 생각은 조용한 힘을 발휘하기 시작했다. 약혼기간 내내 그녀는 수동적으로 돌보는 사람의 역할을 했으며, 파트너의 문제 행동을 참아내고 심지어 거들기까지 했다.

그가 프러포즈했을 때 내면의 지혜는 그녀에게 말했다. '절대 받아들이지 마!' 그러나 그녀의 역기능적 신념은 '그의 감정을 상하게 해선 안 돼. 그는 충분히 멋진 남자야. 그는 너를 필요로 해. 승낙해야 돼.' 라고 맞받아쳤다. '내 욕구는 중요하지 않아. 나는 운이 더 안 좋은 사람들을 도와야 해.' 라는 어린 시절의 메시지가 작용하고 있다는 사실을 알아채지 못한 채 그녀는 그의 프러포즈를 받아들였다.

결혼생활을 시작하자마자 그녀는 내면의 지혜가 주는 메시지를 왠지 모르는 불길한 예감, 혼란스러움과 함께 마음속 깊이 묻어버렸다. 그녀는 잘해보려고 갖은 노력을 다했다. 그러나 어떤 것을 보지 않으려 하고 마음에서 지워버린다고 해서 인생에서 없앨 수 있는 것은 아니었다. 그녀는 사랑이 넘치는 관계를 만들고자 최선을 다했지만 이미 알고 있던 진실을 바꿀 수는 없었다. 그녀의 남편은 준비가 되어 있지 않았고 책임지고자 하는 마음도 없었다.

그가 떠났을 때 멜리사는 황폐해졌다. 그녀는 자신이 애초부터 불안한 마음을 가지고 있었다는 사실을 기억하지 못했다. 그의 결정이 자기 자신의 문제에서 비롯되었다고 받아들였다. 그녀는 자신에게 '나는 그에게 충분하지 않아.' 라는 말을 되뇌었고, 그후 다른 사람들을 만날 때에도 이런 낮은 자존감을 계속 지니고 있었다. 그녀는 자신에게 다시 그렇게 깊은 상처를 줄 수 있을 만큼 가까워질 가능성이 없는 가벼운 남자들하고만 데이트 했다.

그녀가 전남편의 프러포즈를 승낙한 그 이면에 숨어 있던 역기능적 신념을 알아내기 위해 멜리사와 나는 수개월을 보냈다. 그녀의 어린 시절을 되돌아보고 우리는 그 생각이 어디에서 비롯된 것인지 마침내 알아챌 수 있었다. 새로이 알게 된 사실을 가지고 우리는 그녀의 자기파괴적인 뇌회로를 재프로그램하는 작업에 착수했다.

멜리사는 인생에서 자기 자신과 자신의 욕구를 보살피는 것이 얼마나 중요한지 깨닫게 되었다. 그녀는 하지 말았어야 할 결혼을 하기로 선택했을 때 자신이 스스로를 포기했다는 사실을 깨달았다. 그 결합의 종말은 불가피한 것이었다. '그녀'는 충분히 훌륭한 사람이었지만 잘못된 선택을 했다. 그 선택은 옳지 않았다. 내면의 지혜를 무시하고 습득된 신념대로 행동했을 때 그녀는 스스로에게 고통을 짐 지운 것이다. 그녀는 그의 감정을 다치게 하지 않기 위해 자신의 욕구를 옆으로 밀쳐놓았다. 그 결과 그녀는 자기도 모르는 사이에 자신을 다치게 하고 있었다.

그녀는 내면의 대본을 다시 써야 했다. 새로운 대본은 다음과 같다.

'내면의 지혜는 나의 안내자다. 나는 내 감정들을 존중하고, 그것들에게 제 목소리를 찾아주고, 그에 따라 행동해야 한다. 내가 중요한 존재가 아니라고 말하는 목소리를 잠재워야 한다. 그 목소리는 진짜 나의 목소리가 아니다. 나는 충분히 훌륭하다. 그리고 기쁨과 즐거움을 경험할 자격이 있는 사람이다.'

멜리사와 나는 한동안 함께 작업을 진행했다. 그녀는 내면의 목소리가 말해주는 지혜를 확인하고 마음에 새기는 기술을 연마할 필요가 있었다. 그녀는 오래된 신념들을 찾아내어 그것들과 맞서면서 진정한 자신의 모습대로 살기 시작했다. 작업 내내 그녀는 자신이 새로 쓴 인생의 대본을 반복해 음미했다. 그녀는 현재 알고 있는 것이 진실이라고 믿기 위해 노력했고, 이러한 연습은 그녀가 오래된 신념을 재프로그램할 수 있게 했다. 그녀는 자신의 변화와 내면의 힘을 느끼게 되었고, 나와 함께한 치료과정을 몇 년 전 졸업했다.

우주는 때때로 오묘한 방식으로 움직인다. 두번째 책에 멜리사의 이야기를 쓰고 있을 때 나는 그녀와 연락이 잠시 끊긴 상태였다. 그런데 그녀의 이야기를 종이에 옮긴 지 며칠 지나지 않아 나는 그녀로부터 새해 인사 카드를 받았다. 그녀는 얼마 전에 내 첫 책을 읽었는데 마음에 쏙 들었다고 했다. 그녀는 자신이 얼마나 잘 지내고 있는지 내게 알려주고 싶어서 편지를 쓴 것이었다. 멋진 남자와 약혼했고 곧 결혼할 예정이라고 했다. 그녀는 자신의 마음을 재프로그램했고, 결국 자신의 인생을 바꾸었다. 그녀는 내 두번째 책에서 자신의 이야기를 다룬 것에 대해 고맙고 기쁘다고 했다.

지금 나는 세번째 책을 쓰는데, 멜리사가 가슴속으로 열망했던 삶을 살고 있다는 사실을 말할 수 있어서 무척 기쁘다. 그녀는 꿈에 그리던 이상형의 남자와 결혼했다. 그는 그녀가 혼자일 때 입양한 딸을 입양했다. 현재 그녀에게는 세상에서 가장 멋진 아이와 사랑하는 남편이 있다. 항상 간절히 원했던 가족을 가지게 된 것이다. 그녀는 정신을 못 차릴 정도로 행복하고, 그 모든 것을 진심으로 감사히 여기고 있다. 그녀가 그곳에 갈 수 있다면, 당신 또한 갈 수 있다.

당신은 인생을 더 나은 방향으로 바꿀 수 있다

당신이 바로 지금, 바로 여기로 온 데에는 분명히 이유가 있다. 이는 당신의 천성, 신념, 행동 패턴 그리고 선택과 관련이 있다. 지금까지 당신은 자신을 돌보는 데 최선을 다해왔지만 당신이 선택한 것 중 일부와 당신이 살아온 삶 중 일부는 당신에게 큰 도움이 되지 않았다.

당신이 '틀린' 파트너를 선택했고 함께 머무르고 있다면, 당신을 그렇게 하도록 이끈 신념과 패턴들을 확인해볼 필요가 있다. 당신이 '맞는' 사람을 선택했고 함께 하고 있다면, 어떻게 두 사람이 이런 위기의 순간에 도달하게 되었는지 그리고 두 사람이 함께 하는 인생이 앞으로 더 나아지기 위해서 어떻게 생각하고, 말하고, 행동해야 할지에 대해 고민해보아야 한다. 당신은 과거를 수용하고 자신이 오류를 범할 수 있는 존재라는 사실을 인정해야 한다.

반드시 기억해야 할 것은 배신으로 삶이 무너질 때 당신은 희생자가 아니라는 사실이다. 그렇다. 당신은 희생당했다. 하지만 이 순간까지 오는 데 당신은 어떻게든 일부분 참여했다. 자신이 한 역할에 대해 배우고, 수용하고, 스스로를 용서하라. 자신의 역할과 힘을 천명하는 일은 치유에서 매우 중요하다.

어린 시절과 지난날 습득한 삶의 교훈들에 대해 곰곰이 생각해보는 시간을 가져보길 바란다. 이 장의 서두에 한 질문들을 다시 복습해보라. 다음 질문들도 깊이 생각해보기 바란다.

— 나는 무엇을 두려워하는가?
— 나는 자신을 어떻게 바라보고 있는가?

― 나는 때때로 불쾌감이나 죄책감을 느끼는가? 언제 그리고 왜 그러한가?

― 내 머릿속에서 누군가의 목소리가 들리는가? 그 목소리는 내게 도움이 되는가?

― 나는 희망에 차 있는가, 아니면 비관적인가? 나는 다른 사람들에게 최선을 기대하는가, 최악을 기대하는가?

― 나는 내 욕구를 어떻게 바라보는가? 감정, 과거, 신념은 어떻게 바라보는가?

― 나는 나를 충분히 좋아하는가? 내가 누구이고 내가 어떻게 느끼는지 잘 알고 있는가?

― 나는 직관적인 지혜를 존중하는가?

― 과거의 목소리가 내 삶을 조종하도록 얼마나 허용하고 있는가?

― 어린 시절에 어떤 생각, 패턴 그리고 신념을 배웠는가? 그중 어떤 것들이 내게 도움이 되었고, 어떤 것들이 내게 해를 끼쳤는가?

― 무엇을 무시하거나 경시하는가?

― 무엇을 소중히 여기는가?

― 가치 있게 생각하는 것은 무엇인가?

― 내게 중요한 것들을 인생에 반영하고 있는가?

― 삶이 붕괴될 때 나는 어떤 역할을 했는가?

나는 '나의 감정이 의미하는 것들(What Am I Feeling, and What Does It Mean: A Kit for Self-Growth and Healthy Relationships)'이라는 이름의 제품을 만들었다(www.HayHouse.com이나 www.Amazon.com에서 구입할 수 있다). 이 제품은 안내서, 일기장, 250개가 넘는 냉장고 자석, 22개의 아름다운 카드 그리고 1장의 CD로 구성되어 있다. 이 모두는 자신의 감정을 인식하고 존중하는 법을 가르치기 위해 고안되었다. 이 제품은 당신이 인생에서 관계 맺기를 원하는 사람들과 사랑을 만들어내고 관계를 발전시킬 수 있도록 도와줄 것이다. 또한 수많은 커뮤니케이션 기술, 감정과 직관적인 지혜 사이를 연관짓는 법 등에 대해 가르쳐줄 것이다.

이 제품은 당신이 이번 장의 교훈을 받아들이고 이를 현실에서 활용하는 데 도움이 될 것이다. 이번 장의 교훈은 정말로 중요하다. 당신의 삶은 이유가 있기 때문에 무너졌다. 그리고 자신이 누구인지, 과거에 자신이 한 역할은 무엇이었는지 알아냄으로써 당신은 인생을 더 나은 방향으로 바꿀 수 있다. 성장하는 데 도움이 된다면 어떤 방법이라도 동원하라고 강력히 권하고 싶다. 예를 들어 당신은 이 과거의 교훈을 마스터하기 위해 상담이나 전문 치료를 염두에 두고 있을 수도 있을 것이다. 이미 많은 사람들이 그러한 종류의 도움이 매우 가치 있다는 사실을 발견했다. 망설이지 말라.

당신은 즐거운 인생을 살 자격이 있다. 다음 장에서는 삶을 치유하는 과정에서 용서가 어떤 역할을 하는지 살펴볼 것이다.

용서와 치유

#5

배신에 대한 대부분의 책은 용서에 초점을 맞추고 있는데, 주로 가해자와 자기 자신을 용서해야 한다는 내용을 다루고 있다. 하지만 이는 문제가 있다. 서문에서 잠깐 언급했듯이 사람들은 용서에 대해 잘못된 방향에서 바라보고 있다. 당신은 그를 용서하기 위해 노력하느라 정작 자신에게 꼭 필요한 작업을 못할 수 있다. 또한 이는 많은 경우 부질없는 노력으로 끝날 가능성이 많다.

　상처를 치유하는 데는 오랜 시간과 많은 노력이 필요하다. 많은 에너지도 소비된다. 고통을 초월하는 법을 배우며 끝이 보이지 않는 기나긴 길을 걸어가다 보면 어느 순간 겨우 그를 용서할 마음이 들지도 모른다. 용서란 그리 빨리 할 수 있는 것이 아니다.

| 용서할 수 없으면 용서하지 말라

　내가 방금 한 말이 신성모독처럼 들릴지도 모른다. 저 말은 우리가 오래

지녀온 신념과 문화적 태도에 위배된다. '용서는 중요하다.' 우리는 늘 이 말을 듣는다. 모든 종교는 용서의 미덕을 찬양한다. 많은 인기 서적과 종교 지도자들이 용서의 가치를 강조한다. 어린이들은 가장 먼저 "……해주세요."와 "고맙습니다." 다음으로 "죄송해요."라는 말을 배우게 된다. 부모와 교사들은 공손한 태도를 취하고, 잘못에 대해서 사과하고, 그 사과를 받아들여 상대를 용서해주는 것이 얼마나 중요한지 아이들의 작은 머릿속에 끊임없이 주입시킨다. 또한 우리는 미안하다는 말을 듣는 즉시 "괜찮아. 용서할게."라는 말을 해야 한다고 배운다. 상대방의 감정을 상하게 하고 그에 대해 화해하는 상호작용이 학교 쉬는 시간 10분 동안 또는 정신없이 지나가는 저녁식사시간 동안 완벽히 이뤄져야 한다.

'공감'의 중요성을 배우는 것 그리고 무엇이 옳고 그른지 배우는 것은 중요하다. 다른 사람이 상처를 받거나 잘못되었을 때 그들이 어떤 마음일지 알기 위해 그들의 입장에 서보는 것 또한 중요하다. 우리는 다른 사람을 돌보고 존중하며, 책임감 있는 시민이 되는 법을 배워야 한다. 인간이라는 종으로서 우리의 생존은 서로 사랑하고, 상호의존적인 관계를 맺으며, 공동체를 꾸리는 능력에 달려 있다. 우리는 서로가 필요하다. 인생을 혼자 살 수 있는 사람은 없다.

관대함은 미덕이다. 자신의 상처만 과도하게 돌보는 사람은 이기적이라고 여겨진다. "이겨내."나 "뭐가 문제인데."와 같은 말은 우리 문화 안에서 흔히 들을 수 있는 말이다. 자기 자신에게 너무 많은 관심이나 에너지를 쏟아서는 안 된다. 만약 그렇게 행동하는 것처럼 보이면 "아이 같다."라는 말을 듣기 십상이다.

우리는 예수나 달라이 라마처럼 행동해야 한다. 십자가에 못 박혔을 때 예수는 자신에게 잘못을 저지른 사람들을 위해 기도했다.

"하느님 아버지, 저들을 용서하십시오. 저들은 자신들이 무슨 짓을 저지르고 있는지조차 모르고 있나이다."

달라이 라마는 중국의 티베트 지배에 분개하는 미국인들에게 이렇게 말했다.

"우리는 그들을 위해 기도해야 합니다."

우리는 이웃을 우리 몸처럼 사랑하라고 배운다. 용서하고 다 잊어버리라는 충고도 듣는다. 또한 그렇게 하는 과정에서 치유가 이루어진다고 배운다.

우리가 누군가를 용서할 때 치유가 '되는' 것은 사실이다. 용서를 할 때 우리는 변화되고 고양되며 마음속 깊이 평안을 느낀다. 또한 용서받을 때와 비교해 다른 사람들을 용서할 때에 신경체계가 안정되고 혈압이 낮아지며, 더욱 커다란 평화와 기쁨이 찾아온다. 그러므로 용서는 실제로 우리의 건강과 치유에 좋다고 할 수 있다.

그러나 모든 일에는 적절한 때와 장소가 있는 법이다. 씨를 뿌릴 때가 있으면 수확할 때도 있고, 즐거울 때가 있으면 슬퍼할 때도 있다. 마찬가지로 배신을 당했을 때에도 용서를 할 수 있는 적절한 때와 장소가 있다. 하지만 초반부는 결코 그 적절한 때가 아니며, 그후로도 오랫동안 적절한 타이밍이 오지 않을 가능성도 많다.

용서에 관한 이 모든 이야기는 결국 하나의 질문을 던진다. '용서란 도대체 무엇인가?' 누군가를 용서한다는 것은 어떤 의미를 가지는가? 조지 베일런트는 자신의 책 《영적 혁명(Spiritual Evolution)》에서 용서에 대해 많은 이야기를 하고 있다. 이 책에 나와 있는 용서의 정의를 옮겨보자면 다음과 같다.

"용서란 자신에게 부당하게 해를 끼친 사람에 대한 분노와 비난과 무관심한 태도를 기꺼이 버리는 것이다. 대신 그 사람에 대해 자연스럽게 사랑과 신경 쓰는 마음과 베풀어주고 싶은 마음을 품는 것이다."

용서하기 위해서는 스스로 옳다는 생각, 도덕적 분개, 화, 분노 그리고 복수하고 싶은 마음을 버릴 수 있어야 한다. 그에게 공감할 수 있어야 하고 스스로 희망찬 미래를 바라볼 수 있어야 한다. 그런데 배신을 당했다면 이것은 결코 쉬운 일이 아니다.

용서는 감정적인 일이다. 법으로 지정되거나 명령을 받거나 강요한다고 해서 할 수 있는 일이 아니다. 즉 의식적으로 통제할 수 없는 범주의 일이다.

성숙해질수록 용서할 수 있는 능력이 더 커지는 것은 사실이다. 나이를 먹을수록 용서하는 일은 더 쉬워진다. 어릴 적에는 자기 고유의 정체성을 발달시키고 남들과 경쟁하는 데 급급하다. 우리는 이러한 방식을 통해 자신이 어떤 사람인지 알아낸다. 하지만 시간이 흐르면서 우리가 중요시 하는 것들은 점차 바뀐다. '이겨야 한다.' 와 '나는 옳다.' 에 집착하지 않게 되면서 서로를 용서하는 일은 점점 쉬워진다. 결국 모두가 인간에 불과하다는 사실을 깨닫게 되는 것이다.

| 진정한 용서는 치유가 시작된 이후에만 가능하다

나이를 먹을수록 용서가 쉬워지는 것은 사실이지만 용서를 할지 결정을 내리는 데에는 다른 요소들도 관련되어 있다. 이번 교훈에 집중하기 바란다. 왜냐하면 이제부터 말하려는 것들은 당신의 건강에 정말로 중요하기 때문이다.

지나치게 빨리 용서하려고 노력하는 것은 불가능하고 그렇게 해서도 안 된다. 화와 도덕적 분개심 그리고 고통에 매달리는 것은 때때로 생존과 직결된다. 많은 사람들이 자신의 직관을 무시하고 문제 있는 파트너들과 불안정한 관계를 반복한다. 늘 상처만 주고 심지어 위험하기까지 한 남자와 관계를 지속한다. 이 모두가 지나치게 상대방만을 돌보고, 자기를 희생하며, 너무 빨리 용서하기 때문이다.

지나치게 빨리 용서하지 않도록 그리고 용서해야만 한다는 의무감을 가지지 않도록 조심하라. 용서하고 잊어야 한다는 믿음을 버리라. 삶을 치유하기 위해서는 반드시 그를 용서해야 한다는 다른 사람의 말에 넘어가지 말라. 절대 아니다. 그 대신 자기 스스로 책임지는 것이 필요하다. 분노하고 내면의 힘을 느끼는 것이 필요하다. 자신의 성장에 박차를 가하는 것이 가장 중요하다. 이 모두는 그가 아니라 당신에 관한 일이다.

한 사람을 용서하는 것과 탓하기를 그만두는 것은 엄연히 다르다. 그를 탓하는 것을 그만두어야 삶을 치유할 수 있다. 당신은 희생자가 아니라는 사실을 절대 잊지 말라. 앞으로 나아가기 위해서는 지나온 인생에서 자신이 어떤 역할을 했는지 분명하게 인식하고 자신을 적극적으로 성장시켜야 한다.

그러나 이 말은 치유를 위해서 모든 분노, 개인적 판단, 무관심을 버려야 한다는 의미는 아니다. 오히려 한동안 이들이 요동치게 내버려두는 것이 필요하다. 그에게 사랑의 감정, 보살펴주고 싶은 감정을 억지로 가질 필요는 없다. 다시는 그에게 이러한 감정을 가지지 못할지도 모르지만 그렇다 해도 전혀 문제가 되지 않는다.

진정한 용서는 치유가 시작된 '이후'에만 가능하다. 서두르면 안 된다. 다만 용서가 쌍방향 도로와 같다면 이 과정에 도움이 될 수는 있다. 그가 진심으로 사과하고 자신의 죄에 대해 통탄의 후회를 하고 있다면 용서가 조금 쉬워질 수 있다는 말이다. 그러나 가해자의 사죄가 자동적으로 피해자의 용서를 불러오는 것은 아니다. 또한 그를 용서하는 데 그의 사죄가 반드시 필요한 것도 아니다.

용서가 아닌 것들

이제 용서가 '아닌' 것들에 대해 알아보자. 조지 베일런트에 따르면 용서는 받아들일 수 없는 일을 받아들이는 것이 아니다. 몇 년 동안 분노를 삭이지 못하는 것은 충분히 가능한 일이다.

용서는 잊는 것이 아니다. 당신은 그 일을 영원히 잊지 못할지도 모른다. 사실 자신이 처했던 위기상황에 대한 기억에 매달리는 것은 자신을 보호하는 일이다. 그때를 선명하게 기억함으로써 당신은 같은 종류의 자기파괴적 패턴에 빠지는 오류를 피할 수 있게 된다.

용서는 정의에 대한 당신의 권리를 포기하는 것이 아니다. 오히려 당신은 부당한 일들에 대해 어떤 종류든 보상받을 방법을 찾아야 한다. 손해배상청구와 같은 법적 방법을 동원해서라도 치유를 위한 지지와 도움을 얻어야 한다. 용서는 과거의 고통을 없애거나 바꿔주지 않는다. 지난날의 상처와 슬픔을 변화시키는 일은 불가능하다. 용서는 다만 현재와 미래를 덜 고통스럽게 만들어줄 뿐이다.

무엇보다 용서는 절대 가해자를 너그러이 봐주는 것이 아니다. 용서할 준비가 되었다면 당신은 자기 자신을 위하여 그를 용서하는 것이다. 변명할 도리가 없는 그의 행동은 영원히 그러한 채로 남을 뿐이다. 용서는 그에 관한 일이 아니다. 오로지 당신에 관한, 당신을 위한 일이다.

유년의 상처가 가진 유독성

지금까지 배운 이 개념들을 예를 들어 구체화시켜보자. 이해를 돕기 위해 내 이야기를 해보겠다. 앞에서도 말했듯이 나는 어머니와 매우 불안정한 관계를 맺은 채 살았다. 당연히 그녀의 행동은 나의 정체성 발달과 배우자 선택에 많은 영향을 미쳤다. 내가 끔찍한 결혼생활을 오랫동안 이어온 데에는 그녀로부터 배운 것이 크게 작용했다. 7년 전 돌아가시는 날까지 어머니는 어떤 것에 대해서도 본인이 틀렸다거나 미안하다는 말을 한 번도 해본 적이 없다.

어머니가 한 일과 가르친 것에 대해 그녀의 책임이 크다고 생각하지만 내 문제로 그녀를 탓할 생각은 없다. 어머니에게 자주 상처받고 분노했지만 나는 내 인생에 대해 스스로 책임을 졌다. 불완전한 모습 그대로 말이다. 아주 오랫동안 나는 4장의 교훈에 대해 알지 못했다. 나는 뇌 발달과 인생의 선택에 양육이 그렇게 중요한 영향을 주는지 미처 몰랐다. 그녀가 의도하지 않은 채 내게 얼마나 많은 손상을 입혔는지 인식하지 못했다.

결혼생활이 점점 악화되면서 나는 내가 반복하고 있는 패턴들에 대해 점점 더 많이 알게 됐고 어린 시절의 일이 가진 유독성을 인식하기 시작했다. 이는 나를 화나게 만들었다. 그러던 중 어머니가 세상을 뜨셨고, 그 후 얼마 지나지 않아 남편의 배신에 삶이 무너졌다. 세상이 산산조각 난 듯했을 때 나는 아직 어머니를 용서하지 못한 상태였다. 우습게도 내가 결국 어머니를 용서하게 된 것은 피터의 배신과 그때까지 아버지와 함께 해결하려 애쓰던 그 모든 문제들 덕분이었다.

이 말은 무슨 뜻일까? 나는 어떻게 어머니와 일면 비슷했던 남자의 배신을 통해 그녀를 용서할 수 있었을까? 우선 아버지와 나는 이미 어린 시절에 대해 많은 이야기를 나눈 상태였다. 말년에 아버지는 아픈 어머니에게 나를 방치해 두었던 것이 얼마나 잘못된 일이었는지 깨달았고 그 잘못을 시인했다. 우리는 많은 과거의 고통을 함께 들여다보고, 몹시 슬퍼하고, 모든 일들에 대해 서로를 용서했다. 이 과정은 나를 치유해주었다.

그러고 나서 삶이 배신으로 무너졌을 때 나는 피터와 어머니가 얼마나 비슷한지 그리고 얼마나 다른지 명확하게 인식할 수 있었다. 친숙한 어린 시절의 불안정한 패턴을 그와 반복했지만, 근본적으로 다른 점은 어머니는 나를 진심으로 사랑했고 결코 피터가 한 방식으로 나를 위험에 빠뜨리는 일은 하지 않으셨을 것이라는 점이다. 사실 내가 결혼생활에서 벗어날 수 있었던 것은 부모님이 남겨주신 재산 덕분이었다. 어머니를 용서하게 된 것은 배신이 내게 준 선물들 중 하나였다. 그 일은 저절로 이루어졌다. 누구도 강요할 수 없는 일이었다. 그의 배신이 있기 전까지는 그런 날이 언젠가 오리라고 생각조차 하지 못했다.

변화는 불시에 찾아온다

배신을 다룬 많은 책들은 치유의 과정에서 용서가 얼마나 중요한지에 초점을 맞추고 있다. 잘못을 저지른 그 사람을 마침내 용서하는 일은 가능하다. 그러나 용서의 선물은 가장 적절한 때, 오직 그때에 찾아온다. 그러한 준비가 될 때까지 당신은 오랜 시간 동안 많은 일을 겪을 것이고 크게 성장할 것이다. 나는 수백 건도 넘는 사례에서 이러한 일이 실제로 이루어지는 것을 봤다.

오랫동안 내 환자였던 메리는 남편에게 배신당한 지 18년 후에야 그를 용서했다. 변화는 불시에 찾아왔다. 딸이 막 고등학교를 졸업했을 무렵이었다. 메리는 대학원 과정을 시작했고 자신을 위한 새로운 미래를 꿈꾸기 시작했다. 그러고 나서 '어느 날 갑자기' 기적이 일어났다. 그녀의 경험은 예외적인 일이 아니다. 당신도 그러한 경험을 하게 될지 모른다.

심리적 외상의 가혹함을 넘어서 인생에 대한 새로운 시각을 가질 때에만 용서의 기적은 일어날 수 있다. 앞에서 이야기한 책《먹고 기도하고 사랑하라》를 다시 언급하겠다. 엘리자베스 길버트는 자기혁명을 이루는 법을 배우기 위해 모든 것을 버리고 과감히 인도의 작은 사원으로 떠난다. 그녀는 이 책에서 자신이 받은 아름다운 영적 의식에 대해 묘사하고 있는데, 이 의식으로 인해 그녀는 마침내 상대를 용서하고 자신을 용서할 수 있게 된다. 그녀가 결혼생활로부터 벗어난 뒤에야 모든 것이 힘을 발휘한다. 전남편에게 재산 전부를 넘기고, 상대를 통제하려는 환상을 버리고, 내면의 혁명을 바라고 간청하고 간절히 기도하고 난 뒤에야 비로소 말이다. 그녀는 화, 분노, 원망을 내보낸다. 용서는 그녀가 수용할 준비가 되었을 때 마침내 그녀에게 온다. 그리고 그녀는 전남편과 자기 자신을 용서한다.

자기 자신을 더 사랑하고 더 관대하게 대하라

당신은 아마 의아할 것이다.

'자신을 용서한다는 것이 무슨 뜻이지? 자신을 용서하는 것이 누군가를 용서하는 것과 무슨 관계지? 더군다나 이제껏 읽은 내용과 무슨 관계가 있지?'

자신을 용서한다는 것은 전혀 다른 과정/현상이다. 치료 전문가들이 스스로를 용서하라고 말하는 것은 자신을 보살피고, 사랑하고, 수용하고, 있는 그대로 받아들이라는 의도를 담고 있다. 또한 당신이 이제까지 최선을 다했다는 사실을 상기시켜주려는 것이다. 그것이 당신이 알고 있는 최선의 방법이었다. 모든 사람의 행동과 부족한 점에는 이유가 있다. 우리는 배우고 변화할 수 있다. 그리고 그 변화는 오직 스스로에게 깊은 연민을 느낄 때 일어난다.

당신은 자신에게 잘못한 사람이 아니기 때문에 용서라는 단어를 쓰기에 부적절할지도 모르겠다. 당신은 지나치게 자기비판적일 수 있고 때로 스스로에게 너무 가혹하게 굴 수 있는, 불완전하면서도 훌륭한 존재다. 당신은 자신을 더 사랑하고 자신에게 더 관대해야 한다. '자신을 용서하라.'는 표현을 쓰고 있지만 쓰지 말아야 한다는 생각도 든다. 이 표현이 배신을 넘어서는 작업에 몰두하고 있는 당신에게 그리고 우리 모두에게 혼란을 안겨줄 수 있기 때문이다.

무너진 삶을 치유하는 과정에서 스스로를 용서해야 할 때는 언제인가? 만약 '용서'라는 표현이 괜찮다면 자신의 결점, 실수, 한계와 만날 때마다 자신에게 말하라. "너의 실수를 용서한다." 또는 비슷한 어떤 말도 좋다. 그리고 정말 말 그대로 그렇게 하라.

하지만 용서라는 말이 마음에 들지 않는다면 꼭 이 표현을 사용할 필요는 없다. 당신은 자신이 할 수 있는 최선을 다했다는 사실을 스스로에게 상기시키는 방법을 더 좋아할지도 모르겠다. 완전함으로 가는 여정에 있는 자신을 존중하고, 사랑하고, 소중히 여기는 데에 집중하는 방법도 있다. 이러한 개념들이 어렵다면 두려움에 휩싸이고 자기비판적이 될 때마다 당신을 사랑하는 누군가가 옆에서 위로해주는 모습을 마음속에 그려보라. 또는 자기긍정을 위한 책이나 카드를 읽거나 자신감을 되찾게 도와주는 CD를 듣는 것도 좋다. 친구나 연인, 마음을 터놓을 수 있는 치료 전문가에게 전화하는 방법도 있다. 자신만의 고유한 언어와 고유한 방법으로 자신을 용서하라.

지난날과 자신이 저지른 실수들을 돌이켜보는 과정에서 스스로에게 관대하라. 인생에서 어떤 교훈을 배워야 할지 고민할 때 자신이 지옥과 같은 시기를 거치고 있음을 잊지 말라. 당신은 혼자가 아니다. 많은 사람들이 그 과정을 거쳤다. 자신에게 최악의 적이 되거나 자신의 상처에 모욕을 가하지 않고서 이 악몽 같은 시간을 이겨내는 것이 얼마나 힘든지 잘 알고 있다. 터널의 끝에는 빛이 있다. 연민과 사랑으로 스스로를 격려하라. 당신은 반드시 그곳에 도달할 것이다. 찬연히 빛나는 모습으로 쏟아지는 햇살 속에 서 있을 것이다.

그를 빠른 시간 안에 또는 우선 조금이라도 용서해야 한다는 생각으로 길을 헤매지 말라. 그럴 필요 없다. 사실 많은 내 환자들, 친구들, 동료들은 위험한 길로 다시 들어서지 않기 위해 자신이 겪은 배신의 경험이 얼마나 터무니없는 것이었는지 정기적으로 확인하는 작업이 필요했다. 그들은 자신이 뭔가 죄를 지은 것 같다는 생각에 휩싸여 사자의 소굴로 다시 들어가고자 하는 충동을 느꼈고 이에 맞서 싸워야 했다. 그럴 때마다 나는 그들이 과거의 심리적 외상을 재현하는 것을 막기 위해 그 끔찍한 일들을 되살려주었다.

나는 이성의 목소리였다. 나는 학대받은 여성들이 다음과 같이 말하면 맞섰다. "그에게 한 번의 기회는 줘야 하지 않겠어요?" 그들이 자신의 의지에 어긋나는 섹스를 강요당하고서 "안 된다고 할 수가 없어요. 그는 내 남편이니까요!"라고 말할 때면 충실하다는 것의 진정한 의미가 무엇인지 그들에게 물었다. 어떤 환자들에게는 그들이 얼마나 파트너에게 이용당하고 학대당했는지, 그 관계 안에서 얼마나 참담함을 느꼈는지 상기시켜 줘야 했다. 그들이 더 이상 다치지 않게 하기 위해 필요한 일이었다.

사람들은 쉽게 자기 자신을 의심하고, 비판하고, 과잉반응하고 있다고 스스로에게 말한다. 모든 일을 잊고 용서해야 한다고 믿고 사실은 별로 큰일이 아니라고 자신에게 말한다. 그러나 진정한 치유를 위해서는 합리적인 이성의 목소리에 귀를 기울이고 자신을 사랑해야 한다. 그리고 다른 사람들에게서 균형 잡힌 시각을 제시받아야 한다.

이러한 방식으로 당신을 지지해줄 수 있는 사람들을 주위에 많이 만들기 바란다. 이는 완전함으로 향하는 여정에서 자신을 사랑하고 용서하기 위해 반드시 필요한 부분이다. 당신은 기쁨을 누릴 자격이 있다. 이는 당신이 받은 축복이자 태어나면서 가지고 있는 권리다. 당신은 가슴이 열망하는 대로 살 수 있다. 다음 장에서는 진정으로 원하는 삶을 이룰 수 있는 자신의 능력에 대해 어떻게 하면 믿음을 가질 수 있는지에 대해 배울 것이다.

스스로의 능력을 믿으라

이 장은 어떻게 하면 가슴속 열망을 이루어갈 자신의 능력에 대해 믿음을 가질 수 있는지 그 방법을 가르쳐주기 위해 준비되었다. 이 장은 정말로 중요한 교훈을 담고 있다. 이 책을 읽고 있다면 당신은 필시 배신으로 인해 상처 받고, 흔들리고, 불안정하고, 온갖 문제에 직면한 상태일 것이기 때문이다. 형언할 수 없는 지옥의 시간을 겪었을 것이고 기쁨의 시간을 간절히 원할 것이다. 외로움과 고립감, 자기 자신과 사랑하는 사람들을 제대로 돌볼 수 없는 것에 대해 두려워하고 있을 것이다. 현재와 미래에 대해, 과거를 놓아버리는 것에 대해 공포감을 느끼고 있을지도 모른다.

당신은 걱정을 하고 있다. 당신의 모든 근심거리는 전혀 이상한 것이 아니다. 보통사람들 모두 가지고 있는 것들이다. 나도 가지고 있었다. 내 환자들도 마찬가지다. 어떻게 당신만 가지지 않을 수 있겠는가? 이 고비를 환자들과 함께 많이 넘어본 경험에 따라 당신에게 확인시켜주고 싶다. 나는 당신을 믿는다. 당신이 스스로 멋진 미래를 이루어갈 능력을 가지고 있음을 믿어 의심치 않는다.

기적을 원한다면 먼저 그 기적이 일어날 것임을 믿으라

당신은 꿈꾸는 대로 살 수 있다. 하지만 조건이 있다. 진정으로 이것이 가능하다고 믿을 때에만 그곳에 도달할 수 있을 것이다. 일어날 것이라고 믿는 일은 반드시 일어날 것이다. 인생은 자기충족적 예언이다. 생각이 경험을 만든다. 당신이 관심을 두고, 생각하고, 집중하는 일들은 결국 발생한다. 당신이 의식적으로 바라는 일이든 아니든 상관없이 말이다.

이 말은 무슨 의미인가? 이는 내 두번째 책《감정을 다스리는 10단계》에서 아홉번째 단계로 제시하고 있는 '가능성의 힘을 믿으라' 와 같은 맥락이다. '가능성' 이 바로 내가 하고자 하는 말이다. 인생에 기적을 일으키고 싶다면 일단 그 기적이 일어날 것이라고 믿는 것이 제일 중요하다. 자신이 꿈꾸는 대로 살기 위해서는 스스로 가지고 있는 부정적 생각, 틀린 추측, 게으름에 맞서야 한다. 자신을 지배하고 있는 생각들을 버려야 한다는 뜻이다. 예를 들어 '할 수 없어. 그들은 그렇게 하지 않을 거야. 할 수 있는 일이 아무것도 없어.' 나 '아무 소용없을 거야.' 같은 생각 말이다. '너무 힘이 들어. 이럴 정도로 중요한 일은 아니잖아?' 또는 '왜 귀찮게 이래야 하지?' 같은 말도 머릿속에서 지워야 한다. 희망과 소망과 꿈을 향하여 온 힘을 쏟아야 한다.

다음과 같은 유명한 말들을 알 것이다. '우리는 꿈들이 모여 만들어진 결정체다.' '어떤 것을 꿈꾸면 그대로 이루어진다.' '내게는 꿈이 있다.' '두려워해야 할 유일한 것은 두려움 그 자체다.' 희망과 신념은 인생을 바꿀 수 있는 힘을 지니고 있다. 미래는 그 미래가 어떠할 것이라고 믿는 신념에 따라 달라진다.

사람들은 내면의 평화, 더 많은 여가시간, 인생의 동반자, 자녀들, 사회적 성공, 자기수용과 사랑, 건강, 경제적 안정, 기쁨, 애완동물, 정원, 안락한 집 등을 바란다. 무엇을 바라든 그것을 이루는 것은 가능하다. 그러나 당신은 이를 믿지 않을지도 모른다. 심지어 너무 두려워한 나머지 그 가능성조차 생각해보지 않았을 수도 있다. 대신 자기 자신에게 다음과 같은 불가능 딱지를 붙일 것이다. '좀 현실적으로 생각해라.' '장난하니?' 또는 '그런 일은 내 생애에 결코 생기지 않을 거야' 같은 생각들 말이다. 자신이 무엇을 꿈꾸는지 미처 깨닫지도 못하게 스스로를 몰아세워버리고 더 깊이 생각해볼 여지도 남기지 않는다. 우리 모두는 종종 이렇게 한다.

언제부터, 어떤 이유로 인생에 대해 꿈꾸는 것을 그만두었는지 깊이 생각해보기 바란다. 어떤 방식으로 희망의 빛을 꺼버리는가? 자신에게 무엇이라 말하는가?

꿈꾸는 대로 살기 위해서는 모든 일에 습관적으로 반대하고, 희망을 말살하고, 어두운 미래만이 기다리고 있다고 속삭이는 내면의 목소리부터 없애야 한다. 인생의 동반자를 갈구하면서 '그런 사람은 평생 못 찾을 거야.'라고 되뇌는 것을 그만두어야 한다는 말이다. 부정적인 생각을 반드시 할 수 있다는 신념으로 바꿔야 한다. 어떻게 이렇게 바꿀 수 있을까? 우선 부정적 뇌 회로가 무엇인지, 어떤 방식으로 그것을 재프로그램할 수 있는지에 대해 배워야 한다. 이 부분으로 들어가보자.

| 긍정적인 생각이 인생에 미치는 힘

당신은 아마 자기긍정기법이나 인지행동치료에 관해 들어보았을 것이다. 이러한 방법들은 새로운 신경 통로를 생성함으로써 문제 있는 뇌 회로를 바꾸는 데 강력한 힘을 발휘한다. 어떤 것을 자신에게 반복해서 말하다 보면 똑같은 신경세포들의 패턴이 반복적으로 활성화된다. 결국 그 특정한 회로는 자기만의 생명력을 가지게 된다. 그러한 이유로 우리가 익숙한 상황에 처하게 되면 뇌는 자기가 이미 알고 있는 것을 거의 자동적으로 말해주기 시작한다. 몇 년 동안 자신에게 '내 욕구는 중요하지 않아.' 와 같은 부정적인 생각을 주입시켰다면 그 생각은 마음 한 구석에 튼튼하게 자리를 잡고 움직이려 들지 않을 것이다.

그러나 당신은 이를 바꿀 수 있다. 그 방법은 전혀 다른 말을 뿌리내릴 때까지 반복해서 스스로에게 말하는 것이다. 이 새로운 메시지가 진실이라고 애써 자신에게 세뇌시킬 필요 없이 그냥 반복해서 말하기만 하면 된다. 시간이 어느 정도 지나면 이 새로운 생각이 자리를 잡을 것이고 부정적인 생각을 대신할 것이다.

생각이 인생에 미치는 힘에 대해 말해주고 싶은 것이 하나 더 있다. 몸과 마음의 연결이 매순간에 미치는 힘에 관한 것이다. 자기 자신에게 격려의 말이나 긍정적인 메시지를 보낼 때 뇌의 변연계를 안정시키는 신경전달물질이 분비된다. 이 물질은 행복하고 편안한 기분이 들게 만든다.

반대로 슬픈 생각, 걱정과 화를 불러일으키는 생각 또는 비판적인 생각에 집중하면 뇌는 변연계를 활성화시키는 신경전달물질을 분비하고 이는 사람을 긴장되고, 초조하고, 불안한 기분이 들게 만든다. 이러한 이유로 문제 있는 회로를 재프로그램하기 이전에도, 마음에게 어떤 것을 '말하게' 함으로써 그 말로 자신을 상처 입힐 수도, 치유할 수도 있는 것이다.

이 장에서는 부정적인 생각을 몰아내고 꿈에 대한 신념을 키울 수 있는 구체적인 방법에 대해 배울 것이다. 이 과정의 첫번째 단계는 자신의 마음을 옥죄고 있는 신념 또는 부정적인 생각들의 목록을 작성해보는 것이다. 시간을 들여서 목록을 작성해보기 바란다. 이 리스트에는 "나는 너무 뚱뚱해." "나는 부족해." 또는 "나는 절대 성공할 수 없어." 같은 말이 포함되어 있을 것이다. 원하는 만큼 길이에 상관없이 목록을 작성하라. 그리고 다른 생각들이 떠오를 때마다 주저하지 말고 목록에 추가하라.

일단 부정적 생각들에 대한 목록을 완성하고 나면 내면의 비판적 목소리를 되받아칠 수 있는 긍정적인 생각들을 만들어야 한다. 부정적인 생각을 각각 목록에 적고 이에 대응하는 해독제를 하나씩 새로 만들면 된다.

어떤 식의 문장을 만드는 것이 좋을까? 이를 위해 몇 가지 가이드라인을 준비했다.

---

1. 모든 자기긍정의 말은 현재시제여야 한다. 목록에 있는 부정적 말이 '나는 실패자다.' 라고 가정해보자. 이에 대응하는 긍정적 말로는 '나는 성공할 것이다.' 대신 '나는 현재 성공적이다.' 또는 '나는 잘하고 있고 충분히 최선을 다하고 있다.' 같은 말이 더 좋다.

---

2. 부정문이 아닌 긍정문을 사용하라. 예를 들어 당신을 옥죄고 있는 신념이 '다시는 아무도 나를 사랑하지 않을 거야.' 라면 '나는 사랑스럽고 많은 사람들의 사랑을 받고 있다.' 같은 해독제가 좋을 것이다. '나는 버림받지 않을 것이다.' 같은 말은 좋지 않다.

---

3. 자기긍정의 말이 현재로서는 믿기지 않는다 하더라도 괜찮다. 반드시 그것을 이루고 나서 말해야 하는 것은 아니다. 자기긍정의 말은 현재의 신념체계에 변화를 일으켜 미래의 일을 바꾸기 위해 선택한 것이기 때문이다.

이 방법을 연습해보도록 하자. 부정적인 생각들의 목록을 작성해보고 각각의 문장에 긍정적인 해독제를 적어보라. 몇 가지 예문을 제시하겠다.

— '나는 뚱뚱하고 못생겼어.'는 '나의 몸은 온전히 제 역할을 한다.' 또는 '나는 내 몸의 기적에 대해 감사한다.'로 바꿀 수 있다.

— '나는 자신을 돌볼 수 없다.'는 '언제나 도움이 존재한다. 언제나 희망이 존재한다.'로 바꿀 수 있다.

— '사람들은 무서운 존재다.' 또는 '세상은 안전하지 않다.'는 '나는 협력하고, 평화롭고, 편안하다. 우주는 나를 도와주고 있다.'로 바꿀 수 있다.

— '나는 경제적으로 안정될 때까지 결코 행복하지 않을 거야.'는 '나는 안락하고 안정되어 있다. 경제적 풍요는 구하면 얻을 수 있다.'로 바꿀 수 있다.

— '나는 아무것도 아니다.'는 '나는 우주의 축복받은 아이다.'로 바꿀 수 있다.

— '나는 약하다.'는 '나는 원기왕성하고, 활기가 넘치고, 힘을 가지고 있다.'로 바꿀 수 있다.

— '나는 혼자다.'는 '나는 조물주의 따뜻한 품 안에 안겨 있다.'로 바꿀 수 있다.

— '나는 더 활발하고 친근한 사람이 되어야 한다.'는 '나는 지금 이 모습 그대로도 훌륭하다.'로 바꿀 수 있다.

— '나는 두렵다.'는 '나는 우주 안에서 안전하다. 나는 두려워하지 않는다.'로 바꿀 수 있다.

— '불안이 점점 커져서 통제할 수 없을 것 같다.'는 '나는 불안을 멈추게 할 방법을 알고 있다.'로 바꿀 수 있다.

— '나는 실패할 운명이다.'는 '나는 내 운명을 만들어간다. 그리고 나는 지금 이 순간을 살고 있다.'로 바꿀 수 있다.

때때로 자신을 옥죄고 있는 생각들에 대한 적절한 긍정의 말이나 해독제를 찾는 데 어느 정도 시간이 걸릴 수 있다. 절대로 낙담하지 말라. 대신 하룻밤 자며 생각해보고, 주위의 도움을 구하고, 이것저것 실험해보라. 올바른 답이 반드시 나타날 것이다.

부정적인 생각 각각에 대한 긍정의 말을 만들었다면 그것을 색인 카드에 하나씩 적으라. 이것이 당신의 재프로그램 도구가 되어줄 것이다. 이것을 어떻게 활용할 수 있을까? 매일 아침저녁으로 크게 세 번 심호흡을 하고 치유할 수 있는 힘을 주신 것에 대해 우주에 감사한 다음 카드에 있는 문장들을 읽어라. 모든 말들이 깊숙이 각인될 수 있도록 각각의 문장을 세 번씩 크게 소리 내어 읽어라. 끝까지 읽고 나면 지지해주는 우주에 감사한 후 하루 일과를 계속하라.

이 자기긍정의 말들을 규칙적으로 읽는 것이 무엇보다 중요하다. 자신이 내면에 깊이 뿌리내린 견고한 생각들에 대항해 싸우고 있다는 점을 명심하라. 이 새로운 생각들을 자신에게 말할 때마다 당신은 즉각적으로 마음이 편안해짐을 느낄 것이다. 시간이 지나면 마음의 순환 고리가 변형될 것이고 인생도 극적으로 바뀔 것이다.

당신의 가장 간절한 바람은 무엇인가?

이제 당신은 부정적인 뇌 회로를 찾아내고 이를 재프로그램하는 방법에 대해 알고 있다. 그리고 스스로 가슴속 열망을 이룰 수 있다는 믿음을 진심으로 가지게 될 순간까지의 여정을 잘 꾸려가고 있다. 그 과정을 원활하게 하기 위해 해야 할 일이 한 가지 더 있다. 바로 자신이 진정으로 무엇을 원하는지 알아내는 것이다. 자신이 무엇을 희망하는지, 무엇을 꿈꾸는지, 무엇을 가장 열렬히 바라는지 스스로에게 물어보라. 또한 자신이 무엇에 열정을 느끼는지에 대해 관심을 두어야 한다.

당신은 반드시 성공할 수 있다. 하지만 그렇게 하기 위해서는 대상을 확실히 정하고 노력해야 한다. 멜리사(4장에서 등장했던) 같은 환자와 함께하면서 이 사실을 알게 됐고, 내 경험을 통해서도 배웠다. 무슨 말을 하고자 하는지 내 이야기를 통해 보여주도록 하겠다.

오랫동안 불행한 결혼생활을 보낸 나는 완전한 파경을 맞기 2년 전에야 비로소 가슴속 열망을 이루는 작업에 적극적으로 뛰어들 수 있었다. 나는 로라 데이의《직관의 테크닉(Practical Intuition)》이라는 책을 가지고 작업을 시작했다. 내가 어떤 상태에 있고 무엇을 희망하는지 명확히 알아내기 위해 이 책에 나와 있는 방법들을 활용했다. 그리고 일 년이 지난 후 나는 친애하는 동료 소니아 쇼퀘트의《가슴속 열망(Your Heart's Desire)》이라는 지침서를 가지고 새로운 작업을 시작했다.

이 책에서 소니아는 원하는 삶을 살기 위해 반드시 필요한 아홉 가지 원칙을 소개하고 있다.

그중 첫번째는 '꿈에 집중하라.' 이다. 다시 말해 바로 지금 자신이 원하는 것이 무엇인지 알아내 그것에 집중해야 한다는 것이다. 모든 것은 자신이 의도하는 대로 이루어지기 때문이다. 가슴속으로 열망하는 것을 이루기 위해서는 자신이 정확히 무엇을 원하는지 명확히 알아야 한다. 이를 위해 소니아는 소망 10가지를 중요도 순으로 순위를 매겨보라고 말한다. 그녀는 또한 10개의 영역 각각에 그 주제에 관련해 원하는 것들을 몇 개의 문장으로 써보라고 말한다.

이 방법을 적용해서 내가 적어본 것들을 여기에서 공유하려고 한다. 목적의식이 기적을 만들어내는 데 얼마나 대단한 역할을 하는지 보여주고 싶기 때문이다. 머리말에서 이미 이야기했으므로 나에 대해 대략 알 것이다. 나는 비참한 결혼생활 한가운데 있었지만 지금은 그 어느 때보다 행복한 상태에 있다. 그리고 나의 기쁨은 점점 더 커질 것이다. 내가 어떻게 이곳까지 올 수 있었을까?

가장 먼저 나는 우선순위 목록을 만들라는 소니아의 조언을 따랐다. 내가 첫번째로 꼽은 것은 '영원한 소울메이트/인생 파트너'를 만나는 것이었다. 그리고 인간관계의 중요성을 두번째로 꼽았다. 인간관계 영역에 나는 "사랑이 가득하고 친밀한 로맨스(결혼?) 관계를 원한다. 함께 있으면 편안한 가까운 친구들을 많이 만들고 싶다."라고 적었다. 다른 영역에는 "남편의 유독성에서 멀리 떨어지고 싶다. 무슨 일을 해야 되든지 간에 말이다."라고 적었다. 시간이 지나 되돌아봤을 때 이 바람이 내게 얼마나 중요한 것이었는지 새삼 깨닫게 된다. 사실 이보다 일 년 전 로라 데이의 책으로 작업을 시작했을 때에도 나의 가장 간절한 바람은 사랑이 가득한 파트너 관계였다.

어떤 열망들은 늘 자기 안에 있고 시간이 지나도 변하지 않는다. 이것을 이해하는 것은 매우 중요하다. 그 열망들이 무엇인지, 왜 당신이 아직 그것들을 이루지 못했는지 알고 있는가?

소니아의 두번째 원칙은 '무의식적 마음의 지원을 구하라.'이다. 이는 꿈이 이루어지리라 단순히 믿는 것과는 다른 측면의 이야기이다. 의식적 바람과 무의식적 마음은 일치해야 한다. 예를 들어 가슴속으로 사랑이 가득한 파트너 관계를 열망하고 있으면서 무의식적으로 "나는 진실한 사랑을 만날 자격이 없어."라고 말하고 있으면 안 된다. 이런 식으로 뒤섞인 메시지들이 공존한다면 결코 꿈을 실현할 수 없을 것이다. 둘 사이의 협력이 필요하다. 이를 위해 자기긍정을 이용해 부정적인 무의식적 신념에 대해 태클을 걸어보는 방법을 이용할 수 있다. 앞부분에서 이미 배웠던 대로 말이다.

다른 방법들도 있다. 그중 내가 '주위를 점검하기'라고 일컫고 소니아는 '원하는 방향으로 가기'라고 일컫는 방법이 하나 있다. 이 방법은 자신이 열망하는 것들—기쁨이 가득한 인간관계, 보람 있는 직업 등—을 재현해주는 사람, 책, 이미지, 생각들로 주위를 채우는 것이다. 또 다른 방법은 새로운 신념을 위한 노래를 만들어보는 것이다. 반드시 직접 만들고 자신에게 불러주어야 한다. 그렇게 하면 노래 속의 일들이 이루어질 것이다.

내가 만들었던 노래를 보여주겠다. 이 노래는 내가 공포와 맞서 싸울 수 있도록 그리고 꿈꾸는 것들에 대해 믿음을 가질 수 있도록 도와주었다. 이렇게 공개하는 것이 조금 부끄럽기는 하지만 효과가 충분했으므로 적어보겠다. (〈나는 나여야 해(I've Gotta Be Me)〉라는 노래의 음을 땄다.)

나의 노래

나는 믿어야 해.
사랑이 이루어질 거라는 걸.
영혼의 짝을 언젠가
찾고야 말 거라는 걸.
그는 나를 일으켜 세워주고
내 깊은 상처를 치유해줄 거야.
난 어떤 위험도 느끼지 않고
열정과 환희에 가득 찰 거야.
나는 자유로워져야 해.
나는 나여야 해.

어떤 노래를 만들고 싶은가? 없애고 싶은 공포가 있다면 무엇인가? 어떤 꿈과 생각에 힘을 실어줘야 하는가? 아마 당신은 이런 방법이 진짜 효과가 있을지 의문이 들 것이다. 이런 일들을 얼마 동안이나 해야 할까? 꿈이 실제로 현실화될 수 있기는 한 것일까?

다시 한 번 말해두지만 당신은 반드시 그곳에 도달할 것이다. 나는 이러한 과정이 가지는 힘을 많이 봐왔다. 당신이 이 과정에 몰입하면 할수록 더욱 완전하고 빠르게 꿈을 이룰 수 있을 것이다. 실제로 꿈이 어떤 방식으로 이루어질지, 시간이 얼마나 걸릴지 정확하게 예측하기란 불가능하다. 그러나 당신이 정말 준비가 되어 있다면 이 방법의 효과가 얼마나 대단한지에 대해 깜짝 놀라게 될 것이다.

더 자세한 설명을 위해 내 이야기를 다시 해보겠다. 나는 결혼생활이 무너지기 몇 년 전 가슴속 열망을 이루기 위한 작업을 시작했다. 언젠가는 내가 꿈꾸는 인생을 살 수 있을 것이라는 가능성에 믿음을 가지기로 했고 그 가능성을 키워나갔다. 많은 책과 방법, 기술들을 활용했고 이들이 효과가 있었다는 것은 이미 입증되었다. 하지만 어떤 방법으로 얼마나 빨리 이것이 가능했을까?

현재의 사랑은 삶이 무너진 날로부터 넉 달 후에 내 인생에 걸어 들어왔다. 사실 나는 의식적으로 누군가를 찾고 있지는 않았다. 깊이 사랑할 수 있는 사람을 만나려면 최소한 일 년은 걸릴 것이라고 생각하고 있었기 때문이다. 그러한 사람을 언젠가는 결국 만나게 될 것이라는 확신을 가지고 있었지만 우주가 그렇게 빨리 응답해주리라고 기대하지는 않았다. 내가 모르는 곳에서 우주의 영적인 법칙이 작용한 것이다. 내가 내 역할을 제대로 하자 우주가 응답해주었다. 우리가 받을 준비만 제대로 하면 우주는 언제나 선물을 보내준다. 나는 이 사실을 잊고 있었고 그래서 매우 놀랐다.

어느 일요일 아침 여느 때처럼 헬스장에서 에어로빅을 마치고 난 후였다. 마침 헬스 기계를 닦기 위해 종이 타월을 뽑으러 가던 중이었다. 땀에 흠뻑 젖어 물에 빠진 생쥐 꼴을 하고 있었는데 갑자기 놀라운 일이 벌어졌다. 강력한 에너지에 휩싸여 어딘가로 빨려 들어가는 느낌이 들었다. 종이 타월 걸이 바로 옆 러닝머신에 있던 남자가 말을 걸어온 것이다. 우리는 바로 그 순간 강렬한 무언가에 사로잡혔다.

헬스장에서 두번째 봤을 때 톰은 내게 커피를 한잔 마시자고 청했다. 이것이 저녁식사로 바뀌었고 곧이어 새벽 2시까지 이어지는 대화로 바뀌었다. 간단히 이야기하자면 그후 나는 그와 완전히 사랑에 빠졌다. 나는 가슴속 열망을 이룰 수 있는 나의 능력에 믿음을 가졌고 결국 바람대로 그를 만나게 되었다. 그를 처음 만났을 때 나는 그가 나의 소울메이트—또는 원하는 삶을 살기 위해 알아야 할 교훈들을 가르치러 와준 천사—가 되리라는 사실을 알지 못했다. 하지만 그는 그곳에 있었고 나도 그곳에 있었다. 그리고 우리는 깊은 사랑에 빠졌다. 누구나 이렇게 꿈이 실현되는 순간을 맞이하고, 믿기지 않는 큰 성공을 거둘 수 있다. 당장 자신에게 진심으로 물어보라.

— 나의 꿈은 무엇인가? 나의 가장 간절한 바람은 무엇인가?
　내가 가장 원하고 가장 필요로 하는 것은 무엇인가?
— 나의 노래는 무엇인가?
— 무엇을 주위에 두고 싶은가?
— 무엇을 희망하고 무엇을 위해 기도하는가?
— 지금 이 순간부터 앞으로 자신에게 매일 무엇이라고 말할 것인가?
— 어떤 멋진 미래를 꿈꾸는가?

자기긍정문을 만들어 복창하라

이 장을 다양한 음량의 자기긍정에 대한 이야기로 마무리하려 한다. 이것은 자신이 바라는 꿈과 무의식적 마음의 협력을 위한 또 하나의 유용한 방법이다.

'나는 내 꿈대로 산다.' 라는 자기긍정문을 이용해 이 기술을 연습해보자. 이 자기긍정문을 다섯 번 크게 복창하자. 첫번째 차례에서는 맨 앞의 '나는' 만을 큰 목소리로 강조해서 읽는다. '<u>나는</u> 내 꿈대로 산다.' 에서 밑줄 그은 부분만 강조하는 것이다. 그 다음 차례에서는 두번째 단어를 강조해서 말하면 된다. 그렇게 하면 다음과 같을 것이다.

첫번째 차례 : <u>나는</u> 내 꿈대로 산다.
두번째 차례 : 나는 <u>내</u> 꿈대로 산다.
세번째 차례 : 나는 내 <u>꿈대로</u> 산다.
네번째 차례 : 나는 내 꿈대로 <u>산다.</u>

마지막으로 네 음절의 문장 전체를 큰 목소리로 강조하여 말한다. '<u>나는 내 꿈대로 산다.</u>'

지금 바로 연습해보라. 끝까지 하고 나면 놀라울 정도로 에너지와 희망이 샘솟음을 느낄 수 있을 것이다. 정말 놀랍다. 나는 대규모의 청중 앞에서 강연할 때 즉석에서 그들의 창조적 힘을 보여주기 위해 이 방법을 사용한다. 수백 명의 사람들이 동시에 외치면 그 에너지는 그야말로 엄청나다. 모든 사람들이 내면에서 어떤 힘이 솟는 것을 느낀다.

이 방법을 위해 다른 자기긍정문을 사용해도 괜찮지만 단순한 단어들로 이루어진 짧은 문장(세 음절이나 네 음절 정도)일수록 좋다. 그러나 '그것'이라든가 '그렇게'와 같은 불명확한 단어를 포함하면 효과가 없다.

  자신에게 맞는 자기긍정문을 선택해 다양한 음량으로 말해보라. 앞의 예문을 이용해도 되고 자신만의 문장을 만들어도 좋다. 이 기술을 날마다 반복해 몇 주 동안 사용해보라. 자신이 꿈을 이룰 수 있는 능력을 가지고 있다는 데 믿음이 쌓일 것이다. 다음 장에서는 진정으로 원하는 삶을 만들기 위해 실천해야 할 것들과 어떻게 실천할 수 있는지 그 방법에 대해 알아보겠다.

진정으로 원하는 삶을
살고 싶다면 움직이라

#7

제목이 나타내고 있듯 이번 장은 진정으로 원하는 삶을 살기 위한 실천에 관한 것이다. 가슴속으로 열망하는 삶을 만들고 싶다면 '모든 것을' 다른 방식으로 해야 한다. 무언가 다른 결과를 원한다면 사고방식, 접근방식, 기대 그리고 행동을 변화시켜야 한다. 여기에 적용되는 우주의 영적 법칙이 하나 있다. 곧 '늘 하던 대로 한다면 늘 얻던 것만 얻을 것이다.'라는 법칙이다.

자신이 원하는 것과 원하지 않는 것 인식하기

그렇다. 당신은 변해야 한다. 이 말은 무슨 뜻일까? 실제로 무엇을 바꿔야 하는 것일까? 어떻게 변화를 실천해야 할까? 자신이 올바르게 변하고 있는지 어떻게 확신할 수 있을까?
일단 중요한 사실은 이번이 좋은 기회라는 것이다. 자기 자신을 깊숙이 분석해볼 수 있는 절호의 기회인 것이다. 자신의 재능과 한계가 무엇인지, 그동안 성취한 것과 실패한 것이 무엇인지, 가치 있게 여기는 것과 원하는 것이 무엇인지, 꿈과 희망이 무엇인지 그리고 혐오하는 것이 무엇인지 진지하게 생각해볼 수 있는 때다. 이번 장에서는 자신이 진정으로 경험하고 싶은 것이 무엇인지 자세히 살펴보는 법과 그동안 당신이 어떤 방식으로 스스로를 방해해 가슴속 열망을 이루지 못하게 했는지 알아보겠다.

시작하기 전에 몇 가지 알아야 할 규칙이 있다.

―

1. 당신은 오로지 진정성을 가지고 접근할 때에만 자신이 원하는 삶을 온전히 확인할 수 있을 것이다. 직관적인 지혜, 현명한 자아, 가슴속 열망 그리고 가장 간절한 바람 등을 완전히 적용해야 한다.

―

2. 자만, 공포, 기대, 평가의 자세 또는 남을 통제하거나 남에게 해를 끼치려는 마음을 가지고서는 자신의 진정한 욕구가 무엇인지 알 수 없다. 파괴적이고 유독한 환경에서는 가슴속 열망을 알아채기 힘들지만, 이러한 곳에서 탈출한다면 자신이 원하는 것을 창조하기 위한 상상력을 맘껏 발휘할 수 있을 것이다.

―

3. 진정한 욕구란 결코 물질적인 소유에 관한 것이 아니다. 그것은 의미와 경험에 관한 것이다.

―

이제 긴 시간을 투자해 당신이 원하는 것에 대해 온 힘을 들여 생각해보아야 할 순간이 왔다. 당신은 무엇에 가치를 두는가? 무엇이 당신에게 기쁨을 주는가? 무엇을 욕망하는가? 그것을 상상해보라. 그것에 생명력을 주어 현실로 만들라. 자신이 바라는 것이 무엇인지 명확히 하기 위해 다음 질문에 답해보는 것도 도움이 될 것이다. 두 번씩 답해보기 바란다. 처음에는 질문만 읽고 즉시 대답해보고 두번째는 심사숙고한 뒤 대답해보라. 각각의 답변을 종이에 적어보라. 그리고 나서 두 답변을 비교해보기 바란다. 직관적 지혜는 어떤 때는 즉시 힘을 발휘하기도 하지만 어떤 때는 생각해볼 시간을 요하기도 한다.

― 바로 지금 무엇을 가장 원하는가?
― 이번 경우에 무엇이 가장 필요한가?
― 나의 가장 큰 재능은 무엇인가?
― 나의 가장 큰 두려움은 무엇인가?
― 지금 이 순간 행복하기 위해서 필요한 것은 무엇인가?
― 나의 가장 큰 장애는 무엇인가?
― 내가 인생에서 놓치고 있는 것은 무엇인가?
― 바로 지금 무엇에 대해 가장 감사한가?
― 내 인생의 사명은 무엇인가?
― 무엇이 나를 충만하게 하는가?
― 무엇이 내게 기쁨을 가져다주는가?
― 지금부터 6개월 후 인생이 어떻게 달라지기를 원하는가, 1년 후, 2년 후는 어떠한가?

인생의 사명을 문장으로 적어보거나 희망사항 목록을 만들어보는 것도 자신이 원하는 것을 이해하는 데 큰 도움이 된다. 아래는 참고할 수 있는 카테고리들이다. 각 카테고리와 관련하여 자신이 무엇을 원하는지 생각해보기 바란다. 어떤 카테고리들이 당신에게 중요한가? 그 이유는 무엇인가?

- 인간관계
- 재정
- 주거와 가정
- 시간
- 건강
- 신체
- 정신
- 영혼
- 성생활
- 창조성
- 일
- 재산
- 여행
- 오락
- 가치
- 과거

생각을 끝냈으면 자신의 바람에 순위를 매겨보기 바란다. 열망하는 인생을 살기 위해 가장 중요하다고 생각되는 두세 가지를 골라 아주 구체적으로 묘사해보라.

구체적으로 묘사해보라는 말이 무슨 뜻일까? 예를 들어 만약 당신이 사랑이 넘치는 관계를 원하고 있다면 파트너에 관해서 중요하게 생각하는 모든 것을 적어보라. 가치관, 외모, 성격, 다른 사람들과의 소통방식 등을 포함해서 말이다. 만약 경제적 안정이 가장 중요하다고 생각한다면 안정되었을 때의 모습을 상상해보라. 당신은 무엇을 가지고 있는가? 기분이 어떠한가? 무슨 일을 하고 있고, 할 수 있는가? 어디에 있는가? 전체적인 그림을 그려보라. 가슴속 열망에 최대한 집중해야 에너지를 끌어모을 수 있다. 정확히 무엇을 원하는가? 그리고 무엇을 원하지 않는가?

'무엇을 원하지 않는가?'라는 질문을 왜 던졌는지 이해를 돕기 위해 이야기 하나를 들려주겠다.

데비는 두번째 결혼이 무너지기 전 나를 찾아왔다. 그녀는 이미 매우 불행한 상태였다. 두번째 남편인 잭은 눈에 띄게 잘생기고 부유한 남자였다. 그녀는 그의 카리스마, 외모, 부에 깊이 끌렸다. 첫번째 결혼은 남편의 외도와 사업 실패로 끝이 났다. 그래서 잭의 매력, 그녀에 대한 관심, 정중함 그리고 경제적 안정은 그녀에게 매우 강하게 와 닿았다. 열렬한 사랑을 받고 경제적으로 안정되는 것이 그녀에게는 아주 중요한 일이었다.

또한 그녀는 서로에 대한 정직함과 신뢰, 존중에 뿌리를 내리고 있는 결혼을 원했다. 첫번째 결혼에서 겪은 배신과 황폐의 경험을 다시는 되풀이하고 싶지 않았다. 하지만 그녀는 새로운 파트너를 찾을 때 이러한 가치에 초점을 맞추지 않았다.

잭은 바람둥이와 배신자로 악명이 높았다. 그녀도 이런 말을 몇몇 친구에게 들은 적이 있었다. 결혼하기 전 이 점이 조금 염려가 되기는 했지만 그녀는 더 이상 고민하지 않고 훌훌 털어버렸다. 그에게서 벗어나는 대신 앞으로 묵묵히 나아갔다. 걱정과 의심은 마음속 깊은 곳에 묻어버렸다.

데비는 네번째 결혼기념일을 3주 앞두고 나를 만나러 왔다. 왜 자신이 그토록 고통스러운지 알고 싶어서였다. 첫 면담이 있고 6주가 채 되지 않아 잭이 그녀에게 더 이상 그녀를 사랑하지 않는다고 고백했다. 그는 다른 누군가와 사랑에 빠졌고 이혼을 원했다.

내가 당신에게 이 이야기를 들려주는 이유는 무엇일까? 그리고 이 이야기를 통해 얻을 수 있는 교훈은 무엇일까? 데비가 무엇을 원했는지 기억하는가? 그녀는 관심, 사랑 그리고 경제적 안정을 원했다. 이것이 그녀가 가장 초점을 둔 것들이다. 하지만 그녀는 그 이상으로 이전과는 다른 차원의 관계를 원했다. 그녀가 자신의 계획 안에 정직, 신뢰, 존중의 자리를 만들어두지 않았기 때문에 그녀는 결국 또 다른 덫에 걸리고 만 것이다. 그녀는 상대를 고르는 데 잘못된 선택을 했다. 이전에 한 잘못을 똑같이 되풀이했고, 그 결과 똑같은 결과를 얻었다.

이번 장의 가르침과 관련하여 가장 먼저 당신에게 권하고 싶은 실천방법은 '자신이 원하는 것과 원하지 않는 것을 정확히 인식하라' 는 것이다. 자신의 욕구에 최대한 집중하라. 그리고 어떤 일이 생길 때마다 그 욕구에 대한 세부적인 사항을 계속 추가해 나가라. 어떤 추측도 하지 않는 것이 좋다. 그렇지 않으면 자신이 가장 원하지 않는 바로 그것을 정확히 재창조하게 될 것이다. 데비의 경우 그녀는 똑같은 남자와 두 번 결혼한 셈이다. 우리 모두는 각종 역기능적 패턴을 끊임없이 되풀이해왔다. 그러므로 완전히 다른 것을 창조하기 위해서는 엄청나게 많은 집중력이 필요하다.

가슴속 열망을 명확히 하는 것을 도와줄 수 있는 25가지 방법

이제 이번 장의 첫번째 핵심을 파악했으리라 생각한다. 당신은 진정으로 원하는 것이 무엇인지 인식하고 선택해야 하고, 피하고 싶은 것을 수용하지 않도록 조심해야 한다. 하지만 이는 시작에 불과하다. 예를 들어 당신은 이미 원하는 관계 안에 있을지도 모른다. 하지만 당신의 세계가 이미 한 번 배신으로 무너졌기 때문에 꿈꾸는 대로 살기 위해 필요한 것들을 못하고 있을 수도 있다. 당신 스스로 위기에 처하게 만든 것이다.

그렇다면 다르게 행동해야 할 필요가 있는 것들은 무엇인가? 매 순간, 하루하루 부딪치고 해결해야 할 문제들은 무엇인가? 나는 25가지 방법을 제시하고 이를 어떻게 활용할 수 있는지 예를 들어 보이려 한다. 이 방법들은 내가 임상경험에서 얻은 것들이며 친밀한 인간관계에서 흔히 볼 수 있는 문제들이다. 또한 그 대부분은 어떤 종류의 인간관계에도 적용될 수 있다. 그러므로 표현상 파트너 관계에 초점을 맞추고 있다 하더라도 실제로는 모든 경우의 인간관계가 건강하게 작동하는 데 필요한 핵심적인 사항들이라 할 수 있다. 이들이 친구관계, 부모와의 관계, 직장에서의 인간관계 등에서 경험한 것들과 어떻게 연관되는지 곰곰이 생각해 보기 바란다.

기억하라. 우리 모두는 과거의 경험에 의한 오래된 패턴을 되풀이하도록 만들어져 있다. 다른 결과를 얻고 싶다면 과거의 행동을 반복하지 않도록 극도로 주의해야 한다. 당신은 다음 패턴들 중 일부에 발목이 잡혀 있을 것이다. 이 가운데 자신이 가슴에 새겨야 할 것들을 찾아보라. 선택하고, 적극적으로 수용하고, 권장하는 바에 따라 행동에 옮기라. (나는 때때로 이들 모두를 사용해야 했다. 당신도 마찬가지일지 모른다.)

---

1. 상대의 모든 것을 고치려 드는 사람이 되지 말라. 파트너가 되라.

---

2. 상대의 감정을 상하게 할지도 모른다는 걱정 때문에 침묵하고 있지 말라. 그러한 종류의 침묵은 항상 역효과를 낳는다.

---

3. 자신이 원하고 필요로 하는 것을 요구하라. 당신의 마음을 읽을 수 있는 사람은 세상에 아무도 없다.

---

4. 남을 기쁘게 하기 위해 지나치게 노력하지 않도록 조심하라. 이렇게 한다면 진정한 자기 자신으로 존재하지 못한다.

---

5. 통제하거나 세세한 부분까지 관리하려는 욕구를 버리라. 당신의 파트너는 이에 대해 분노할 것이다. 그리고 당신은 지칠 것이다.

---

6. 시간을 가지라. 화가 나서 이에 대한 분풀이로 상대에게 대응하지 말라. 말하기 전 자신이 무엇을 말하고 싶은지 깊이 생각해 보라.

―

7. 자신의 것은 자신에게 두라. 안 좋은 일진이나 실수에 대해 남을 비난하거나 탓하지 말라.

―

8. 자신의 무감각, 실수, 잘못에 대해 사과하라. 만약 상처가 되는 어떤 일을 했다면 상대에게 어느 정도 책임이 있더라도 이에 상관없이 사과하라.

―

9. 지나치게 빨리 굴복하거나 포기하지 말라. 하지만 어떤 것을 단념하거나 버려야 할 때가 있다는 사실 또한 잊지 말라.

―

10. 현재에 머무르라. 미래를 예측하고 무슨 일이 벌어질지 걱정하는 것을 관두도록 하라.

―

11. 모든 관계에는 노력이 필요하다는 사실을 명심하라. 당신이 원하던 대로 살고 있다 하더라도 때때로 파트너에게 화를 내거나 모든 것을 끝내버리고 싶을지도 모른다. 자신에게 항상 지금이 충분히 좋은지 물어보도록 하라.

―

12. 자신의 직관을 믿으라. 직관적인 지혜는 결코 거짓말을 하지 않는다.

―

13. 내버려두라. 어떤 결과에도 집착하지 말라. 자신의 기대에 매달릴수록 관계 속에서 더 많은 것들을 쥐어짜게 될 것이다.

―

14. 자기 자신으로 살라. 항상!

―

15. 인생의 파트너와 잘 지내고 있는지 의문이 들 때마다 그에게 안겨 있으면 어떤 느낌이 드는지 자신에게 물어보라. 이것은 어쩌면 알아야 할 전부라고 할 수도 있다. 예를 들어 고

난이 닥쳤을 때 꾸준히 마음의 안정을 유지할 수 있다면 두 사람은 잘 지내는 것이다. 반면 그의 근처에 있고 싶지 않은 때가 잦아지면 어느 정도 거리를 두어야 할 시기이다.

―

16. 어떤 한 사람이 당신의 모든 필요를 충족시켜줄 수 있으리라 기대하지 말라. 그럴 수 있는 사람은 세상에 아무도 없다.

―

17. 사리 분별력을 가지고 용서할 줄 아는 사람이 되라. 사람들에게는 잘 안 풀리는 날이 있기 마련이며 때때로 실수할 수도 있다.

―

18. '기브 앤드 테이크'에 대해 유연성을 가지라. 어떤 때는 당신이 파트너에게 더 많은 것을 요구할 수 있고, 어떤 때는 그 반대일 수도 있다. 서로 상대에게 부족함을 느끼고 스트레스를 받을 때 싸우지 않도록 하라. 원하는 것이 무엇인지 서로에게 요청하라.

―

19. 과거에 겪은 고통, 두려움, 신뢰 문제를 현재의 관계 안에서 두 사람이 함께 경험하게 되리라는 점을 자신에게 상기시키라. 하지만 이런 문제들은 '현재' 일어나고 있는 일들에 관한 것이 아니다. 당신은 재프로그램해야 할 많은 고통스러운 경험과 패턴을 가지고 있다. 문제를 명확히 인식하고 균형 잡힌 시각을 가질 수 있도록 각자의 감정과 경험에 대해 서로 이야기해보라(친구들과 상담자에게도 이야기하라). 의심을 떨쳐버리라. 그리고 정말로 현재 진행되고 있는 일들을 점검해보라. 이는 치유에 큰 도움이 된다.

―

20. 안심하라. 무엇이 자신을 괴롭히는지 또는 무엇을 해야 하는지 정확히 결론 내리기 전에 일단 한숨 자는 것이 더 나을 때도 있다. 필요한 것을 정확히 필요한 때에 구할 수 있을 것이라는 사실을 믿도록 하라.

―

21. "고맙습니다." "사랑합니다." "당신이 최고예요."라고 말하라. 이 말이 마음속에 떠오를 때마다!

―

22. 다른 사람을 위해 선행을 베풀라. 그리고 그들이 뭔가 당신을 위해 선행을 베풀 때 그것이 당신에게 얼마나 큰 의미인지 그들에게 알려주도록 하라. 서로의 존재를 당연하게 생각하고 경시하는 일은 비일비재하다.

―

23. 파트너의 행동에 대해 마음대로 동기를 해석하지 않도록 조심하라. 그가 왜 그런 일을 했는지 스스로 안다고 생각하지 말라. 그의 행동에 상처 입었다면 왜 그런 일을 했는지 직접 물어보라. 당신의 추측이 틀렸을 경우가 많을 것이다.

―

24. 재미를 위한 시간을 내라. 일하기만 하고 전혀 놀지 않는다면 로맨스, 우정 그리고 사랑은 증발해버릴 것이다. 휴식과 데이트, 단기휴가를 위한 일정을 짜도록 하라.

―

25. 정말로 중요한 것에 초점을 맞추라. 사소한 일에 땀을 빼지 말라. 우리의 에너지를 잡아먹는 일 중 대부분은 사소한 것들이다.

―

이상이 가슴속 열망을 명확히 하는 데 도움을 주는 25가지 방법이다. 이들을 규칙적으로 이행한다면 곧 꿈꾸는 인생을 살 수 있게 될 것이다. 그렇다면 오래된 덫에서 벗어나는 데 이 방법들을 실제로 어떻게 이용할 수 있을까? 몇 가지 예를 살펴보도록 하자.

가장 우선적으로 고려해야 할 대상은 2, 3, 4, 11, 14, 19, 23 그리고 24번이다. 댄과 엘리스의 이야기로 다시 돌아가보도록 하자. 1장에서 그들의 이야기를 본 기억이 날 것이다. 엘리스는 '지옥에서 온 전화'를 받고 남편의 외도에 대해 알게 되었다. 이들은 내게 찾아왔고 각자 결혼생활을 치유하는 자기 평가와 상담의 시간을 가지는 데 1년이라는 시간을 보냈다. 배신을 포함하여 역기능적 관계를 만드는 데 과거의 기억과 교훈이 어떤 역할을 하는지 그들의 이야기를 통해 살펴보자. 그리고 25가지 원칙

중 앞서 말한 8가지가 그들이 결혼생활을 다시 시작하는 데 어떤 역할을 했는지도 살펴보자.

내면의 욕구를 밖으로 표현하기

댄과 엘리스는 고등학교에서 만났다. 그들은 서로의 첫사랑이었고 서로에게 푹 빠져 있었다. 그들은 곧 결혼했고 아이를 가졌다. 자신들이 아직 온전히 성장한 어른이 아닌 아이임에도 말이다. 두 사람 다 순종적이고, 예의 바르고, 매우 착한 젊은이들이었고 평화를 유지하는 것을 미덕으로 삼는 집안 출신이었다. 그들은 '좋은 이야기를 할 것이 아니라면 차라리 아무 말도 안하는 것이 낫다.'고 배웠다. 둘 다 부모들이 싸운다거나 생각의 차이에 대해 타협하는 것을 한 번도 본 적이 없었다. 관계를 성공적으로 만들기 위해서 어떤 일을 해야 하는지 전혀 알지 못했다.

하지만 건강한 관계를 맺기 위해서는 상호 존중, 기브 앤드 테이크, 서로에 대한 욕구 표현, 상대를 위해 옆에 있어주는 데 최선을 다하는 것 등이 필요하다. 의견의 불일치는 깊은 관계를 맺는 데 있어 존재할 수밖에 없는 것이고 반드시 필요한 것이기도 하다. 다른 사람의 마음을 읽을 수 있는 사람은 아무도 없고, 내면의 욕구를 밖으로 표현하지 않는다면 무엇이 문제인지 알 도리가 없는 것이다.

댄은 엄청난 대가족 출신이었다. 열두 명의 아이들 중 막내였던 그는 늘 필요한 때가 지나서야 뒤늦게 관심을 받았다. 아무도 그를 봐주지도 그의 이야기를 들어주지도 않았으므로 그는 모든 것을 혼자 힘으로 꾸려나가는 법을 배웠다. 착한 아이가 되는 것이 그가 터득한 방법이었다. 사람들은 그에게 의지했다. 그는 누구의 어떤 요청에도 '못하겠다.'고 말하지 않았다. 어른이 되어서도 그는 항상 이웃, 친구, 심지어 모르는 사람까지 도왔다. 항상 다른 사람에 초점을 맞추고 있었던 것이다. 다시 말해 자신의 필요, 감정, 욕구를 거의 고려하지 않았다고 할 수 있다. 그는 이것들이 중요하지 않고 무시해도 좋다고 배웠고, 그러한 이유로 이들의 존재 자체를 부정했다. 그래서 아내나 다른 누구에게도 결코 무엇을 요구해본 적이 없었다.

하지만 그는 채워지지 않은 욕구를 가지고 있었다. 그는 더 많은 애정이 필요했다. 오래된 패턴에서 벗어나게 해주고 자신이 옳다는 것을 확인해줄 사람이 필요했다. 뜨거운 사랑이 필요했다. 남들을 위해 애쓰는 노력에 대해 인정받을 필요가 있었다.

한편 엘리스는 감정적으로 전혀 표현을 하지 않는 가정에서 자랐다. 그곳에서 그녀는 좋은 주부가 되는 것에 대해서만 배웠다. 그녀는 부모들이 신체적인 애정표현을 하는 것을 한 번도 보지 못했다. 아무도 그녀를 안아주거나 사랑한다고 말해준 적이 없었다. 그녀는 사랑이란 식사를 준비하고, 집안일을 꾸리고, 배우자와 자녀를 위해 제자리에 있어주고, 인생이 제대로 굴러가도록 만드는 것이라고 배웠다. 그녀에게 좋은 아내가 된다는 것은 자신의 역할을 감사히 여기고 이를 충실히 이행하는 것이었다. 감정은 밖으로 표현하지 않은 채 말이다. 또한 자신이 행복하지 않다거나 남편과 더 많은 시간을 보내고 싶다는 사실을 절대 입 밖으로 꺼내어서는 안 된다는 것을 의미했다.

엘리스에게도 채워지지 않은 욕구가 있었다. 그녀는 댄의 관심이 필요했다. 그녀는 그가 자신을 좀더 도와주고 다른 사람들에게는 관심을 줄이기를 원했다. 그가 가정에 좀더 관심을 쏟고, 그녀와 함께 여행을 가고, 꽃다발을 선물해주기를 원했다. 그녀는 그가 자신을 바라봐주기를 원했지만 결코 그런 말을 하지는 않았다.

두 사람 모두 결혼생활에서 외로웠고, 상처받았고, 좌절했다. 하지만 그들은 한 번도 이 문제에 대해 함께 이야기해보지 않았다. 그래서 댄이 도와주었던 한 여자가 그의 비위를 맞추며 애정을 표현하자 그는 그녀에게 쉽게 넘어가버렸다. 누군가와 마음속으로 이어지기를 간절히 바라고 있던 댄은 그녀를 거절하지 못했다. 결국 그는 그녀와 중독적인 관계에 빠져들었고 결혼생활은 무너졌다.

우리 셋은 소통기술을 연습하는 데 많은 시간을 할애했다. 그들은 자신의 욕구를 상대에게 요구하는 것이 좋지 않은 것이라고 여기고 있었다. 우리는 적절한 요구가 왜 필요한지 그리고 어떻게 이루어져야 하는지 연구했다. 또한 그들이 왜 이토록 동떨어지게 되었는지 그 이유를 알아보고 서로에게 진정으로 충실할 수 있는 방법들을 고민했다. 로맨틱한 시간, 집을 페인트칠하는 시간, 휴가시간을 계획했다. 어떤 가치들이 중요한지 이야기하고, 죄책감을 느끼지 않고 거절할 수 있는 방법에 대해 배웠다. 그리고 각자의 행동에 어떤 동기가 작용하는지 살펴보았다. 두 사람 다 서로에 대해 빨리 상처받는 편이었다. 그들은 어떤 일에 대한 동기가 상대에게 있다고 생각하고 잘못된 추측에 따라 반응하는 패턴을 가지고 있었다.

이들이 잘못된 결혼생활을 치유하는 데는 수년이 걸렸다. 마침내 그들은 엄청나게 성공적으로 이 일을 해냈다. 그들은 이제 인생을 함께 하면서 조금 덜 착하게 행동하고, 더욱 감사하고, 즐거움에 가득 차 생활하고 있다.

| 상대를 고치려 드는 습성을 버리기

길었던 엘리스와 댄의 이야기보다 조금 더 간단한 이야기를 살펴보도록 하자. 상대의 모든 것을 고치려 드는 사람에 대한 이야기다.

마틸다는 한 남자에게 배신당한 후 나를 찾아왔는데, 그 남자는 늘 뭔가 문제를 일으켜 그녀가 일상적으로 도와주어야 하는 사람이었다. 그녀는 작든 크든 위기상황을 해결하는 데 천부적이었다. 자신 앞에 무슨 일이 닥치든 그녀는 결국 해결해냈다. 그 남자에게 일생 동안 의지할 수 없다고 판단한 그녀는 그와 헤어지는 방법을 택했다.

그후 그녀는 새로운 남자를 만났다. 조지라는 이름의 그는 책임감 있고 신뢰할 수 있는 남자였다. 그러나 그녀는 그에게 똑같은 일을 되풀이하고 있었다. 그녀는 전화 하라고 그에게 자꾸 상기시키는 한편 끊임없이 그를 따라다니며 뒤치다꺼리를 했다. 한마디 의논도 없이 둘을 위한 계획을 세우기도 했다. 짜증이 쌓여가던 조지는 결국 폭발했다.

"당신 없이 42년을 살았어. 내가 자신을 돌보는 법조차 모를 거라고 생각해?"

마틸다와의 상담에는 상대를 고치려 드는 습성을 버리는 연습이 포함되었다. 그녀는 경계를 늦춰도 되는 때가 언제인지 배워야 했다. 조지가 자기 역할을 하도록 허락할 필요가 있었다. 그녀는 그의 역할을 환영하기 시작했다. 그의 일처리 방식이 완전히 마음에 드는 것은 아니었지만 말이다. 모든 일을 책임져야 한다는 생각을 버리는 것은 매우 두려운 일이었지만 결국 그녀는 그러한 생각에서 벗어났다.

잘못을 인정하고 사과하기

다음으로 나누고 싶은 이야기는 매우 중요하다. 거의 모든 사람들이 이 문제에 사로잡혀 있다고 해도 과언이 아니다. 이 이야기는 항상 옳고자 하는 욕구를 버리는 것이 얼마나 중요한지에 대한 것이다. 상대가 우리에게 상처를 입혔거나 잘못을 했다 하더라도 그와 별개로 상대에게 사과하고 자신의 잘못을 인정하는 것에 대한 이야기다.

티나와 알렉스는 결론을 내지 못한 싸움을 끝내기 위해 내 사무실을 찾았다. 흔히 그렇듯이 둘 다 자신의 입장에서 이야기를 풀어나가고 싶어했고 누구의 잘못인지 판단을 내려주기를 바랐다. 하지만 누가 옳고 누가 그른지에 대해 초점을 맞추면 관계는 무너진다. 그래서 나는 그렇게 하지 않았다.
도대체 무엇에 관한 싸움이었을까? 티나는 알코올의존증(알코올중독)에서 회복 중인 상태였다. 그녀는 술을 마시지 않고 맨정신을 유지하기 위해 고군분투하고 있었다. 실제로 이 일이 있기 전까지 오랜 기간을 잘 견뎌왔다. 그러나 그녀는 잠시 삐끗했고 알렉스는 그녀에게 분노했다.
다음이 면담 이전까지의 상황이다. 티나는 오전 중에 실수로 술을 마셨다고 자백하고 그날 밤에 있을 알코올중독자를 위한 자활모임에 참석해야 한다고 말했다. 솔직하게 자백한 것 자체가 그녀에게는 큰 발전이었다. 그럼에도 알렉스는 그녀에게 소리 지르기 시작했다.
"당신은 나나 우리 아들에 대해선 관심도 없지! 관심이 조금이라도 있다면 오늘 술을 마시진 않았을 거야. 당신의 거짓말과 무신경에 정말 진절머리가 나. 당신은 앞으로도 하나도 바뀌지 않을 거야!"
티나는 알렉스의 말에 대응했으나 그녀가 무슨 말을 해도 상황을 바꾸지는 못했다. 그들이 내 사무실에 도착했을 때 두 사람 다 이미 크게 상처를 입은 상태였다.
알렉스는 그녀가 자신을 사랑하지 않는다고 느끼고 있었고 더 이상 아내를 신뢰할 수 없다고 생각하고 있었다. 티나는 자신이 사실을 숨기지 않고 책임감 있게 행동하려 노력했음에도 불구하고 공격받고 무시당했다는 느낌을 떨쳐버릴 수 없었다. 두 사람 다 상대에게 부당한 대우를 받았다고 느꼈고 누가 옳은지 확인받고 싶어했다.

나는 티나에게 알렉스의 입장에 서서 한번 사건을 바라보라고 충고했다. 상처를 주는 공격적인 말을 내뱉고 난 후 그는 어떤 심정이었을까? 그가 심한 고통에 괴로워할 때 그녀는 그 상황에서 어떤 역할을 했을까?

이 작업을 시작하면서 티나는 눈에 띄게 부드러워졌다. 그녀는 자신 그리고 자신의 질병과 13년이라는 시간을 보내는 것이 알렉스에게 얼마나 큰 타격을 주었을지 이해하게 되었다. 지금은 달라졌지만 과거에는 그에게 정직하지 않았던 적이 태반이었다. 알렉스는 지속적으로 상처입고, 분노하고, 두려워했었다. 아마도 그가 과거는 다 지나간 일이라고 생각하게 된 것은 얼마 되지 않았을 것이다. 그리고 이번 사건으로 인해 그는 다시 미래에 대해 두려움을 갖게 되었을 것이다.

그녀는 자신의 생각을 알렉스에게 확인해보았다. 그는 고개를 끄덕이면서 눈물을 흘렸다.

"당신에게 그렇게 많은 고통을 줬다니 정말 미안해. 나와 사는 게 쉽지 않았을 거라는 걸 잘 알아."

알렉스가 그녀의 편에 서서 생각해보는 데에는 내 도움이 따로 필요하지 않았다. 일단 티나가 먼저 사과하자 자기 잘못을 인정하는 것이 훨씬 쉬워졌기 때문이다. 그는 말했다.

"당신을 사랑하기 때문에 너무 무섭고 화가 났어. 그래서 그런 거야. 그렇게 상처 주는 말을 해서 미안해. 절대 그 말대로 믿고 있지 않아."

그들이 서로 껴안았을 때 나는 8번의 교훈을 반복해 들려주었다. 파트너가 우리에게 상처를 주었다 해도 우리는 상대의 입장에 서 보고 자신의 무신경, 실수, 상처를 준 행동들에 대해 사과해야 한다. 관계를 옳고 그름의 관점에서만 판단하다 보면 관계는 무너지기 마련이다!

정말로 중요한 것이 무엇인지 생각해보기

한 가지 예를 더 들고 이 장을 마치려고 한다. 이 이야기는 앞에서 배운 25번 '정말로 중요한 것에 초점을 맞추라.'는 원칙에 주의를 기울이게 만들어줄 것이다.

달리아는 새로운 애정관계를 맺은 상태였고 생일이 곧 다가오고 있었다. 저스틴과 함께 한 지 5개월이 지났지만 그는 특별한 날을 축하하기 위해 데이트를 하거나 어떤 것을 함께 하자고 말한 적이 한번도 없었다. 그녀는 한 달 전에 그를 위해 생일 파티를 열고 그의 친구 20명을 초대했다. 그러나 그녀의 생일이 일주일밖에 안 남은 지금 그는 아무 말도 안 하고 있었다.
"생일 파티와 관련해서 그는 어떤 경험을 가지고 있나요?"
나는 물었다.
"그 사람은 전 부인을 결코 기쁘게 해줄 수 없었대요." 그녀는 말했다. "그는 생일이 자신에게 아무 의미도 없다고 말했어요. 자신을 위해 아무것도 할 필요 없다고도 했어요."
그녀는 생일에 대해 그와는 다르게 생각하고 있었기 때문에 그에게 행복한 시간을 만들어주기 위해 긴 시간을 투자했다. 결국 그녀는 화가 났다. 자신이 보살핌을 받고 있지 않다고 느꼈다.
"이건 기브 앤드 테이크에 관한 거예요. 그는 받기만 하고 주려고 하지 않아요." 그녀는 깊은 숨을 몰아쉬며 덧붙였다. "아마 잘못된 남자와 함께 있는 건지도 모르겠어요."
"생일에 가장 원하는 것은 무엇인가요?" 나는 물었다.
이 질문을 받고 곰곰이 생각해보다가 그녀는 그와의 로맨틱한 저녁식사와 생일 카드가 자신이 원하는 전부라는 사실을 깨달았다. 나는 이러한 일들을 해줄 수 있는지 그에게 직접 물어보라고 했다. 그녀는 불필요하게 혼자서 분노하고 있었던 것이다.

다음 방문 날짜 전 그녀의 생일이 지나갔다. 그녀는 웃음을 가득 띤 채로 상담실에 들어섰다. 그녀는 그와 함께 행복한 저녁식사를 했으며 그가 자신의 인생에 존재한다는 것 자체에 고마움을 느꼈다.

"그러게 말이에요. 아무것도 아닌 일을 크게 만들고 있었지 뭐예요. 정말로 중요한 걸 놓치는 게 어쩜 이리 쉬울까요."

정말로 이를 놓치는 것은 너무 쉽다.

다시 되돌아보자. 당신은 가슴속으로 열망하는 인생을 살 수 있다. 그러나 그렇게 하기 위해서는 자신의 능력에 믿음을 가져야 하고 실천에 실천을 거듭해야 한다. 의심을 지워버리고, 책망을 벗어던지고, 온전한 자신의 이야기를 만들어나갈 준비를 해야 한다. 남들과 다르게 해도 상관없다. 매 순간 자신이 가장 원하는 것이 무엇인지 확인하라. 이를 위해 이 장에 나와 있는 방법들을 정기적으로 활용하면 좋을 것이다. 다음 장에서는 속도를 늦추고 자신이 하고 있는 모든 일을 이해하고 존중하는 방법에 대해 알아보도록 하겠다.

삶의 속도를 늦추라

#8

배신의 상처에서 벗어나기 위한 긴 여정

　자신의 세계가 무너질 때 삶을 치유하는 일은 여러 단계를 요하고, 이 과정에서 절대 서둘러서는 안 된다. 그러나 회복하는 데 아주 오랜 시간이 걸린다는 사실은 우리에게 좌절감을 안겨줄 수 있다.

　미지의 세계는 늘 두려움을 준다. 우리 모두는 현재 무슨 일이 벌어지고 있는지, 자신이 어디에 있는지, 모든 것이 어떤 식으로 해결되는지 알고 싶어한다. 인생이 절망으로 산산조각 날 때 우리는 망망대해에서 길을 잃고 떠다니는 듯한 느낌을 받는다. 인생에 의미와 목적을 부여하고 방향을 설정해주었던 것들이 갑자기 공중에서 산산조각 나버린다. 내가 누군지, 어디에 있는지, 중요한 것은 무엇인지 그리고 어디를 향해 가고 있는지 자문하지 않을 수 없다. 누구를, 무엇을 믿어야 하는지 알아내기 위해 고군분투한다. 그리고 결국에는 괜찮아질 수 있는 것인지 의문이 든다. 이러한 이유로 빠른 답을 원하게 되고 그 답을 찾기 위해 성급하게 스스로를 밀어붙인다.

이 책에서 지금까지 우리는 과거의 일들과 배신의 경험으로부터 무엇을 배워야 하는지에 대해 알아보았다. 또한 가슴속으로 열망하는 것을 이루기 위해 어떻게 해야 하는지에 대해서도 배웠다. 나는 당신이 그곳에 반드시 갈 수 있다는 것을 거듭 강조했고 그렇게 하기 위해 필요한 방법과 전략을 제시했다. 하지만 지금 있는 곳에서 그곳까지 가기 위해 걸어야 할 머나먼 길에 대해서는 아직 충분하게 이야기하지 않았다.

이제 이 이야기를 해야 할 차례다. 산산조각 난 세계를 다시 구축하는 과정에는 실제로 무엇이 더 포함되어 있을까?

당신은 과거의 모든 일을 평가하고 존중할 수 있도록 삶의 속도를 늦춰야 한다. 그리고 인생의 모든 영역에서 가졌던 감정, 행동, 선택에 대해 이해해야 한다. 왜 그럴까? 꿈꾸는 대로 살기 위해서는 중요한 것들은 지키고 돌봐야 하지만 더 이상 도움이 되지 않는 것들은 떠나보내야 하기 때문이다. 당신은 자신이 어떤 일을 할 때 차분하고 평화로우며, 수용적인 동시에 개방적이 되고, 순간에 충실한 상태가 되는지 알아낼 수 있다. 당연히 배신을 당한 초기에는 이러한 상태에 있기가 불가능하다. 오로지 생존하는 데 그리고 하루하루 버텨나가는 데 모든 에너지를 쏟을 수밖에 없다.

그러나 감사하게도 영원한 것은 아무것도 없다. 인간이라는 존재는 매우 회복력이 강한 생명체다. 따라서 엄청난 고통을 견뎌서 생존 태세에서 일단 벗어나고 나면 앞으로 어떻게 해야 하는지 알아내어 적극적으로 이를 실행해 옮기고자 한다. 삶을 치유하고 싶어하는 것이다. 하지만 먼저 거쳐야할 과정이 있다. '삶의 속도를 늦추고 자신이 하는 모든 일을 존중하라.'는 이번 장의 교훈은 그 과정의 일부다. 이에 대해 자세히 설명하겠다.

개인적 경험과 많은 임상 경험을 통해 나는 배신에서 변화로 가는 수많은 여정을 보았다. 그 과정은 보통 다음과 같다.

— 처음에는 배신과 그로 인한 황폐가 온다. 1장에서 다뤘던 것처럼 감당할 수 없을 정도의 감정이 몰려들고 이에 대한 대처가 필요하다.
— 두번째로는 피해와 위험성에 대해 파악해보는 시간이 온다. 고군분투하고, 생존에 온 힘을 쏟고, 하루하루 어떻게 헤쳐 나가야 할지를 고민하는 단계에 들어선다. 이 과정은 오래 지속될 수 있다.
— 세번째 단계는 가까운 미래를 위해 투쟁하고 이를 구축해나가는 시기다. 뿐만 아니라 한걸음 앞으로 나아가거나 현실에서 벗어나려는 방향으로 움직이는 시기이기도 하다. 이 단계 또한 수개월에서 수년의 시간이 필요할 수 있다.
— 네번째 단계에서 사람들은 마침내 터널 끝의 빛을 보기 시작한다. 자신이 원하는 것과 어떻게 여기까지 왔는지에 대해 더 넓은 시각으로 생각하기 시작한다. 그리고 그 과정에서 얻은 교훈을 자신이 진정으로 원하는 삶을 살기 위해 적극적으로 이용하기 시작한다.

그리고 그후 안정기가 온다. '쉬고, 틀을 다시 짜보고, 다시 생각해보고 그리고 다시 평가해보는' 단계다. 이 기간은 위기가 지나가고, 생존에 대한 공포가 줄어들고, 일단 새로운 균형상태가 이루어진 뒤에 찾아온다. 이 지점에서 사람들은 과거에 자신이 한 선택들에 대해 더 깊이 생각해보고 질문을 던지며 평가해본다. 오랫동안 가슴속에 묻어놓고 축소시켜놓았던 또는 부인했던 상처들을 기억해내고 여기에 목소리를 부여한다. 사람들은 미처 눈치채지 못한 채 고통스러운 상황에 발을 들여놓은 것에 대해 슬퍼하고 애도하며 분노하고 스스로를 용서한다. 그들은 자기 자신을 더욱 완전하게 수용하고 사랑할 수 있는 법을 발견한다. 그리고 수준을 좀더 높여 스스로를 치유하기 시작한다.

또한 배신 이전에 자신의 삶이 어땠는지 점검해보고 이제야 이해되는 것들에 대해 알아보기 시작한다. 새롭고 더 나은 삶의 틀을 짜기 위해 과거의 일들을 되돌아보는 이 과정에는 내가 '균형-반균형' 문제라고 부르는 작업이 포함되어 있다. 이 개념은 추상적으로 이해하기에는 매우 혼란스러울 수 있다. 이번 장은 이 '쉬고, 틀을 다시 짜보고, 다시 생각해보고, 다시 평가해보는' 단계에 완전히 들어서는 것에 관한 이야기다. 구체적으로 어떤 일들이 이 단계에 속해 있는지 한 사례를 살펴보자.

| 자신에게 시간을 선물하라

맨디는 상대의 모든 것을 고치려 드는 여자였다. 그녀는 다섯 명의 아이가 있는 가정에서 유일한 여자아이였다. 그녀의 어머니는 통제가 심하고 비판적이며 상대와 감정적으로 교감하지 않는 사람이었다. 아버지는 집 밖에서는 사람 좋다는 평가를 들었지만 아내의 길고 신랄한 비난을 피하기 위해 집안일에는 잘 관여하지 않는 사람이었다. 맨디는 어머니, 남자형제들 그리고 아버지까지 모두를 돌보는 임무를 맡았다. 모두의 해결사가 되어준 것이다.

그녀는 알이라는 남자와 결혼했고 세 아이를 두었다. 알은 자신이 조울증(양극성 장애)을 앓고 있다는 사실을 숨기고 있었다. 어느 순간 그의 병은 그녀와 아이들에게 매우 위험할 정도로 심각해졌다. 조증 상태에 있을 때 알은 그들의 생명을 위협했다. 그가 칼을 휘두르면서 덤벼들기 시작했을 때 그녀는 그에게서 탈출하는 데 도움을 얻기 위해 나를 찾아왔다.

첫번째 단계로 우리는 어떻게 하면 그녀가 떠날 수 있을지, 그리고 그녀와 아이들의 안전을 유지할 수 있는지에 집중했다. 두번째 단계에서 그녀는 이혼할 수 있는 방법과 자신과 아이들을 부양할 수 있는 방법을 알아냈다. 세번째 단계에서 그녀는 자신의 인생에서 어떻게 그러한 고통을 겪게 되었는지 그리고 앞으로 어떻게 하면 그러한 패턴을 반복하지 않을 수 있는지에 대해 점검해보기 시작했다. 부모님은 그녀가 이 모든 과정을 헤쳐 나가는 데 경제적으로 큰 도움이 되어주었다.

마침내 이혼을 하고 다른 곳에 정착해 파트타임 일을 하면서 그녀는 '쉬고, 삶의 틀을 다시 짜는' 단계에 도달했다. 그녀는 자신이 그 동안 진정으로 자기 인생을 살고 있지 않았다는 사실을 깨닫기 시작했다. 자신이 탈진상태라는 것도 알아냈다. 그녀는 더 이상 지나치게 자신을 혹사하고 싶지 않았다.

그녀는 삶의 속도를 늦추고 한숨을 돌렸다. 그리고 자신의 과거 인생 중 얼마나 많은 부분이 아이들 중심으로 짜여 있었는지 알게 되었다. 3년 동안 학부모회의 회장을 맡았고, 아이들 학급의 자원봉사자였으며, 학교의 여러 행사에 운영진으로 참여했고, 완벽한 주부였다. 또한 아이가 사소한 요구라도 한다 치면 이를 들어주기 위해 하던 일은 일단 접어두는 엄마였다. 한 끼도 빼놓지 않고 직접 식사를 준비했음은 물론이다.

맨디가 오랫동안 생각해온 것처럼 당신도 좋은 엄마가 된다는 것은 아이를 최우선으로 두고, 자기 자신으로 존재하기를 포기해야 하는 것이라 생각할지 모르겠다. 그녀는 그와 같은 부모 그리고 다른 이들을 돌보는 사람이 되어야 한다고 배웠다. 그녀는 그렇게 행동함으로써 인정을 받았다. 또한 누군가가 자신을 필요로 하고, 자신에 대해 고마워하고, 자신과 감정적으로 교감하고 있다는 느낌을 받았다. 이를 통해 그녀는 삶의 목적의식과 소속감을 얻었다. 그리고 그러한 역할을 통해 몇 년간의 엄청난 위기를 헤쳐 나갈 수 있는 힘을 얻었다. 실제로 주위를 돌보는 것은 그녀가 버틸 수 있었던 큰 이유였다.

하지만 새로운 인생에 정착하기 시작하면서 그녀는 하루 종일 다른 사람을 돌보면서 산다는 것이 얼마나 고단한지 깨달았다. 말라버린 우물에서 계속 물을 퍼 올릴 수는 없는 노릇이었다. 자기 자신을 다시 채우고 돌보는 일과 다른 사람을 돌보는 일 사이에 새로운 균형을 세워야 할 필요가 있었다. 그녀는 곰곰이 생각해보았다. 지나치게 많은 자원봉사는 삼가고, 일주일에 몇 번 정도는 피자를 주문하거나 음식을 사가지고 오면서 인생의 의미를 찾아야 할 시기였다. 오래된 균형은 더 이상 적합하지 않았고 새로운 틀이 필요한 때였다.

새로 적용할 수 있는 균형-반균형의 틀을 잡는 데 2년이라는 시간이 걸렸다. 우선 자신이 해온 일 중 어떤 것들은 유지하고 싶고 어떤 것들은 바꾸고 싶은지 분류해야 했다. 그녀는 내면에 있는 현명한 자아의 목소리를 들으며 작업을 계속했다.

'바로 지금 내 가슴이 가장 열망하는 것은 무엇인가?'

그녀는 질문을 던졌다. 이 과정에서 그녀는 자원봉사자의 역할에서 서서히 빠져나와 학교행사에 가끔 참석하거나 한두 번의 학급여행에 보호자로 따라가는 정도의 일만 몇 달에 한 번씩 하기로 결정했다. 그리고 아이들을 데려오는 일과 식사를 준비하는 일을 나누기 위해 가정부와 이웃의 청소년을 고용했다. 독서 클럽과 사교모임에도 가입했다. 또한 일주일에 하루는 학교에 다니기로 했다.

속도 늦추기라는 치유의 단계에서 맨디는 자신에게 딱 맞는 활동들의 조합인 새로운 균형을 스스로의 힘으로 발견했다. 현재의 자신에게 적합한 일들을 알아내기 위해 새로운 일을 알아보고, 이것저것 시행착오를 겪고, 때로는 잘못된 시도를 해보는 데 수년이 걸렸다. 그리고 이 작업은 앞으로도 계속 진행형일 것이다. 인생을 변화시키는 일은 늘 그렇다. 인생의 모든 부분을 존중하는 법을 배우는 과정이기 때문이다.

배신의 경험이 있기 전 당신의 모든 활동과 선택은 서로 나름의 균형상태를 이루고 있었다. 그때는 그때의 일을 해결하기 위해 그렇게 한 것이다. 예를 들어 당신은 집에 있는 것이 싫어서 직장에 오랜 시간을 투자했을 수도 있다. 또는 직장에서만 성취감을 느끼고 교감을 느끼기 때문에 그랬을 수도 있다. 또는 사회적 접촉이 없으면 우울해지기 때문에 그리고 사람들을 만나면 즐겁기 때문에 집안일은 제쳐두고 친구들과 많은 시간을 보냈을 수도 있다. 훌륭한 외모가 자존감을 높여줄 것이라는 생각을 가지고 필요 이상으로 외모에 많은 시간과 돈을 투자했을 수도 있다. 기타 더 많은 것들이 있을 것이다.

당신이 이 교훈의 핵심을 이해했으리라 생각한다. 당신이 지금까지 해온 모든 일에는 저마다 합당한 이유가 있다. 당신은 다행히 자신을 여러 면에서 잘 지탱해주는 균형을 만들어낼 수 있었다. 하지만 이를 다시 세우기 위해서는 기존 구조의 모든 면을 꼼꼼히 살펴야 한다. 더 이상 자신을 지탱하는 데 필요하지 않은 기둥을 내버리고 새로운 구조에 가장 적합한 버팀목이 무엇인지 찾아 이를 굳건히 세우기 바란다. 각 버팀목에 어떤 부품을 쓸지 그리고 몇 개의 버팀목이 필요할지 알아내는 데 시간이 다소 걸릴 것이다. 부탁하건대 자신에게 충분한 시간을 선물하기 바란다. 전혀 서두를 필요가 없다.

속도를 늦추고 차분한 상태를 유지하는 데 비틀스의 노래 〈렛 잇 비(Let It Be)〉를 이용해 도움을 얻는 것도 괜찮다. 이 노래의 후렴구를 반복해서 부르면 마음이 차분하고 편안해지며 치유되는 느낌을 받을 수 있다. 후렴구 자체가 매우 중요한 삶의 교훈을 담고 있고 또한 노래 부르는 행위는 실제로 뇌의 엔도르핀 분비를 활성화시킨다.

걱정에 사로잡히거나 알 수 없는 미래가 불안할 때, 답을 찾을 수 없음에도 이를 찾아 헤맬 때 이 노래를 불러보라. 노래의 음은 잘 알고 있으리라 생각한다. 이 노래는 항상 모든 일에는 답이 있기 마련이라는 사실을 되새겨주고, 그러므로 모든 일을 있는 그대로 두라고 말한다. 이 노랫가락을 흥얼거릴 때 마음이 한없이 편안해지는 것을 느낄 수 있을 것이다 (다른 노래가 끌린다면 꼭 이 노래가 아니어도 상관없다).

속도를 늦추고 삶의 틀을 다시 짜는 18가지 방법

당신은 삶의 속도를 늦추고 틀을 다시 짜는 구체적인 방법이 궁금할 것이다. 이 단계는 과연 어떤 것이고, 이 단계로 들어갔다는 사실을 어떻게 확신할 수 있을까? 어떻게 하면 항상 단순히 무언가를 '하는(doing)' 것에서 벗어나 '존재하는(being)' 상태로 변할 수 있을까?

배신의 경험 이후 많은 사람들은 어떤 것도 하고 싶지 않은 상태에 빠진다. 내가 만난 많은 여성들은 실제로 이에 관해 깊이 염려하고 있었다. 그들은 더 이상 평소의 바쁘고 활동적이고 책임감 넘치는 자신이 아니었다. 오로지 휴식을 취하고, 영화를 보고, 책을 읽고, 애완동물과 침대에서 뒹굴거나 친구들과 놀러 다니고 싶을 뿐이었다. 많은 사람들은 이러한 일을 아무것도 하지 않는 것처럼 느낀다.

그러나 무너진 삶을 치유하고 진정으로 자신에게 중요한 일이 무엇인지 알아내기 위해서는 이런 식으로 아무것도 하지 않는 시간이 필요하다. 우리는 이처럼 소소한 일들을 하고 싶어하는 자신의 마음과 욕구를 따라야 하고 여기에서 느끼는 기쁨과 행복을 즐겨야 한다. 내면의 지혜는 자신을 치유하는 활동을 하도록 안내해준다. 이런 활동이 게으름을 피우고,

문제를 회피하고, 마치 겨울잠을 자는 것처럼 느껴지더라도 말이다. 모든 일에는 이유가 있다. 애벌레가 고치를 짓는 이유를 한번 생각해보라.

이 속도를 늦추고 삶의 틀을 다시 짜는 단계에서 시도해볼 수 있는 몇 가지 일들을 제시하려고 한다. 실제로 많은 이들이 이 시기에 치유받았던 방법들이다. 목록을 읽어보고 마음에 드는 몇 가지 방법을 골라보라. 그리고 하고 싶은 마음이 생길 때마다 이 방법들을 이용해보라. 마땅히 가야 할 곳으로 이끌어주는 내면의 안내자를 신뢰하라. 목록에 자기 아이디어를 덧붙여도 좋다. 기다란 목록을 만들어보라.

1. **저절로 깰 때까지 자라.** 때로는 아침 알람을 맞춰놓지 말라. 그냥 그대로 두라.

2. **후식을 먼저 먹으라.** 무엇이든 먹고 싶은 것을 먹으라. 그러고 싶은 마음이 들 때마다. 저녁식사로 팬케이크를 먹고 싶다면 그렇게 하라. 아침에 두툼한 초콜릿 케이크 한 조각을 먹거나 밤 10시에 샐러드를 먹는 것도 괜찮다.

3. **야한 로맨스 소설을 읽으라.** 로맨스 소설이 꾸준히 인기를 끄는 데는 그만한 이유가 있다. 이들은 일상의 훌륭한 탈출구가 되어준다. 우리의 상상력을 자극하고 다른 세계로 빠져들게 해준다. 그리고 뛰어난 아이디어를 제공해주기도 한다.

4. **영화를 연달아 보라.** 밤늦게까지 잠을 자지 않거나 휴일 낮을 이용해서 잠옷을 입은 채 세 편의 영화를 연달아 감상해보라. 코미디, 로맨스, 액션영화, 드라마 중에서 마음에 드는 것을 고르라.

5. **벌거벗고 헤엄쳐보라.** 해가 지고 보름달이 뜬 후 아무것도 걸치지 않은 상태로 호수나 수영장에 뛰어들어보라. 전신에 닿는 물의 느낌과 달빛에 비친 몸의 아름다움을 맘껏 즐기라.

6. 아무도 보고 있지 않은 것처럼 춤추라. 제일 좋아하는 음악을 틀어놓고 방에서 춤을 춰보라. 또는 클럽에 가서 밤새 마음껏 흔들어보라.

—

7. 집을 청소하라. 더 이상 필요하지 않은 것들을 없애라. 고장 나고, 맞지 않고, 더 이상 마음에 들지 않는 물건들을 내다버리라. 넘치는 짐을 던져버리라.

—

8. 안식처를 만들라. 새 식기나 수건 또는 새 시트나 침대 커버를 사라. 생기와 활기가 넘치고 아름답고 편안한 것을 고르라. 집을 당신의 안식처로 만들라.

—

9. 변신을 시도해보라. 화장과 헤어스타일을 새로운 방식으로 바꾸거나 옷장에 새 옷을 추가해보라. 자신의 새로운 모습을 즐기라.

—

10. 기도하라. 감사를 드리고 힘, 지혜, 수용과 치유를 요청하라. 기도는 인생을 바꾼다. 이미 이 사실을 알고 가끔 기도를 드리고 있을지도 모르지만 이 행위가 당신에게 잘 맞고 도움이 된다면 날마다 하라고 말해주고 싶다. 매일 아침 또는 저녁에 한두 번 짬을 내어 감사를 드리고 힘을 구하는 기도를 하라. 신 또는 개인적으로 믿는 절대적 존재와 이야기하라. 자신보다 더 큰 무엇과 이처럼 영적 교감을 나누는 행위는 당신을 치유할 것이다.

—

11. 운동, 명상 또는 요가를 하거나 태극권을 하라. 많은 사람들이 이런 식으로 신체에 집중하면 자신과 우주의 힘이 연결됨을 느낀다고 말한다. 자신에게 맞는 활동을 찾아 이용해보라.

—

12. 자연 안에 머무는 시간을 가지라. 매주 자연이 제공한 놀이터에서 시간을 보내도록 하라. 그리고 자연의 경이로움에 주의를 기울여보라. 꽃향기, 구름 모양, 나뭇잎 무늬 그리고 냇가의 반질한 바위 위로 흐르는 물소리를 느껴보라. 자연 속에 있으라. 진정으로 그곳에 있어보라. 그리고 정신이 고양됨을 온몸으로 느껴보라.

—

13. 그림을 그리고, 노래 부르고, 조각하고, 정원을 가꾸고, 글을 쓰라. 이것들은 전부 예술 활동이다. 사람들은 창조적인 일을 할 때 영적인 무언가가 내면에서 일어나는 것을 느낀다. 예술가와 예술작품 사이의 간극이 사라지고 이들이 하나가 되면 거대한 힘이 솟는다. 이러한 경험에 의해 창작자는 정신이 고양된다. 어떤 형식의 예술이라도 당신의 흥미를 끄는 것이 있다면 손을 대보기 시작하라. 치유와 정신적 고양과 내면의 힘에 도움이 되는 작업을 정기적으로 할 수 있게 될 것이다. 만약 이미 찾았다면 당장 시작하라.

---

14. 영적 안식처, 종교기관 또는 교회모임을 개척하라. 정기적인 종교의식에 참여하기 시작하라. 스스로 찾으려 하지 않는다면 결코 영적 안식처를 발견할 수 없을 것이다. 또한 종교의식에 정기적으로 참여하지 않는다면 그 공동체에 소속감을 느끼기는 힘들 것이다. 다양한 교회, 유대교회당, 수도원, 기도모임, 성경연구모임, 퀘이커교도 집회 또는 대안이 될 수 있는 다른 기관을 방문해 자신에게 맞는 곳을 찾아보라.

---

15. 주위를 당신을 믿는 사람들로 채우라. 비판, 의심, 부정적 생각에 깊이 빠져 있다면 가슴속 열망을 이룰 수 없다. 주위에 있는 사람들을 점검해보라. 성장을 돕는 인간관계는 적극적으로 돈독히 하고 뒤에서 잡아끄는 사람들은 피하도록 하라.

---

16. 모임에 참여하라. 사람들이 함께 모여 공통의 관심사, 가치, 또는 욕구를 나눌 때 기적같은 놀라운 일이 발생한다. 공통의 문제나 목적이 주는 직접적인 연대감은 마음속 깊은 치유를 가능하게 한다. 나는 사람들이 정기적인 요가나 운동 수업, 명상모임, 교회공동체, 독서 클럽 또는 지지 모임(알코올중독자 재활모임이나 다이어트 모임, 사별한 사람들의 모임 같은)에 참여할 때 놀라운 일이 벌어지는 것을 보아왔다. 사실 당신이 한번 가볼 만한 단체 목록으로 이 책 한 권을 다 채울 수도 있다. 심리치료와 지지 모임만 해도 그 수는 엄청나게 많다.

---

17. 애완동물을 돌보라. 귀여운 강아지, 자그마한 새끼고양이, 혼자 서기 위해 안간힘을 쓰는 망아지를 보고 미소를 띤 적이 있는가? 토끼를 쓰다듬거나 사랑스러운 강아지를 껴안은 후에 기분이 더 나아짐을 느끼는가? 어린 시절에 가장 좋아했던 동물을 떠올릴 때 어떤 감정이 드는가?
애완동물은 우리를 치유한다. 이들과의 지속적인 관계는 면역기능을 강화하고, 의미 있는

경험을 늘려주고, 수명을 연장시킨다.

18. 웃으라. 만화책을 읽고, 재미있는 영화를 보러 가고, 낄낄대게 만드는 친구들과 만나 수다를 떨라. 웃음은 정신과 영혼에 좋다.

여기까지가 속도를 늦추고 삶의 틀을 다시 짜는 18가지 방법의 예다. 이 가운데 당신을 웃게 한 방법이나 관심을 끈 방법이 있기를 바란다. 또한 당신이 치유받아야 하는 곳을 건드려준 방법이 있기를 바란다. 삶의 속도를 늦추고 이 아이디어들을 진정한 자기 자신이 되는 데 이용하라. 목록에 자신의 아이디어를 첨가하되 불가능해보이는 아이디어는 삼가는 것이 좋다.

당신의 욕망과 당신의 선택은 서로 일치하는가?

삶에서 진정으로 중요한 것들을 담은 인생의 틀을 새로이 세우는 데 도움이 될 만한 방법을 하나 알려주고 이 장을 마치고자 한다. 가슴속 열망과 실제 인생의 선택이 서로 일치하는지 확인해보는 방법 가운데 하나는 두 개의 목록을 만들어보는 것이다. 우선 당신이 소중하게 여기는 사람, 장소, 물건, 활동 그리고 가치를 모두 적어보라. 가장 중요하게 생각하는 것을 1번으로 하고 나머지를 중요도순으로 순위를 매겨 정리하라.

그러고 나서 당신이 실제로 에너지와 시간을 투자하는 것들의 목록을 작성하라. 일상적인 하루, 일주일, 한 달을 생각해보라. 주어진 시간에 얼마만큼의 시간을 각 활동에 소비하고 있는가? 에너지와 시간을 가장 많이 요구하는 일을 1번으로 하고 나머지를 소비되는 에너지의 순서대로 정렬하라.

이상적인 세계에서는 제일 중요한 일에 가장 많은 에너지와 시간을 쏟을 것이다. 그리고 두 목록이 비슷한 순서대로 진행될 것이다. 만약 당신이 제일 중요하게 여기는 일에 가장 많은 시간을 소비하고, 그 다음 일에 두번째로 많은 시간을 소비하고, 이런 식으로 쭉 나아간다면 당신은 정말 놀라운 사람이다. 완전함을 향해서 잘 걸어가고 있기 때문이다.

그러나 대부분의 사람들은 두 목록을 비교해보고 이상과는 거리가 있음을 발견한다. 하지만 용기를 잃지 말기 바란다. 지금 있는 곳에서부터 다시 시작할 수 있기 때문이다. 당신은 두 목록이 일치하지 않는다는 사실을 발견함으로써 문제를 파악했다. 이러한 인식과 수용이 인생을 변화시키는 첫 단계라고 할 수 있다.

우선 두 목록 간에 어떤 불일치가 있는지 살펴보라. 자신의 본질과 인생의 선택 사이에 어떤 단절이 있는지 살펴보라. 몇 가지 문제는 단순히 시간을 재분배함으로써 간단히 해결될 수 있다. 예를 들어 사회생활보다 결혼생활을 더 중요하게 여기고 있다고 가정해보자. 하지만 현실에서는 배우자보다 회사동료들과 어울리는 데 더 많은 시간을 보내고 있다. 이 문제는 주중에 회사동료들과 보내는 시간을 줄이고 더 많은 '커플 시간'을 계획함으로써 해결될 수 있다. 이처럼 간단하게 목록을 작성하고 비교하는 방법은 가슴속 열망을 이루기 위한 과정에 큰 도움을 줄 것이다. 자신의 에너지와 시간을 진정으로 중요한 일에 투자할 수 있기 때문이다.

속도를 늦추고, 쉬고, 긴장을 늦추고, 삶을 점검할 수 있는 시간은 반드시 올 것이다. 하지만 하고 있는 모든 일을 존중하고 인생의 틀을 바꿀 수 있는 기회는 간단하고 쉽게 오지 않는다. 위기와 살아남기 위한 몸부림의 시간이 지나고, 위험에서 빠져나오고, 가슴속 열망이 무엇인지 확인하고,

진정으로 원하는 삶을 만들기 위해 필요한 일들을 행동에 옮긴 후에야 비로소 가능하다. 아마 이 파괴와 재구성의 단계는 긴 시간을 요할 것이다.

위험을 감수하고 새로운 일을 시도하려 할 때 이번 장의 교훈은 큰 도움이 될 것이다. 명심하라. 속도를 늦추고, 모든 것을 있는 그대로 두고, 어떤 일에는 반드시 이유가 있다는 사실을 잊지 말라. 바로 이 순간 무엇이 맞고, 무엇이 틀린지 알려주는 자신의 직감과 직관적 지혜를 신뢰하라. 그리고 내가 제시한 18가지 방법과 자신이 덧붙인 의견들을 가지고 최선을 다해 자기 자신을 돌보라. 다음 장에서는 새로운 일을 시도하고, 그 과정에서 성장하는 것이 얼마나 중요한지에 대해 배울 것이다.

모험하라, 시도하라,
자신의 감정에 관심을 기울이라

#9

당신은 배울 수 있고 변할 수 있다

　이번 장은 모험하고, 새로운 일을 시도하고, 그 과정에서 자신이 느끼는 감정에 관심을 기울이는 것이 얼마나 중요한지에 관한 내용이다. 지금까지 다룬 이야기들을 다시 살펴보면 이미 이 주제에 대해 많이 언급했다는 사실을 알 수 있을 것이다. 당신은 지금까지 자기 인생을 책임지고, 꿈을 믿고, 가슴속 열망을 상상해보고, 실천하고, 의심을 버리고, 자신이 하는 모든 일을 점검하라는 말을 들었다. 다른 결과를 얻기 위해서는 우선 그 일을 다르게 해야 한다고도 배웠다. 그리고 여러 사례를 통해 다른 사람들이 오랫동안 어떻게 배우고 변화했는지 보았다.

　하지만 나는 변화 과정에 실제로 포함되어 있는 많은 장애물들을 넘는 데 도움을 줄 방법들을 아직 충분히 제시하지 않았다. 자신의 세계가 무너질 때 삶을 치유하는 것은 끊임없이 이어지는 변화의 과정 안에 있어야 함을 의미한다. 당신은 거의 모든 일을 조금씩 다르게 해야 할 것이다. 위험을 감수해야 하고, 새로운 일을 시도해야 하고, 많은 '오래된' 것들에 새로운 방식으로 접근해야 한다. 전혀 모르는 세계로 발을 내디딜 때 생기는 불편함을 참아내야 한다. 또한 그 과정에서 자신에게 어떤 감정이 드는지 스스로를 관찰하는 데 익숙해져야 한다. 당신도 알다시피 어딘가에서 탈출할 수 있는 유일한 방법은 그 문제 자체를 정면 돌파하는 것이다. 오래된 패턴에서 벗어나 새롭고 가치 있는 곳으로 가기 위해서는 낯선 지역 여러 곳을 가로질러야 한다. 그리고 이는 그 자체로 매우 두려운 일이다.

배신당한 경험 때문에 당신은 아마 밖으로 나서는 것이 두려울 수도 있다. 당신은 모욕당하고, 속고, 실망했다. 자신이 더 나은 것을 원하고 있고, 이는 스스로에게 달려 있다는 사실을 당신은 잘 알고 있다. 하지만 대부분의 사람들처럼 당신은 새로운 일에 도전하기가 두려울 것이다. 끔찍한 경험을 다시 반복하게 될까봐 걱정이 앞설 것이다.

나는 걱정이 끊이지 않는 그 상태에 대해 잘 알고 있다. 내가 그렇게 살았고 내 환자들도 마찬가지였다. 익숙한 것은 편안하기 마련이다. 그것이 아무리 끔찍하더라도 말이다. 아무리 가볍게 보려 해도 매일을 다르게 산다는 것은 분명 감당하기 힘든 일이다. 하지만 흔히 하는 말에 진리가 있다. 도전하지 않으면 아무것도 얻을 수 없다. 그러므로 한번 도전해보자. 우리가 꿈꾸는 인생을 이루어보자.

당신에게 다시 확인시켜주고 싶은 것이 있다. 내면의 지혜와 마음을 터놓을 수 있는 친구들의 충고가 당신을 올바른 길로 안내해주리라는 것이다. 내면의 목소리, 깊이 있는 지혜, 직관적 자아는 놀라울 정도로 탁월한 힘을 발휘한다. 새로운 일에 도전하는 것이 물론 두렵겠지만 당신은 깜깜한 어둠 속에 혼자 버려져 있는 것이 아니다. 직감적으로 뭔가 잘못되고 있다고 느껴진다면, 정말로 그런 것이다. 어떤 일에 계속 끌린다면 그것이 그 순간 옳은 일이다. 어떤 것도 영원하지 않다는 사실을 명심하라. 당신은 항상 배우고 변할 수 있다. 그리고 앞으로 그렇게 할 것이다.

당신이 할 수 있는 16가지 새로운 모험

그렇다면 당신이 할 수 있는 새로운 모험에는 어떤 것들이 있을까? 여기 16가지 제안이 있다. 각각의 예는 세상 밖으로 나가 엄두도 내지 못하던 일들을 새로운 방식으로 시도해보도록 권장하고 있다. 새로운 아이디어가 있다면 목록에 추가해도 좋다.

---

1. 혼자 외식을 하거나 영화를 보라.

---

2. 어떤 사람(남자 또는 여자)에게 차를 한잔하거나 산책을 하자고 먼저 제안해보라.

---

3. 몸에 피어싱을 하거나 문신을 새겨보라.

---

4. 그가 무시해서 포기했던 취미 또는 무의식 속에 잠재된 관심사를 추구하라.

---

5. 지식도 없고 기술도 없을지라도 흥미를 끄는 수업이 있다면 등록하라.

---

6. 싱글 모임에 나가라.

---

7. 데이트 서비스에 가입하라. 하이킹 클럽이나 독서모임에 참여하라.

---

8. 예전에 한 번도 해본 적이 없더라도 다른 사람들과 마라톤이나 철인3종경기 훈련에 참여해보라.

---

9. 항상 가고 싶던 곳에 휴가를 가라. 혼자 가거나 절친한 친구들과 또는 잘 모르는 친구들과 가도 좋다.

―

10. 섹시한 옷을 사 입고 거리에 나가보라.

―

11. 과거에 피했던 어려운 업무에 지원해보라.

―

12. 엄두를 못 냈지만 늘 끌리던 일에 지원해보라.

―

13. 결혼에 적합한 사람이 아니더라도 섹시한 남자와 데이트해보라.

―

14. 친구나 가족들에게 당신이 원하고, 필요로 하고, 두려워하는 것들 또는 당신이 느끼는 감정에 대해 알리라.

―

15. 사람들에게 도움을 구하라.

―

16. 당신이 원하는 것과 필요한 것을 요청하라.

―

이 제안들 중 일부는 당신이 이미 일상적으로 하고 있는 것일 수도 있다. 반면 어떤 것들은 전혀 새로울 뿐만 아니라 무시무시하게 느껴질 수도 있다. 스스로를 시험하는 새로운 일을 하기 시작하라. 그리고 기존에 하던 일이 있다면 새롭게 변화를 줘보라. 이 훈련을 하면서 자신이 어떤 활동을 즐기는지 어떤 활동은 그렇지 않은지 잘 관찰하라. 숨겨져 있던 자신을 발견하게 될 것이다. 나아가 더 표현될 필요가 있는 부분은 없는지 살펴보라. 새로운 기술을 쉽게 습득할 수 있으리라 기대하지 말라. 공예수업이나 독서모임에 어느 정도 시간을 투자하라. 어떤 것에 조금이라도 관심이 간다면 도전해보라. 신출내기가 되어서 배움 안에서 느낄 수 있는 놀라움을 경험해보라.

| 당신이 원하는 사랑 찾기

새로운 일을 시도해보는 것은 인생을 치유하기 위해 도전해야 할 것 중 하나다. 하지만 다른 하나가 더 있다. 새로운 일을 시도하는 것보다 더 무시무시하고 힘든 남녀관계에 관한 일이다. 옛 자아가 도망치고 싶어할지라도 꼭 붙들어 매야 하는 일이다. 당신은 배신당하고 완전히 속았다. 하지만 당신은 자신을 상처받을지도 모를 위치에 다시 놓아야 한다. 새로운 관계에 자신을 활짝 열어야 한다. 가슴속 열망을 실현하기 위해서는 모든 관계 속에서 날마다 다르게 행동해야 한다.

원하는 사랑을 찾는 일은 매우 어렵고, 그 과정은 몹시 고통스럽고 힘들 것이다. 우리는 마음을 열고 원하는 것과 필요한 것을 요구해야 한다. 하지만 이는 몹시 두려운 일이다. 혹시 비판받을까봐, 거절당할까봐, 배신당할까봐 또는 버림받을까봐 자기도 모르게 움츠러든다.

사람들은 다른 사람의 승인과 그로부터 얻는 안정감을 열망하고 이에 의해 강력한 동력을 얻는다. 이런 경향은 부모에게 칭찬받기 위해 애쓰던 어린 시절부터 시작된다. 이때 얻은 '다른 사람이 원하거나 바라는 대로 해야 한다.'는 생각은 머릿속에 단단히 뿌리를 내리고 있다. 그리고 우리는 잘못하면 버림받을지도 모른다는 이 공포감을 심각한 방식으로 재생

산한다. 원초적인 면에서 보면 우리는 있는 모습 그대로 받아들여지지 않을 때 생존의 공포를 느낀다.

　게다가 자신을 남에게 드러낼수록 자신의 취약하고, 예민하고, 상처받기 쉬운 면들을 상대와 더 많이 공유하게 된다. 그래서 상처받을 가능성은 더 커진다. 우리를 제일 잘 아는 사람들은 가장 열렬하게 우리를 지지해줄 수 있다. 하지만 우리를 가장 심하게 공격해 다치게 하고, 감정적·물리적으로 버릴 수도 있는 사람 또한 이들이다. 친밀한 관계에 들어설 때마다 우리는 어쩔 수 없이 커다란 기쁨과 깊은 고통을 함께 수용해야 한다. 이들은 늘 함께 온다. 둘 중 하나만을 가지는 것은 불가능하다.

　성인으로서 우리는 상처 입을 때마다 이를 이겨내고 더 강해진다. 사실 고통은 기쁨에 대해 가르쳐준다. 인생의 오르막에 감사하기 위해서는 내리막이 필요한 법이다. 그리고 깊은 사랑을 하고 있거나 해본 적이 있는 사람들은 상대와의 관계에서 얻는 신비, 경이, 기쁨에 비하면 마음 아픔은 치러야 할 아주 작은 대가라고 말한다.

　하지만 당신은 자신이 사랑을 하면 과연 얼마나 기뻐할 수 있을지 의심할 것이다. 사랑은 당신이 열망하던 것을 주지 않았고 당신은 삶 전체가 무너질 때까지 잇따른 고통을 겪었다. 그 전쟁터에 과감하게 다시 뛰어드는 것이 안전할지, 자신이 과연 이전과 다르게 대처할 수 있을지 의문이 들 것이다. 당신을 도울 수 있는 방법이 있을까? 잠재적인 위험을 알아내고 적절하게 대응할 수 있을까? 바들바들 떨리는 다리로 비틀거리며 돌아다닐 때 우주는 친절하게 당신을 도와줄까?

　질문과 의심이 머리를 가득 채울 것이다. 당연하다. 그래야 정상이다. 하지만 자신을 내던져볼 가치가 분명히 있다. 내 개인적 경험과 임상경험에 비추어보자면 당신은 스스로의 노력에 대해 충분히 보상받을 것이다. 나는 이 '모험하기-다시 세우기' 과정을 수도 없이 봐왔다.

자신을 활짝 열기 바란다. 자기긍정, 시각화 기법, 심리치료, 기도 그리고 자신에게 힘을 줄 수 있는 방법이라면 어떤 것이라도 이용하라. 가슴, 마음 그리고 영혼을 다른 존재에게 열라. 공포가 자신을 한계 짓고, 지배하고, 통제하게 두지 말라. 낙관적인 시각을 가지고 자신의 인생 안으로 완전히 들어서라. 자신의 느낌에 집중하라. 내면의 지혜를 존중하라. 그러면 우주가 고군분투하는 당신을 도와줄 것이다.

원하는 사랑을 찾는 과정에서 당신에게 도움이 될 수 있는 소통기술과 방법들을 소개해주고 싶다. 이 방법들이 당신의 모험을 조금 더 수월하게 해줄 것이다. 우리가 다룰 기술들은 다음과 같다.

1. 자신의 감정을 정중하게 알리기
2. 선 긋기
3. 화, 상처, 실망 표현하기
4. 자신의 감정을 안전한 방법으로 표출하기
5. 건설적인 비판하기
6. 도움 요청하기
7. 죄책감을 느끼지 않고 거절하기
8. 부담되지 않게 도움 주기
9. 실수했을 때 사과하기

감정 공유하기

다른 사람들과 어떻게 대화해야 하는가? 남의 말을 듣는다는 것은 어떤 의미인가? 건강하고 효과적인 의사소통이란 어떤 것인가? 이를 해본 적이 있는가? 이들은 아주 중요한 질문들이다. 우리는 실제로는 벽을 쌓고 장벽을 세우고 있는 중이면서 상대와 소통하고 있다고 자주 착각한다. 우리는 일상적으로 자신이 무엇을 하고 있는지 깨닫지 못한 채 서로를 판단하고, 평가절하하고, 비판한다. 우리는 흔히 자신이 아니라 다른 사람에게 초점을 맞추고, 그들이 무엇을 해야 하는지 또는 무엇을 잘못하고 있는지 왈가왈부한다. 하지만 친밀함을 키우는 소통방법은 상대를 수용하고, 지지하고, 존중하고, 겸손한 태도를 취할 것을 요구한다. 무엇보다 가장 중요한 것은 상대를 편협한 시각으로 판단하지 않는 것이다.

더욱 효과적으로 소통할 수 있도록 돕기 위해, 자신에 관해 이야기하거나 다른 사람과 대화할 때 이용할 수 있는 문장형식을 제시하겠다.

사실관계에 입각한 말을 앞에, 본인의 감정을 표현하는 단어를 뒤에 넣어 다음을 크게 읽어보라.

　　네가 _____(a)할 때,
　　나는 _____(b) 기분이 들어.

a = 개인적 판단이 섞이지 않은 사실관계에 입각한 말이어야 한다. 예를 들면 '내가 말하고 있는 동안 밖으로 나가버릴' 같이 말이다.

b = '상처받은' 또는 '무시당한' 처럼 기분이나 감정상태를 묘사하는 단어여야 한다.

(b) 부분에 '~한 것 같은'이나 '네가 ~했다는' 또는 '마치 ~인 것처럼' 등의 표현을 덧붙이지 않아야 한다. 그렇게 하면 당신은 초점을 자신과 자신의 감정으로부터 상대에게로 옮기게 된다. 그렇게 되면 비판적인 말을 하게 되기 쉽다.

상대를 평가하고 비판하는 말을 할 때, 그 사람과 거리가 멀어짐을 느낄 수 있을 것이다. 자신의 고통, 투쟁, 기쁨 그리고 도전에 대해 사람들과 이야기를 나눌 때, 공감과 교감은 더욱 커진다. 자신이 스스로 약자가 되는 것은 원하는 사랑을 얻는 데 중요한 단계다. 이 방법을 정기적으로 사용하라. 가장 원하고 필요로 하는 것을 얻고 싶다면 자신을 다른 사람과 공유하는 데 전문가가 되라.

| 선 긋기

우리가 인간관계에서 직면하는 가장 어려운 문제 중 하나는 상대에게 상처를 주거나 그를 비판하지 않고, 또는 죄책감을 느끼거나 자신을 비하하지 않고 어떻게 한계를 설정하거나 선을 긋느냐 하는 것이다.

우리 모두는 서로가 필요하지만 개인적인 공간 역시 필요하다. 자신의 생각을 정리할 휴식시간이 필요한 것이다. 우리를 불안정하게 만들고, 상처 입히고, 학대하는 사람들과는 두말할 것도 없이 멀리 떨어져야 한다. 하지만 우리가 소중히 여기고 좋아하는 사람들과도 어느 정도의 거리가 필요하다. 원치 않는 충고, 지나치게 친절한 도움, 과도한 에너지 같은 것들로부터 자신을 격리해야 한다.

그렇다면 한계나 경계를 설정하는 가장 좋은 방법은 무엇일까? 첫번째 단계는 자신이 어떻게 느끼는지 무엇이 필요한지 명확히 파악하는 것이다. 두번째 단계는 비판, 책망, 개인적 판단을 섞지 않고 자신의 바람을 전달하는 것이다. 자신이 어떤 사람인지 자주 증명하라. 스스로의 감정과 욕구를 존중하고 이를 자기 자신과 다른 사람에게 솔직하게 보여야 한다.

상처와 분노, 또는 거리를 두고 싶다는 표현을 할 때 흔히들 빠지는 함정을 조심하라. 우리는 이런 경우 책망과 비난으로 상대를 밀어붙이는 경향이 있다. 다음과 같은 말로 이야기를 꺼낼 때 그런 경우가 많다.

— 당신은 한 번도 _____ 한 적이 없어.
— 당신은 항상 _____ 해.
— 당신은 왜 _____ 하지 않는 거지?
— 당신은 왜 _____ 하지 않으려 하지(할 수 없는 거지)?

상대를 존중하는 대화는 "나는 _____하게 느껴."라는 말로 시작해야 함을 잊지 말라. 상대를 배려하면서 선을 긋기 위해서는 일단 상대에게 자신이 현재 감정적으로 어떤지 그리고 무엇이 필요한지를 알려야 한다.

다음의 두 가지 가상 시나리오를 가지고 선 긋기 기술 연습을 시작해보기 바란다. 먼저 제시된 질문에 대한 자신의 생각을 적어보라. 그러고 나서 제시된 방법을 읽어보기 바란다. 이 과정을 통해 무엇을 깨닫게 되는지 잘 살펴보라.

1. 당신이 어떤 사안에 대해 생각할 시간이 필요하고 아직 말할 준비가 되지 않았다고 생각해보자. 상대에게 어떻게 말하겠는가?
   _ 하나의 제안 : "얘기하기 싫은 게 아니라 이 일에 대해 생각해볼 시간이 필요해요. 여유를 좀 줄 수 있겠어요? 나중에 다시 이야기하도록 해요."

2. 당신이 저녁식사 준비를 하고 있는데 두 아이가 계속 질문을 퍼부어서 일의 진행이 안되고 있는 상황을 가정해보자. 어떻게 말할 수 있겠는가?
   _ 하나의 제안 : "트레이시, 샘, 너희들이 하는 이야기에 정말 관심이 있어. 하지만 엄마는 저녁식사를 준비하면서 동시에 너희랑 이야기하는 것이

힘들어. 잠깐만 질문을 아껴두겠니? 함께 저녁 먹으면서 이야기해보자."

가상상황을 만들거나 실생활에서 겪은 일들을 가지고 이 기술을 연습해보라. 상대를 존중해주면서 선을 긋는 법을 배울 수 있을 것이다. 그리고 그 과정에서 멋진 인간관계를 만들어낼 수 있을 것이다.

화, 상처, 혹은 실망 표현하기

이제 우리가 상처받거나 화가 나거나 실망할 때 많이 하는 실수를 피하는 법에 대해 배워보자. 사람들은 다른 사람의 내면에서 어떤 일이 벌어지고 있는지 정확히 알지 못한 채 그 사람의 행동에 어떤 동기가 있을 것이라고 예단하는 실수를 범한다. 우리는 자신이 다른 사람의 행동 때문에 상처받고, 화나고, 실망했다는 것은 알고 있지만 그들이 왜 그렇게 행동했는지는 정확히 알지 못한다. 그러나 우리는 이를 당연히 알고 있다고 착각한다.

여기 몇 가지 흔한 상황이 있다.

— 한 친구가 점심 약속에 늦게 도착한다. 당신은 기분이 상하고, 화가 나고, 실망한다. 그리고 생각한다. '나를 신경 쓰지 않으니까 시간 맞춰 오지 않은 걸 거야.'
— 애인이 장을 보러 갔는데 당신이 사달라고 한 우유를 사오지 않았다. 당신은 그의 행동에 상처 받고 화가 난다. 그리고 자신에게 말한다. '저 사람은 항상 자기 생각만 해. 내게 필요한 것보다 자기가 원하는 것만 신경 써.'

── 당신의 생일이 다가오고 있다. 그런데 가족 중 아무도 생일날 어떻게 하고 싶은지 당신에게 묻지 않는다. 마치 아무 일도 없는 것처럼 그날에 개인적인 일정을 잡기 시작한다. 당신은 상처 입고, 화가 나고, 실망한다. 그리하여 당신은 가족들이 얼마나 생각 없고, 자신을 배려하지 않고, 심술궂은지 곱씹기 시작한다.

위의 예에 등장한 사람들의 동기는 당신의 생각에서 나온다. 당신은 무엇이 그들로 하여금 그렇게 행동하게 만들었는지 알고 있다. 그리고 그 '앎'이 당신의 고통을 키웠다. 하지만 현실에서 당신은 친구가 왜 점심 약속에 늦었는지, 남자친구가 왜 우유 사오는 것을 깜빡했는지, 가족들이 왜 다가오는 생일을 잊고 있는지 그 이유를 정말로 확실히 알 수 없다. 그런 상태에서 자신만의 추정을 근거로 행동하거나 말하기 시작하면 갖가지 종류의 긴장, 혼란, 불화가 야기된다. 그 결과 당신의 상처나 화, 실망은 더 커지기만 할 것이다.

하지만 앞의 각 상황에서 당신의 감정과 함께 다른 사람들을 존중할 수 있는 대안적 방법이 있다. 다르게 생각해보는 것이다. 그들의 행동에 대한 다른 동기들을 상상해보라. 만약 친구가 점심 약속 장소로 오는 길에 교통사고가 났다면, 현관 밖으로 나오는 길에 자동차 열쇠를 잃어버렸다면, 또는 더 부끄럽게도 당신이 약속시간을 잘못 알았을 뿐 그녀는 실제로 제시간에 온 것이라면 어떻게 하겠는가? 또 당신의 남자친구가 부탁받은 물건을 분명히 샀는데 카운터 직원의 실수로 봉투에 담지 않았다고 상상해보라. 마지막 상황에서, 가족들이 성대한 깜짝파티를 망치고 싶지 않아서 당신의 생일이 다가오는 데도 애써 무시하고 있는 것이라면 어떻게 하겠는가?

이러한 이유들은 처음에 생각한 동기만큼이나 충분히 가능성 있는 이야기들이다. 그러나 우리는 상대에 대해 미심쩍은 부분을 선의로 해석하는 아량을 거의 베풀지 않는다. 마음대로 상처를 주는 결론을 선택해버리고 그 결과 많은 고통을 야기한다. 그렇다면 당신이 상처 입고, 화나고, 실망할 때 대처할 수 있는 가장 좋은 방법은 무엇일까?

이러한 감정을 느낄 때, 앞에서 배운 건강한 의사소통을 위한 문장형식을 의식적으로 사용하도록 하라. 이 문장형식을 기억하라. '네가 _____ 할 때, 나는 _____한 기분이 들어.' 마음대로 추정하지 않도록 유의하라. 상대의 동기를 추측하지 말라. 사실 다른 사람의 행동에 대해 그에게 직접 이유를 물어보는 것이 가장 좋은 방법이다. 그렇게 한다면 당신은 매우 놀라게 될 것이다.

상대의 동기를 추측하거나 개인적 판단을 내리거나 조급하게 책망하지 말고 자신이 상처 입고 화가 나고 실망했다는 점을 표현하는 연습을 하기 바란다. 일상생활에서 당신이 실제로 얻은 상처들에 대해 대처법을 만들어본다면 연습과정에서 많은 것을 얻을 수 있을 것이다. 자신이 만든 문장을 친구들, 가족들과 함께 나누어보라. 어떤 말이 가장 기분 좋고 효과가 큰지 살펴보라. 효과가 좋은 말들은 소중한 사람들에게 좀더 가깝게 다가설 수 있도록 도움을 줄 것이다. 그 과정에 고통과 초조함이 약간 따르더라도 말이다.

| 감정 표출하기

자신의 감정을 존중하고 이를 정중하게 표현하는 방법에 대해 지금까지 많은 것을 배웠다. 또한 어떤 관계는 치유적인 반면, 어떤 관계는 자기파괴적이라는 사실도 배웠다. 당신은 여러 방식으로 이 교훈을 몸소 겪어왔다. 건강한 관계는 더욱 굳건히 하고, 좋지 않은 관계는 피하는 것이 얼마나 중요한지 이제 잘 알 것이라 생각한다.

하지만 최고의 관계라 하더라도 자신의 감정을 항상 솔직하게 말하는 것이 반드시 안전한 것은(또는 건강한 것은) 아니다. 그렇다면 누구와 무엇을 공유해야 할지 어떻게 알 수 있을까? 이는 매우 어려운 질문이다. 자기 돌봄의 매우 진화된 측면과 관련되어 있기 때문이다.

그러나 당신은 해답을 찾아낼 능력을 가지고 있다. 현명한 자아, 직관적 지혜, 직감이 당신을 안내해줄 것이다. 언제, 어느 곳에서 편안함을 느끼는지 언제 불안함을 느끼는지 자신이 잘 알고 있기 때문이다. 내면에 있는 치유자의 목소리에 귀를 기울이기 바란다. 자신을 믿으라. 누구에겐가 마음을 털어놓고 싶어하는 자신을 발견한다면, 그렇게 하도록 하라. 다만 한 번에 조금씩만 공유하라. 조금 더 털어놓아도 될 만큼 안전하다고 느껴지는지, 그 사람에게 계속 관심이 가는지 잘 살펴보라. 특별히 위험하다고 생각되지 않는 사소한 감정들을 표출하는 것부터 시작하라. 가장 사적이고, 취약한 부분은 안전하고 깊숙한 곳에 감춰두는 것이 좋다. 당신이 그것을 밝힐 준비가 되었다고 확신이 들 때까지 말이다.

새로운 사람을 알아갈 때 이 전략을 사용하기 바란다. 하지만 여기에서 멈춰서는 안 된다. 아주 친밀하고 오래된 관계에서도 이 전략의 도움을 받기 바란다. 스스로 늘 점검해보기 바란다. 상대가 누구든 자신을 다른 사람에게 언제나 완전히 여는 것은 결코 안전하지 않기 때문이다.

만약 준비가 된 이상으로 더 많은 것을 공유하고자 밀어붙이는 사람이 있다면, 그는 위험한 사람이다. 한계와 경계를 설정하라. 그 사람이 거리를 두고자 하는 당신의 욕구를 존중하지 않고 끈질기게 요구한다면, 그 관계에 계속 머무는 것은 위험하다. 온갖 수단을 동원해 당장 벗어나야 한다. 건강한 관계는 상호존중에서 출발한다는 점을 명심하라. 서로 의지할 수는 있지만 의존해서는 안 되고 서로의 삶을 고양시켜야 한다. 그러한 관계라야 그 안에서 편안함을 느낄 수 있다. 충분히 건강한 관계라면 안전함을 원하는 당신의 욕구는 늘 존중받을 것이다. 만약 그렇지 않다면 자신을 드러내지 말라. 당장 그로부터 벗어나라.

| 건설적인 비판 하기

원하지 않는 충고를 받고 싶어하는 사람은 아무도 없다. 다른 사람이 자기 딴의 건설적인 비판이나 의견을 내놓을 때 우리는 억압받는 것 같은 느낌을 받는다. 그들은 주로 우리가 무엇을 잘못했는지 그리고 무엇을 바꿔야 하는지에 대해 말한다.

권위적이고 비판적인 말보다 자신의 감정을 드러내는 건설적인 의견이 받아들이기에 더 편하다. '나'를 중심으로 한 말과 '너'를 중심으로 한 말의 차이를 명심하라. 전자가 수용하기에 더 쉽다. '나'의 위치에서 더 많이 공유할수록 다른 사람이 내 이야기를 더 잘 들어줄 것이다.

다음 상황을 상상해보라. 당신의 배우자가 딸에게 소리를 지르고 있다. 딸은 되받아 소리를 지르고 울기 시작한다. 힘든 숙제가 감당이 안 되기 때문이다. 보기 편한 장면은 아니다. 당신은 뭐라고 말하겠는가? 자신의 감정을 드러내는 건설적인 말을 생각해보라. 종이에 이를 적어보고 내가 제시하는 방법과 비교해보라.

이렇게 말해보는 것은 어떤가?

"당신이 얼마나 화가 날지 잘 알아. 나도 그렇게 소리 질러본 적 있어. 근데 내 경우엔 숙제하는 데 도움이 필요한 건 아닌지 물어보는 게 더 효과가 좋았던 것 같아. 말을 안 듣는다고 소리를 질렀는데 별로 도움이 안

됐어. 더 효과적인 방법을 써보면 도움이 되지 않을까?"

건설적으로 의견을 제시하는 것은 매우 어렵기 때문에 자신이 왜 그렇게 해야 하는지 의문이 들지도 모른다. 같은 주제에 대해 함께 이야기하는 것을 피하는 것이 더 쉽지 않을까? 그러나 서로 돌보는 관계가 되기 위해서는 그리고 인생의 파트너가 되기 위해서는 상대가 성장하도록 도와주는 정중한 방법을 찾아야 한다. 그러한 이유로 우리의 의견을 꼭 듣고 싶어하는 사람들에게 의견을 제시해주어야 하는 때가 있다. 일단 그들이 누구인지 알아내는 연습을 하기 바란다.

이러한 경우 다음과 같은 문장구조를 사용해보기 바란다(자신이 원하는 말로 바꿔도 상관없다).

---

1. "나는 네가 _____(a) 것을 알아."
a = 행동을 묘사하라.

---

2. 상대를 인정하고 그의 행동에 공감하는 방법을 찾으라. 예를 들면 "나는 네가 얼마나 노력하고 있는지 이해해." 또는 "나도 그런 적 있어." 등과 같은.

---

3. "나는 _____(b)할 때 더 도움이 된다는 사실을 발견했어."
b = 대안적 접근방법을 제시하라.

당신은 아마도 내가 제안한 방법을 시도해보고 싶을 것이다. 다시 한 번 말하지만 건설적인 비판을 하는 대화를 만들어보도록 노력하기 바란다. 생활에서 접하는 상황들을 이용해 주위 사람들에게 당신의 진실을 말하

는 연습을 해보고, 어떤 말들이 쉽게 수용되는지, 어떤 말들이 바뀔 필요가 있는지 집중해서 살펴보기 바란다. 또한 당신이 상대의 의견을 들었을 때 어떤 느낌이 드는지 잘 살펴보고 여기에서 배우기 바란다. 여러 관계들 속에서 자신이 원하는 사랑을 찾기 위해서는 우선 상대를 존중하는 의견을 주고받을 줄 알아야 한다.

도움 요청하기

도움을 요청하는 것은 언제나 힘들다. 자신이 모든 것을 혼자 할 수 있는 능력을 가져야 한다고 믿는 사람들이 꽤 있다. 또는 자신이 도움을 받을 가치가 있는지, 도움을 요청할 권리가 있는지 의심하곤 한다. 하지만 혼자서 무언가를 할 수 있는 사람은 아무도 없다.

그렇다면 어떤 방식으로 도움을 요청해야 할까? 자신의 감정과 욕구를 명확하게 알수록 더 효과적으로 자신이 필요한 것을 요청하고 얻을 수 있다. 항상 염두에 둘 것은 '누군가를 필요로 한다는 것은 당신이 부족하다는 의미가 아니다.' 라는 사실이다. 당신은 커다란 힘을 가지고 있다. 당신은 희생자가 아니다. 절대 자신이 부족하다는 식으로 생각하지 말라. 당신은 힘을 가지고 있다. 그리고 신이 아닌 인간이다.

우리는 모두 다른 사람의 도움, 안내, 지지, 지도 그리고 지원을 필요로 한다. 자신이 무엇을 필요로 하는지 알아내고 그것을 반드시 구하는 것은 당신의 임무다. 당신은 다른 사람이 당신에게 어느 정도 관대하게 대해주기를 바랄 것이다. 최소한 그 정도 수준으로 다른 사람에게 관대하게 대하라. 당신이 기꺼이 상부상조할 마음이 없다면 아무도 당신에게 호의를 베풀려 하지 않을 것이다. 당신이 필요로 하는 것을 얻는다는 것은 당신 역시 무엇인가를 준다는 것을 의미한다.

그렇다면 어떤 방법으로 도움을 요청할 것인가? 여기 몇 가지 원칙이 있다.

— 정직하고, 직접적이고, 명확하게 하라.
— 죄의식을 불러일으키는 말은 삼가라.
— 기대를 최소화하라.
— 상대의 욕구를 존중하라.
— 당신의 요청을 고려해주는 것에 대한 고마움을 상대에게 표현하라.
— 당신을 돕겠다고 하는 사람에게 감사하라.

명확하고, 구체적이고, 정중하게 도움을 요청하는 방법을 예를 통해 살펴보자.

"빠질 수 없는 중요한 업무약속 때문에 레슬링 수업에 아들을 데리러 가지 못할 것 같아. 내일 그 애 좀 집에 데려다줄 수 있겠니? 다음에 비슷한 일이 있으면 내가 꼭 은혜 갚을게."

"지금 너무 힘들어. 한두 시간 정도 우리 집에 와줄 수 있겠니? 넌 정말 현명하고 소중한 친구야. 네가 날 지지해주고 의견을 말해준다면 진짜 고마울 거야. 그래줄 수 있겠니?"

우선 자신이 필요로 하는 것과 원하는 것이 무엇인지 파악해보기 바란다. 당신은 충분히 자주 도움을 요청하는가? 아니면 지나치게 자주 하는가? 더 잘할 수 있겠는가? 사람은 사람을 필요로 한다. 그리고 당신도 마찬가지다. 정중한 방법으로 당신이 필요로 하는 것을 요청하라. 그러면 도움을 받을 수 있을 것이다.

죄책감 느끼지 않고 거절하기

이번 교훈으로 넘어가기 전에 어떤 부탁을 받았을 때 사람들이 직면하게 되는 문제에 대해 이야기해보자.

대부분의 사람들은 다른 사람의 급박함을 자신의 일처럼 받아들이는 경향이 있다. 부탁을 받을 때 우리는 즉시 답을 해야 한다는 압박감을 느낀다. 그러나 조급하게 대답을 하다보면 나중에 후회할 말을 하는 경우가 많다. 내면의 안내자에게 점검을 받지 않은 까닭이다. 우리는 이러한 점검이 얼마나 중요한지 거의 인식하지 못한다. 누군가 부탁을 하면 우리는 흔쾌히 승낙한다. 현실적으로 감당할 수 있는 이상을 떠맡게 되었음에도 불구하고 말이다.

죄책감을 느끼지 않고 거절하기 위해 다음과 같이 말하는 연습을 하기 바란다.

"생각할 시간을 좀 줘. 다시 얘기하자."

어떤 일을 부탁받았을 때 바로 승낙하고 나중에 후회했던 실제상황을 떠올려보라. 그리고 이 상황을 다른 방법으로 머릿속에 그려보자. 이번에는 부탁을 받는 순간 생각해볼 시간을 달라고 말하라. 내면의 목소리와 접촉해보고 나서 최종적인 답변을 하라. 어떤 기분이 드는가? 생각해볼 여지를 갖는 상황을 그려본 후 많은 이들이 즉각적인 자유와 안도감, 해방감을 느낀다.

일단 내면의 목소리와 접촉할 시간을 확보하고 나면 자신에게 가장 좋은 답을 찾는 일이 훨씬 쉬워진다. 그리고 거절하는 것이 옳은 상황이라면 "못 하겠다."라고 말하는 데 불편함을 느끼지 않게 된다. 자신이 왜 거절해야 하는지 깊이 생각해보았기 때문이다. 그리고 상대에게 상처를 입히지 않고 이 의견을 표현할 좋은 방법을 생각해낼 수도 있다. 거절하는 것이 옳다는 생각이 드는 경우가 많아질수록 죄책감을 느끼지 않고 거절하는 일은 더욱 쉬워진다.

부담되지 않게 도움 주기

인간관계에서 서로에게 관심을 가지고 마음을 쓴다는 것은 상대에게 도움을 제공하는 일을 포함한다. 그러나 실제로 이런 경우 도움이 된다고 느껴질 때가 있는 반면, 통제받고 간섭받는다고 느껴질 때도 있다. 이 둘 사이의 차이를 어떻게 구분할 수 있을까?

다른 사람이 자신의 일에 관여하는 것에 대해 사람들은 각기 다른 판단 기준과 경계선을 가진다. 같은 경우에 대해서도 도움이 된다고 생각할 수도 있고 쓸데없는 간섭이라고 생각할 수도 있다. 그러므로 아끼는 사람들에게 무엇이 가장 도움이 되는지 알 수 있는 제일 좋은 방법은 그들에게 직접 묻는 것이다. 하지만 그전에 당신이 먼저 해야 할 일이 있다.

도움의 손을 뻗기 전에 자신의 동기를 먼저 살펴보라. 스스로에게 물어보라. '내가 돕는 것이 친구가 원하는 방식인가, 아니면 내 의지와 생각을 강요하고 있는 것인가?' '결과를 통제하고 싶은 것인가, 아니면 순수하게 도와주고 봉사하고 돌보기 위해 여기 있는 것인가?' 만약 동기가 순수하지 못하다면 당신은 상대에게 부담을 주고 있는 것이다. 그리고 이는 예상하지 못한 결과를 초래할 수도 있다. 또한 당신이 좋은 의도를 가지고 있다 하더라도 잘못될 수 있다. 당신은 자신이 원하는 것만을 제공할 수 있다. 친구는 다른 것을 원하고 필요로 함에도 불구하고 말이다. 그러므로 자신이 생각하기에 가장 적합한 도움을 제공하되 다른 더 좋은 방법이 있는지 먼저 물어보는 것이 좋다.

예를 들어보자. 친구 샘의 아버지가 돌아가셨다. 당신은 작년에 똑같은 상황을 겪었고 친구들이 날마다 전화를 걸어주었을 때 큰 힘이 되었다. 그래서 당신은 샘에게 전화를 걸어 말한다.

"얼마나 상심이 크겠니. 나랑 얘기 좀 나눌래?"

그런데 샘은 말수가 적고 전화 통화를 싫어한다. 하지만 누군가와 함께 있는 것은 좋아한다. 자신에게 필요한 것을 요청하는 데 익숙한 그는 말한다.

"전화해줘서 정말 고마워. 그리고 그렇게 물어봐줘서 기뻐. 통화는 별로 하고 싶지 않고 대신 네가 들러서 잠시 함께 있어준다면 좋을 것 같아. 카드놀이도 괜찮고 영화를 보는 것도 좋아. 단지 누군가 옆에 있으면 좋겠어."

당신은 샘의 이런 솔직함이 반가울 것이다. 그를 돕고 싶었는데, 어떻게 도우면 되는지 그가 직접 알려주었기 때문이다. 당신은 가능한 한 빨리 친구를 방문하기 위해 최선을 다할 것이다.

당신이 순수한 의도를 가지고 있고 어떻게든 친구를 도와주고 싶다면 무엇이 필요한지 그들이 솔직하게 말할 때 고맙다고 느낄 것이다. 친구들이 요청한 것을 모두 줄 수는 없겠지만 그중 절반이라도 만족시켜 줄 수는 있을 것이다. 무엇인가를 주고 또 받는 것은 건강한 인간관계에 필수적이다. 그러므로 요청하고 제공하라. 제공하고 요청하라. 이는 원하는 사랑을 얻기 위한 최선의 방법이다.

실수했을 때 사과하기

다른 사람이 사과하는 데도 기분이 나아지지 않는다면 그 이유는 무엇일까? 무엇 때문에 어떤 사과는 진실하게 느껴지고 어떤 사과는 거짓처럼 느껴지며 심지어는 상처까지 주는지 알고 있는가?

진실한 사과는 '내'가 한 행동에 대한 '나'의 말이다. 상처를 치유해주겠다는 말도 뒤따라야 한다. 예를 들어보자.

제이콥은 아내 샐리의 테니스 경기에 가야 하는데 직장에서 일찍 출발하지 않았다. 그가 도착했을 때 그녀는 매우 상처 받고 화가 나 있었다. 그는 말했다.

"테니스 경기를 놓쳐 당신에게 이렇게 큰 상처를 줘서 정말 미안해. 사랑해. 내가 잘못했어. 입이 열 개라도 할 말이 없어. 당신 기분이 나아지게 내가 할 수 있는 일이 뭐 없을까?"

당신이 이 상황에서 샐리의 입장이라고 상상해보라. 제이콥의 사과를 듣고 완벽하게 기분이 나아지지는 않겠지만 그가 알아주고, 인정하고, 걱정하고 있다는 느낌은 받을 것이다. 다음 사과와 한번 대조해보라.

"당신이 그렇게 화났다니 정말 미안해. 길이 엄청 막히더라고. 생각보다 훨씬 오래 걸렸어. 경기는 어땠어?"

이 사과를 들으면 당신은 아마 상처 받고 화가 날 것이다. 제이콥은 자신의 어떤 행동에 대해서도 사과하고 있지 않다. 그는 '당신'이 화가 나서 미안한 것이다. 자신의 행동은 전혀 포함시키지 않고 있다. 무엇보다 그는 자신이 계획을 허술하게 짠 것이나 부주의하게 행동한 것에 대한 책임을 전혀 지지 않고, 자신이 늦은 것을 정당화하고 있다. 끝으로 그는 당신의 감정을 인정하지도, 당신과 공감하고 있지도 않다. 상처를 치유해주겠다는 말도 하지 않았다. 그리고 그는 대화의 주제를 바꾸려 했다. 경기가 어떻게 되었는지 당신에게 말해달라고 하고 있다. 이런 사과는 진정한 사과가 아니다. 화를 더 돋우는 문장의 나열에 불과하다.

명심하라. 진정한 사과는 우리가 이미 배운 건강한 의사소통의 형식을 따라야 한다. '내가 한' 행동에 대해 '내가 느끼는' 솔직한 그리고 상대를 배려하는 문장이어야 한다. 진정한 사과는 "테니스 경기를 놓쳐서 정말 미안해."와 같은 말이다. 반대로 "정말 미안해."라는 말이 "네가 ~해서" 같은 구절 뒤에 온다면 이는 효과도 없고 불필요하게 상대에게 상처 입히는 말이 된다. 예를 들어 "당신이 그렇게 화났다니 정말 미안해." 같은 문장은 사람들을 더 멀어지게 만든다. 상처와 더불어 모욕감까지 준다. 이러한 말로는 당신이 원하는 바를 조금도 이룰 수 없을 것이다.

그러므로 건강하고, 상대를 배려하고, 책임 있는 자세로 사과하는 법을 연습하기 바란다. 실수하더라도 너무 자책하지는 말라. 우리 모두는 실수한다. 의도하지 않은 채 서로에게 상처를 주기도 한다. 하지만 이것이 끝은 아니다. 우리는 제대로 사과하는 법을 터득하고 마침내 서로 가까워질 수 있다. 매일 매 순간 자신과 다른 사람들과의 관계를 발전시킬 수 있다. 우리는 실수로부터 배우는 능력을 가지고 있다. 기쁨, 충만함 그리고 사랑을 찾을 수 있다. 한 번에 한 걸음씩 나아가면 된다.

| 흔히 빠지는 데이트의 함정

자, 이제 많은 여성들이 새로운 애정관계를 맺으려 시도할 때 흔히 빠지는 함정들에 대해 살펴보도록 하자. 나는 이 가운데 몇 가지를 겪었고 당신도 아마 그랬으리라 생각한다. 이 함정들에 대해서는 그렉 버렌트와 리

즈 투칠로가 함께 쓴 베스트셀러 《그는 당신에게 반하지 않았다(He's Just Not That Into You)》에 잘 소개되어 있다.

많은 여성들이 자신이 만나는 남자들을 위해 변명을 하려는 충동에 사로잡힌다. 또한 자신만의 아름다움, 욕망, 매력 그리고 멋진 본성에 대해 의심을 품는다. 그러한 이유로 이제 막 데이트하기 시작한 남자, 함께 살고 있는 남자, 심지어 결혼한 남자가 무례하게 행동하기 시작할 때 뻔히 보이는 일을 애써 회피하려 들며 변명을 늘어놓는다. 이들은 내면의 목소리를 신뢰하지 않는다. 그가 충실하지 않음을 인정하거나, 더 이상의 손실을 막고 더 나은 미래로 나아가는 대신 계속해서 그를 변호하고 그가 앞으로 바뀔 것이라 희망한다. 하지만 그럴 필요 없다. 우리는 가슴속 열망을 이룰 자격이 있고 그렇게 할 수 있다.

그렇다면 여성들이 흔히 하는 착각에는 어떤 것들이 있을까? 무엇 때문에 우리는 자신에게 반하지 않은 남자들에게 머무는 것일까? 우리는 다음과 같은 거짓말을 자신에게 한다.

1. 그는 너무 바빠서 전화할 시간이 없을 거야.
2. 그는 우리 우정을 해치게 될까봐 나와 데이트하고 싶지 않은 거야.
3. 그가 진지한 관계를 원하지 않는다고 말할 때 진짜 그런 의도는 아닐 거야.
4. 그는 다시 상처받을까봐 두려워서 나를 성적으로 대하지 않는 거야.
5. 그가 전화를 자주 할 거라고 믿을 수는 없어. 하지만 그는 엄청나게 좋은 결혼상대야. 연락이 안 되는 상태로 사라지는 일이 가끔 있다 해도 그 정돈 괜찮을 거야.
6. 그는 날 위해 아내, 여자친구, 애인을 떠날 거야.
7. 그는 이기적이고, 상처를 잘 주고, 무책임한 사람이긴 하지만 나를 사랑하고 있어.
8. 그 사람은 충분히 잘하고 있어. 내가 더 노력해야 해.
9. 그와 함께 있으면 행복하다고 느껴지진 않지만 나는 그 사람 없이 살 수 없어.

10. 나는 너무 부족해. 그가 별로 훌륭하게 행동하지 않는다 해도 그는 여전히 최고야.

당신은 왜 방금 읽은 것과 같은 함정에 빠지는 것일까? 당신의 오래된 기억, 커다란 공포, 학대받은 자존감이 당신을 그렇게 만든다. 그리고 도전하는 일은 언제나 두렵기 마련이다. 자신을 의심하고 무엇이 가능할지 의심하는 것이 늘 더 쉽다. 사람들은 자신의 가슴속 열망을 무시하고 익숙한 일만을 되풀이하려는 경향이 있다.

관계 속에서 당신을 억누르고 있는 부정적인 말이 무엇인지 깊이 생각해보라. 당신을 진흙탕에서 벗어나지 못하게 만드는 말들을 목록으로 만들라. 그러고 나서 이들이 깨끗한 물을 더 이상 더럽히지 못하도록 없애버리도록 하라.

앞에서 열거한 10가지와 같은 심리적 올가미에서 벗어나는 방법을 좀 더 자세히 알고 싶다면 《그는 당신에게 반하지 않았다》를 읽도록 하라. 이 책은 당신의 놀라운 잠재력을 확인해주고 힘을 실어줄 것이다. 개선의 여지가 없는 관계로부터 빨리 벗어나도록 하라. 그리고 가능성 있는 일에 자신 있게 덤벼들라.

새로운 일에 도전하는 데 주저하지 말기 바란다. 새로운 만남이 주는 낯섦과 두려움을 극복하는 데 이 장에서 배운 소통 방법들을 이용하라. 내면의 목소리가 들려주는 지혜를 존중한다면 반드시 삶을 치유할 수 있으리라는 사실을 믿으라. 당신은 할 수 있다. 한 번에 하나씩 두려운 일에 손을 대라. 그리고 포기하지 말고 계속 나아가라. 다음 장에서는 성장의 여정을 걸어가면서 어떻게 동성친구들의 도움을 받을 수 있는지에 대해 배울 것이다.

동성친구들에게 도움을 구하라

#10

| 여성은 여성을 치유한다

내가 배신의 경험에서 배운 가장 중요한 교훈 중 하나는 동성친구들에게 도움을 받는 것이 얼마나 중요한가였다. 여성은 여성을 치유한다. 여자들은 남자들이 할 수 없는 방식으로 서로를 지지한다. 여자들의 염색체, 뇌구조, 신경화학반응 그리고 호르몬은 이들과 남자들 사이에 근원적으로 다른 중대한 차이를 만들어낸다.

남편, 남자친구, 연인 그리고 남자동료들은 절대 여자에게 가장 친한 친구가 될 수 없다. 여자에게 가장 친한 친구이자 속마음을 털어놓을 수 있는 사람은 여자일 수밖에 없다. 여자의 인생에서 남자는 그녀의 소울메이트—하늘에서 짝지어준 파트너—가 되어줄 수는 있다. 하지만 남자는 여자와 동일하지 않다. 관계중심적이고, 대화를 좋아하고, 상대방에게 수시간 동안 감정의 주파수를 맞추는 일반적인 여자의 특성을 남자들은 절대 경험하지 못한다. 그들의 뇌는 이러한 돌봄과 공유가 가능하도록 구조화되어 있지 않다. 남자들이 진정으로 여자들을 이해하기란 사실상 힘들다.

그리고 그들은 여자들이 감정을 표현하고, 의논하고, 정서적으로 해소하는 일을 어떻게 도와야 하는지 알지 못한다.

  남자가 여자를 위해 할 수 있는 것과 할 수 없는 것에 대해서는 다음 장에서 자세히 배울 것이다. 다만 동성친구들과 우정을 돈독히 하고 이를 통해 삶을 치유하는 것이 얼마나 중요한지 이해시키기 위해 다음 장에 대한 대강의 개요를 지금까지 설명했다. 이번 장에서는 여자친구들과의 우정이 왜 중요한지, 어떻게 하면 이 우정을 돈독히 할 수 있을지에 대해 이야기해보도록 하겠다.

지금 당신 곁에는 당신의 손을 잡아줄 친구들이 있다

  여자는 감정적인 존재다. 여자는 늘 많은 것을 느낀다. 그리고 이들은 대단히 관계중심적이다. 이들은 항상 다른 사람들을 위한, 다른 사람들에 대한 감정을 느끼고 있다. 자신이 행복하든, 슬프든, 짜증나든, 흥분했든, 조심스럽든, 걱정되든, 화났든, 혼란스럽든 상관없이 여자들은 언제나 자신의 내면과 맞닿아 있다. 이들은 자신이 언제 불편한지, 불편한 대상이 무엇인지 금세 알아차릴 수 있다. 그러나 이에 대해 확신을 갖기 위해 자신의 감정에 대해 다시 생각해보고 누군가와 이야기할 필요를 느낀다. 또한 어떤 경험을 완전히 이해하기 위해서는 그 경험을 먼저 다른 사람들과 나누어야 한다. 여자들은 자아발견을 향한 여정에서 자신의 이야기를 들어주고, 지켜봐주고, 인정해주고, 지지해줄 사람들이 필요하다. 자신과 자신의 가능성에 대해 의심이 들기 시작할 때, 여자들은 기존의 궤도를 유지하기 위해 다른 사람들의 도움을 필요로 한다. 단지 누군가와 이야기를 나누는 시간이 이들에게는 필요하다. 마음이 통하는 사람들과의 전화

통화나 커피 한잔을 마시면서 하는 대화는 이들을 치유한다.

배신에 삶이 무너질 때, 당신은 누군가와 연결되어 있어야 한다. 심리적 외상, 고통, 공포, 겪어온 모든 일들과 현재 직면하고 있는 문제의 상세한 부분들을 그들과 나누어야 한다. 다른 이들로부터 당신이 옳다는 증명을 받아야 한다. 당신은 자신이 혼자가 아니라는 사실을 깨달아야 한다. 당신이 겪고 있는 일은 분명히 끔찍한 일이지만 다른 사람들의 도움을 받을 수 있고, 터널의 끝에는 반드시 빛이 있을 것이라는 사실을 알아야 한다.

당신의 친구들은 이 힘난한 시간 동안 당신의 손을 잡아줄 것이다. 이들에게 이야기할 때, 당신은 자신의 목소리를 들을 수 있을 것이다. 그리고 상세하게 이야기하는 동안, 그동안 실체를 가늠할 수 없던 이 사건을 현실로 받아들일 수 있게 될 것이다. 친구들이 이것저것 물어보면서 놀라움과 충격, 공포와 슬픔을 표현할 때 당신은 이제껏 가지지 못한 새로운 시각을 얻게 될 것이다. 오랫동안 참고 살아온 자신의 상처, 고통, 황폐가 얼마나 지독한 것인지 깨닫기 시작할 것이다. 친구들은 당신을 인도해주고 도움을 줄 것이다. 이들은 유능한 변호사, 의사, 심리치료사, 재정고문 그리고 비슷한 일을 겪은 자기 친구들에게 당신을 이끌어줄 것이다.

이 여성동맹군들은 당신이 너무 힘들어서 혼자 있기 두려울 때 함께 있어줄 것이고, 변호사를 만나기 위해 외출해야 할 때 아이를 돌봐줄 것이다. 저녁을 만들어주고 극장에 데려가줄 것이다. 또한 그 남자와 분리해서 당신 자신을 볼 수 있도록 도와줄 것이다. 당신에 대해서 그리고 그에 대해서 어떻게 생각하는지 허심탄회하게 이야기해줄 것이다. 당신의 재능과 장점을 확인해주고, 그의 결점을 지적할 것이다. 당신은 충분히 행복해질 자격이 있는 사람이고, 앞으로 훨씬 더 많은 것들을 누릴 수 있을 것이라고 확신에 찬 목소리로 말해줄 것이다.

여기까지는 시작에 불과하다. 친구들은 치유로 향하는 긴 여정 동안 당신의 옆에서 함께 걸어줄 것이다. 당신의 이야기를 들어주고, 지지해주고, 당신이 모든 단계를 거쳐 지나갈 때마다 도움의 손길을 내밀어줄 것이다. 또한 새로운 것을 시도해보라고 격려해줄 것이다. 힘든 난관을 헤쳐 나가고 자기변화의 과정을 이겨나가는 동안 당신을 올바른 길로 안내해줄 것이다. 당신이 언제 오래된 습관에 따라 행동하는지, 언제 진짜 한 걸음 나아갔는지 식별할 수 있게 도와줄 것이다. 온라인 데이트 서비스에 어떻게 프로필을 쓰는지 가르쳐줄 것이고, 데이트를 하면서 겪는 문제들을 의논할 때 기꺼이 들어줄 것이다. 다른 남자에게 다시 상처받는 일이 생기면 당신의 손을 잡아줄 것이고, 또한 자기 친구들과 함께 당신을 돌봐줄 것이다.

여자들은 협력자, 원조자 그리고 속마음을 털어놓을 수 있는 제일 친한 친구들이다. 여자들은 서로를 도울 때 기분이 좋아진다. 다른 사람과의 관계적 연결은 이들을 치유한다. 이들은 친구를 도울 수 있을 때 행복해한다. 그리고 다음에는 자신이 도움을 받는 위치에 서게 될 수도 있다는 것을 잘 알고 있다.

이들이 치유의 과정에서 서로 어떤 역할을 하는지 사례를 통해 살펴보자. 내 이야기로 시작해보겠다.

| 우리는 숨기고 있는 비밀만큼 아프다

배신에 삶이 무너지고 난 후 바로, 나는 친구 캐롤과 내 경험을 상세하게 나눴다. 그녀는 내가 지내온 이야기를 듣고 경악을 금치 못했고, 그 끔찍한 결혼생활을 그렇게 오랫동안 지속해왔다는 사실에 충격을 받았다. 그녀의 반응은 내가 결혼생활을 유지하기 위해 얼마나 나 자신을 억눌렀는지, 절대 받아들여서는 안 되는 것을 허용해왔는지 명확하게 볼 수 있게 해주었다. 내가 피터와 언젠가는 친구로 남고 싶다고 이야기하자 그녀는 내게 딱 잘라 말했다.

"어떤 경우에도 넌 그와 친구가 될 수 없어. 그는 네 친구가 아냐."

그리고, 맙소사, 나는 깨달았다! 그녀가 완전히 옳았다. 그의 배신을 안 날로부터 몇 주 동안, 나는 이 일을 해결할 수 있다는 생각을 무의식적으로 가지고 있었다. 그의 적나라한 실체를 알게 됐음에도 불구하고 늘 해온 뿌리 깊은 방식으로 말도 안 되게 행동하고 있었다. 친구들은 이런 내가 현실적이 될 수 있게 도와주었다.

그날 그녀가 내게 해준 말들을 다시 떠올려볼 때, 나는 그녀가 그렇게 냉정하게 말해준 것에 대해 진심으로 고마움을 느낀다. 나는 역기능적 사고에 깊이 빠져서 심지어 내가 그렇다는 사실조차 알아채지 못하고 있었다. 그럼에도 그녀는 짧지만 강력하게 말해주었다. 내 결혼생활은 절대 정상이 아니라고 말이다. 덧붙여 내가 앞으로 완전히 다른 인생을 경험할 수 있을 것이라고도 말해주었다. 그리고 그녀의 말은 정말 딱 들어맞았다. 새로 만난 남자친구 톰은 전남편 피터와 단 한 군데도 닮지 않았다. 남자와 함께 있으면서 이처럼 행복한 적은 한 번도 없었다.

친구들과 몇 주, 몇 달 동안 나눈 이야기들은 내게 아주 귀중한 교훈을 가르쳐주었다. 그리고 이 중요한 교훈을 여기서 나누고 싶다. 불행했던 오랜 결혼생활 동안 나는 내 상태를 지나치게 내면에만 숨기고 있었다. 나는 남편이 마치 절친한 친구라도 되는 양 그에게 내 욕구불만과 좌절감에 대해 토로하곤 했다. 그리고 부모님에게도 이런 이야기를 하곤 했다. 그러나 친구들에게는 사적인 일에 대해 전혀 이야기하지 않았다. 나는 결혼생활을 유지하기 위해서 그런 일들은 절대 비밀에 붙여야 한다고 믿었다. 그 결과 친구들에게 말해야 했던 많은 것들을 나 자신에게 떠넘기게 되었다.

　왜 '말해야 했던' 일까? 그 이유는 결혼생활에서 무슨 일을 겪고 있는지 신뢰하는 친구들과 진작 자세하게 이야기를 나눴더라면, 그곳에서 좀더 빨리 벗어날 수 있었으리라는 사실을 깨달았기 때문이다. 만약 그랬다면 앞으로 나아가기 위해 필요한 확신과 지지, 균형 잡힌 시각을 얻을 수 있었을 것이다. 또한 그 많은 고통과 마음 아픔을 겪지 않아도 되었을 것이다. 내가 바라는 삶을 그와 함께 영위하려 들지도 않았을 것이다. 나는 오랫동안 너무 끔찍했고, 감당하기 힘든 스트레스를 받았고, 무척 괴로웠다. 사실 처음부터 재앙의 조짐은 뚜렷하게 있었다. 다만 혼자의 힘으로는 그것을 알아채지 못했을 뿐이다.

　여자들은 수 톤의 자기치유 서적을 사고, 남자보다 80배나 많이 상담과 조언을 구하고, 서로를 애정 어린 환대로 맞이한다. 그러나 우리는 자신을 순교자로 만들고 있다. 상처, 고통, 문제들을 가슴속에 묻어두고, 불가능한 일을 가능하게 만들기 위해 과도하게 노력하고 있다. 우리는 변해야 한다. 중독 회복에 관한 논문들을 탐독한 후 내가 얻은 가장 중요한 교훈은 '우리는 숨기고 있는 비밀만큼 아프다.' 는 것이었다. 개인적인 경험과 임상경험에 비춰봤을 때 이 말은 모든 인간관계의 문제에 그대로 적용된다. 의심, 상처, 고통을 비밀로 삼고 가슴속에 묻어두지 말라. 동성친구들에게 도움을 구하라. 속을 털어놓을 수 있는 안전한 친구들을 선택해 그들에게 말하라. 도움을 요청하고, 그들이 당신의 인생 속으로 걸어 들어오게 하라.

　치유의 과정에서 여성들이 서로에게 하는 역할을 설명하기 위해 또 다른 이야기를 하나 하고자 한다. 다음은 안드레아라는 이름을 가진 여성의 이야기다. 그녀는 6년 동안 문제 있는 결혼생활을 보낸 후 나를 만나러 왔다.

안드레아는 여성을 위한 통합건강에 관한 강연에서 나를 처음 보았다. 심각한 건강문제를 연달아 경험한 뒤라 그녀는 더 이상 문제가 생기는 것을 방지하기 위해 할 수 있는 일은 모두 하고 싶어했다. 스트레스가 면역체계를 손상시킨다는 사실을 알고 난 뒤, 긴장 가득한 결혼생활을 하고 있던 그녀는 상담을 위해 내게 전화를 걸었다.

첫 방문 날 그녀는 걱정을 털어놓았다.

"안 좋았던 이혼 경험이 두 번이나 있어요. 그리고 이번에도 불안정한 상태예요. 앙드레와 결혼한 지 2년 뒤부터 몸이 아프기 시작했어요. 그리고 다시 건강을 찾는 데 3년 넘게 걸렸죠. 결혼생활에서 받는 스트레스 때문에 다시 아프게 될까봐 걱정이에요. 어떻게 해야 할지 모르겠어요."

안드레아와 나는 그녀의 지난 인생을 전반적으로 돌아보는 기나긴 탐험의 여정에 돌입했다. 자신의 경험들이 지닌 의미를 이해하기 위해 그녀는 자기 이야기를 풀어놓아야 했다. 그 과정을 거치지 않고서 그녀가 다음에 어떻게 해야 할지 판단 내리기는 불가능했다. 이런 이유로 나는 그녀를 장기 환자로 등록하고 만남을 지속했다.

시간이 흐르면서 그녀는 자신이 집에서 겪고 있는 일들을 묘사하려고 애썼다. 결혼생활이 그녀의 건강을 위협하는지, 만약 문제가 있다면 이를 어떻게 해결할지를 알아내는 것이 관건이었다. 하지만 그녀는 이야기를 시작할 때마다 늘 어느 지점에서 말을 멈추곤 했다. 앙드레와 한 어떤 말다툼도 그 세부적인 사항을 기억해내지 못했다.

남편과의 논쟁에 대해 이야기하려 할 때마다 그녀의 신체언어는 내게 무언가를 말해주려 했다. 그녀는 입을 꼭 다물고, 스스로를 껴안고, 바닥을 내려다보고, 고개를 돌려버렸다. 내가 이러한 패턴을 지적했을 때 그녀는 자신이 앙드레와 함께 있을 때 정확히 똑같은 행동을 한다고 말했다. 그와 이야기할 때마다 그녀는 압도당하는 느낌을 받았고, 혼란스러웠고, 뒤로 후퇴

했다.

나는 그녀가 남편을 두려워하고 있다고 말했다. 또한 이대로 남편 옆에 계속 있으면 그의 말과 태도에 너무 겁먹어서 공포와 걱정으로 질식당할까봐 걱정된다고도 말했다. 이 말을 듣자마자 그녀는 갑자기 심하게 격앙되고 불안해하며, 순간적으로 생각도 말도 대화도 할 수 없는 상태가 되어버렸다. 그녀는 위험으로부터 피신하기 위해 자신을 꽁꽁 걸어 잠그고 있는 중이었다. 나는 그녀가 그와 잠시라도 함께 있는 것이 과연 안전할지 확신할 수 없었다.

내 피드백을 받아들이면서 그녀는 내 말이 얼마나 옳은지 깨닫기 시작했다. 그녀는 앙드레와 함께 있으면 안전하다고 느끼지 못했다. 그런 적이 한 번이라도 있었는지 의심이 들 정도였다. 그는 상상을 초월할 정도로 무서운 남자였다. 그녀의 친구들은 그녀가 데이트를 시작할 때부터 그의 그런 점을 가르쳐주기 위해 애썼다. 단지 그녀가 이를 심각하게 받아들이지 않았을 뿐이다. 그녀는 누군가에게 사랑받기를 간절히 원했고, 그러한 이유로 친구들의 도움을 애써 무시했다. 하지만 이제 변하려 들고 있었다.

상담을 계속하면서 나는 그녀가 자기보호적인 반응들을 보인 데에는 반드시 어떤 이유가 있을 것이라고 설명했다. 그녀가 그 반응들을 존중하는 것이 중요했다. 뒤로 후퇴하고 싶은 충동이 들 때 억지로 자신을 앞으로 몰아세우지 않을 필요가 있었다. 그녀는 나와 친구들에게 도움을 청했다. 그녀는 화를 잘 내고, 통제가 심하고, 비판적인 남편과 선을 그었고 그 결과 안전해졌다. 그리고 감정적, 육체적, 영적인 평안을 위한 일들을 할 수 있는 개인적 확신과 힘을 가지게 되었다.

안드레아가 마침내 결혼생활을 끝내기로 결정하는 데에는 1년이라는 시간이 걸렸다. 이 기간 동안 그녀는 친구와 이야기하고, 일기를 쓰고, 자신의 지난날을 돌아보는 데 수백 시간을 보냈다. 그녀는 친구들에게 지지와 조언을 구했다. 그녀의 인생에 새로이 들어온 여성들은 스스로를 관대하게 대하고, 인내심을 가지라고 그녀에게 가르쳐주었다. 이는 그녀를 지탱해주었다. 결국 그녀는 앙드레에게 떠나라고 말할 수 있게 되었다. 그가 떠나고 나서야 그녀는 무의식적으로 그에게 겁먹었던 것이 괜한 일이 아니었음을 깨닫게 되었다. 그는 정말로 위험천만한 남자였다.

이제 그녀는 인생을 함께 걸어가는 친구들의 지지를 반갑게 받아들인다. 자신의 현명한 자아와 신뢰할 수 있는 친구들의 애정 어린 지지가 또 다른 사자 소굴로 걸어 들어가는 것을 막아주리라는 점을 잘 알고 있다. 지금 그녀는 믿고 존경할 수 있는 남자와 만나고 있다. 그리고 동성친구들의 관점과 조언을 존중한다. 이번에는 그들의 이야기를 들을 것이다. 이제 그녀는 자신이 훨씬 안전하다고 느낀다.

이 이야기는 여성들이 과거의 경험을 돌아볼 때, 위기를 헤쳐 나갈 때, 위험에서 벗어나기 위해 애쓸 때 어떻게 서로를 지지해줄 수 있는지를 잘 보여주고 있다. 이제, 우리가 인생을 다시 세울 때 친구들이 어떤 도움을 주는지 자세히 살펴보자. 동성친구들이 치유를 돕는 것이 얼마나 중요한지 설명하기 위해 다시 내 이야기를 해보겠다. 우리는 이 모든 과정을 절대로 혼자서는 해낼 수 없다. 모든 이야기가 이를 여실히 보여준다.

삶이 무너졌을 때 나는 엉망진창이었다. 어떤 성병을 체크해봐야 하는지, 어떤 검사들을 받아야 하는지 전혀 알지 못했다. 세부적인 면을 빨리 알아볼 필요가 있었다. 최선의 시나리오와 최악의 시나리오에 대비해서 말이다. 그러나 나는 겁에 질려 있었다. 의사임에도 불구하고 내가 부인과적 문제로 환자들을 치료해본 것은 이미 오래전의 일이었다. 나는 도움을 요청하기 위해 28년 된 친구이자 산부인과 의사인 데비에게 전화를 걸었다. 이야기를 들은 뒤 그녀는 내 손을 꼭 잡고 검사과정 전체를 함께 해주었다. 3200킬로미터나 떨어져 있고 세 시간의 시차가 있는 곳에 살고 있음에도 한달음에 달려와서 말이다. 그녀는 내게 도움이 필요할 때마다 전화하라고 했고, 나는 수도 없이 전화를 걸어 그녀에게 의지했다. 헤아릴 수 없는 공포의 나날 동안 그녀는 나를 도와주었고, 그 덕분에 나는 이제 건강하고 멀쩡하다.

삶이 무너졌을 때 나는 또 다른 문제와 직면했다. 집안 경제를 책임져온 전남편이 더 이상 우리 가족을 부양하지 않게 된 것이다. 아이들에게 필요한 것 중 일부를 어떻게 충당해야 할지 몰랐던 나는 친구들에게 도움을 청했다. 그들 중 에이미가 내 인생에서 또 한 명의 천사가 되어주었다. 그녀는 스타벅스에 앉아 몇 시간 동안 내 이야기를 듣고, 공감하고, 질문하고, 상어가 우글거리는 바다에서 빠져나올 수 있도록 안내해주었다. 8개월 동안 차를 빌려준 덕분에 아들은 학교, 스포츠센터, 클럽 활동에 문제없이 다닐 수 있었다. 그녀는 내가 아들에게 중고차를 사줄 형편이 될 때까지 도와주었다.

에이미는 현재도 나를 응원해주고, 인간관계나 재정적인 문제에서 내 직감이 맞는지 확인해준다. 나는 그녀가 잘 알고 있는 사안들에 대해 피드백을 요청한다. 올바른 길로 가고 있는지에 대한 그녀의 조언을 듣는 것은 큰 도움이 된다. 이런 조언은 당신에게도 도움이 될 것이다. 혼자서는 아무것도 할 수 없다. 다른 여성들을 당신의 인생 안으로 초대하라!

| 남자에 관해 여자에게 배우기
|

내가 배우고 성장하고 치유하는 과정에서 많은 친구들이 큰 도움을 주

었고 현재도 주고 있다. 그들 모두에게 매우 고맙다. 특히 앤 마리는 나에게 가장 큰 도움을 준 친구다. 그녀는 새로운 이성과 관계를 맺을 때 필요한 것들을 내게 가르쳐주었다. 그녀가 없었다면 나는 이 장과 다음 장의 기저를 이루고 있는, 남성과 여성 사이에는 근원적인 차이가 있다는 개념에 대해 잘 이해하지 못했을 것이다. 그녀는 현재진행형인 연애가 가지고 있는 밀고 당김의 속성에 대해 깨닫게 해주었다. 그녀의 조언이 아니었다면 나는 내가 새로운 사랑을 하면서 성장하고 있는지, 상대만 바꾸어서 오래된 역기능적 패턴을 되풀이하고 있는지 분간하지 못했을 것이다.

그녀는 여성이 여성을 치유한다는 것을 내게 가르쳐주었다. 이 사실은 이미 알고 있었지만, 내가 정말로 알지 못했던 것은 남자들은 절대 이런 방식의 치유를 할 수 없다는 사실이다. 여자들은 남자들이 할 수 없는 방식으로 서로를 끌어안는다. 여자는 상대를 보살피는 사람인 반면, 남자는 캐릭터 인형과 같다. 남자는 감정적인 격발을 느끼거나 여자가 그런 감정을 느끼고 있다고 판단될 때면 우선 멀리 달아나려고 한다. 이러한 경우 남자들은 강렬한 감정에 압도당하는 느낌을 받는다. 그래서 자신만을 위한 공간을 만들고 그 안에 숨는다. 여자는 다른 여자들과 감정적 세계를 나누고 교감하고자 하는 반면 남자들은 홀로 떨어져 있을 때 가장 편안함을 느낀다.

남자들은 감정적으로 격해지는 상황에 놓일 때 무언가에 압도당하거나 어딘가로 빨려 들어가는 느낌을 받는다. 그러므로 그들과 건강한 애정관계를 만들어가기 위해서는, 가까운 관계를 지속하면서도 시간적·공간적으로 서로 떨어져 있는 시기를 가끔씩 가지는 것이 좋다. 열정적인 남자일수록 상대와 더욱 깊이 연결되어 있고 싶어하고 그러면서도 더욱 거리를 두고 싶어할 것이다. 그 결과 그는 매우 고통스러운 방법으로 그녀를 밀어낼지도 모른다. 그녀와 너무 깊이 묶이는 것은 그를 겁에 질리게 만들어 한동안 정기적으로 도망치게 만들 것이다. 그녀에게 프러포즈했다가 그 다음 주가 되면 모든 것이 끝났으므로 혼자 있고 싶다고 말할 것이다. 그녀와 함께 있는 것이 충분히 편안하다는 사실을 인지하기까지 그는 이러한 패턴을 수도 없이 반복할 것이다. 남자는 재미있는 생물체다. 이처럼 변덕스러운 그들의 성질에 대처하기 위해 우리 여자들은 서로 손을 맞잡아야 한다.

톰을 처음 만났을 때 나는 앤에게 전화를 걸어 말했다.

"도와줘. 내가 제정신인지, 아니면 몹쓸 습관을 되풀이하고 있는 건지 냉정하게 말해줘. 진짜 엉망이었잖아. 다시는 같은 실수를 되풀이하고 싶지 않아."

앤은 내게 언제든 전화해도 좋다고 말했다. 한번은 자정에 그녀의 집으로 전화를 건 적도 있었다. 그때 나는 마치 망망대해에 길을 잃고 떠 있는 것 같은 느낌이었다. 그녀는 이러한 내가 새로이 맞닥뜨리는 도전과제들을 해결해나갈 수 있도록 도와주었다. 흥미롭게도 앤은 자기도 역시 나를 통해 여자로서의 욕구에 관한 중요한 교훈을 배웠다고 말했다. 내가 도움을 요청했을 때 자신 역시 다른 사람에게 도움을 구해도 괜찮다는 사실을 깨달았다는 것이다. 놀라운 일이지만 그녀도 그동안 다른 사람에게 쉽게 도움을 요청하지 못했던 것이다. 이제 우리는 서로를 돕는다.

앤은 구체적으로 어떤 종류의 문제를 해결할 수 있게 도와주었을까? 그녀는 일단 남자의 후퇴를 두려워하지 말라고 가르쳐주었다. 그리고 그를 간절히 필요로 하는 때가 아닌, 내가 찬연히 빛나는 때 그에게 다가가는 것이 얼마나 중요한지도 알려주었다. 여자가 남자를 가장 필요로 할 때 남자는 가장 당황한다. 이 말을 듣고 나는 그와의 관계에 대해 인내심을 가지게 되었다. 혼란스럽고, 초조하고, 극도로 불안할 때마다 나는 앤에게 전화를 걸었다. 남자들이 자신만의 공간을 원할 때마다 여자들은 분리의 고통을 느끼게 마련인데, 이 고통은 지극히 정상적이라며 그녀는 나를 위로해주었다. 이 고통은 우리가 바보처럼 남자에게 목매고 있음을 의미하지 않는다. 이는 우리가 여자임을 의미한다. 남자들은 절대 이런 식으로 느끼지 않는다. 그들은 우리와 완전히 다르게 느낀다.

앤은 내게 공감하며 말했다.

"정말 짜증나는 일이야. 그를 가장 필요로 할 때, 정작 그는 거리를 두고 싶어하지."

그리고 그녀는 내가 미래에 대한 답을 구하고자 하는 마음과 톰에 대한 진실하고 뜨거운 사랑의 감정을 구별할 수 있게 도와주었다. 남성의 뇌는 자신이 하는 말을 감정적으로 따라잡는 데 약 1년이 걸린다고 한다. 새로운 애정관계에서, 남자들이 완전히 관계에 헌신하게 되는 데 최소한 1년 정도가 걸린다는 것이다. 그가 연애 초기부터 자신의 생각, 감정, 욕구에 대해 전혀 다르게 이야기해왔다 하더라도 말이다. 여자들은 남자들이 스스로 한 약속의 방향을 바꾸는지 아닌지 지켜봐야 한다. 우리는 그 과정에서 인내심을 가질 수 있도록 서로를 도와야 한다. 평탄한 길은 아닐 것이다. 그러한 밀고 당기는 불안정한 상태가 최소한 1년은 지속될 것이라고 예상해야 한다. 그리고 이는 생각보다 빨리 지나간다.

드라마 〈섹스 앤 더 시티〉를 기억하는가? 이 드라마에서는 서로를 열렬히 사랑하는 남녀가 수년 동안 연애했음에도 불구하고 결국 결혼에 성공하지 못하는 이야기가 나온다. 하지만 빅은 남자처럼 행동했을 뿐이다. 간단히 이야기하자면 결혼으로 가는 길목에서 기겁해 현실에서 도망친 것이다. 그리고 캐리는 여자처럼 행동했을 뿐이다. 그녀는 그의 후퇴에 큰 충격을 받고 완전히 황폐해진다. 그 결과 두 사람 다 불필요한 아픔을 겪는다.

내 말을 믿으라. 인생에 새로운 사랑이 찾아왔는가? 그는 아마 흔들릴 것이다. 이는 그의 남성적인 본성이다. 당신은 걱정하고 아파하고 심지어 길길이 날뛸지도 모른다. 이는 당신의 여성적인 본성이다. 치유를 위한 여정 동안 차분하고 침착한 상태로 있을 수 있도록 동성친구들에게 도움을 구하라. 그들은 당신에게 큰 위안이 되어줄 것이다. 애정관계를 다시 시작해보기로 결심했다면 우선 당신을 지지해줄 친구들을 끌어 모으도록 하라. 새로운 사랑뿐만 아니라 새로이 시도해보기로 선택한 여러 일을 헤쳐 가는 과정에서 그들의 도움을 구하라.

기억하라. 여성은 여성을 치유한다. 남성은 우리를 치유할 수 없다. 다음 장에서는 남자가 여자에게 해줄 수 있는 것과 절대 그들이 해줄 수 없는 일에 대해 배울 것이다. 준비가 되었다면 다음 장으로 넘어가도 좋다.

남자들이 여자에게 해줄 수 있는 것과 절대 해줄 수 없는 것

#11

앞 장에서 이 주제에 대한 이야기를 잠깐 했다. 동성친구들이 치유를 도와주는 것이 얼마나 중요한지에 대해 배우면서 남자들이 할 수 없는 것이 무엇인지 어느 정도는 알게 되었을 것이다. 그 과정에서 남자에 관한 내 표현이 조금 거칠었을지도 모르겠다. 남자는 여자가 보기에 불가사의한 동물이다. 당신이 나와 비슷한 생각을 가지고 있다면 이 시점에서 아마 궁금증이 생길 것이다.

"여자가 여자를 치유한다면, 남자는 대체 무슨 소용이지?"

아이를 낳기 위해 정자를 제공하거나 돈을 버는 것 외에 그들이 필요한 일은 무엇일까? 내 어시스턴트는 말한다.

"잔디 깎을 때하고 형광등 갈 때요."

하지만 이것이 그들이 존재하는 이유의 전부인가? 그들을 어떤 방식으로 이해해야 할까?(미리 말해두지만 남자에 관한 이번 장의 이야기는 소시오패스에게는 적용되지 않는다.)

이상하게 들릴지 모르겠지만 여자는 자신의 감각적인 본성, 성적인 본성, 남을 돌보는 본성 등을 온전히 발휘하기 위해 남자가 필요하다. 그의 존재는 여자가 자신의 자아를 직시하고 실현하는 데 필수적이다. 여자는 그의 허세, 여자를 돌보고자(자기들의 방식으로) 하는 욕구, 열정, 숭배가 필요하다. 모든 일을 해결하려고 하는 정신, 승리하고 정복하고자 하는 충동, 감정의 폭발을 못 견뎌 하는 성질, 기꺼이 책임을 지려 하는 태도와 더불어 여자에 대한 간절한 욕망까지 말이다. 그로 인해 우리는 여성적 본성을 최고로 꽃피우고, 자신을 재확인하고, 웃는다. 남자는 매우 재미있는 존재다. 본래의 모습 그 자체로 말이다.

"남자들이란!" 우리는 동성친구에게 또는 슈퍼마켓 계산대에서 함께 줄 서 있는 처음 본 여자에게 말한다. 그러고는 알겠다는 표정을 주고받으며 깔깔대고 웃는다. 여자들은 이 "남자들이란!"에 내포된 의미를 알고 있다. 그들은 가끔 정말 어리석다.

우리는 남자가 길을 찾을 때 어떻게 하는지 잘 알고 있다. 그들은 엄청나게 헤매면서도 다른 사람에게 길을 묻지 않는다. 여자가 차를 멈추고 길을 묻자고 말하면 그들은 재미있는 말을 한다. 마치 지난번 나와 내 남자친구가 예약한 호텔을 찾아 헤맸을 때처럼 말이다. 그때 그는 시내를 한 바퀴 다 돈 참이었고 그동안 30여 개 정도의 가게를 이미 지나친 상태였다. 시내를 거의 벗어날 즈음, 호텔이 있을 만한 곳은 이미 다 지나온 것이 확실해 보였다. 이에 아랑곳하지 않고 그는 계속 길을 가려고 했다. 내가 차를 멈추고 사람들에게 물어보자고 하자 그는 물어볼 사람이 한 명도 없다고 했다. 30여 개의 가게 안에 있던 사람들에 대해서는 생각지도 않은 것이다. 주유소가 없었기 때문이다.

이 글을 쓰고 있는 지금, 그가 일주일 일정의 출장을 떠난 지 겨우 이틀밖에 지나지 않았다. 하지만 나는 벌써 그의 포옹, 웃음, 말, 농담 하나하나가 그립다. 나는 그와 떨어져 있을 때보다 함께 있을 때 더 행복하다. 더 많이 웃고 더 많이 노래하게 된다. 그는 뮤지컬 속에 살고 있는 것 같다고 말하곤 한다. 그와 함께 있으면 사소한 일에 집착하지 않고 현상을 큰 틀에서 바라보게 된다.

남자는 여자가 극단으로 치우치지 않게 균형을 잡아주는 역할을 한다. 잘못된 일을 해결하고 앞으로 나아가려는 그들의 접근방식은 우리가 감정적으로 격앙되고 걱정에 사로잡혀 허우적대지 않도록 도와준다. 그들의 따뜻한 포옹과 사랑한다는 말과 옆에서 지켜주겠다는 약속(우리가 왜 화났는지 전혀 감도 못 잡은 상황에서조차도)은 우리가 폭풍우 치는 감정의 바다를 무사히 헤쳐 나갈 수 있게 도와준다. 또한 갖가지 잔일을 하고, 식사를 준비하고, 시내에 데려다주고, 꽃을 선물하는 등의 일에 온 힘을 다함으로써 여자의 인생을 밝혀준다. 세상을 돌아가게 만드는 것은 돈 따위가 아니라 사랑이다. 사랑하고 사랑받으면서 여자는 좋은 방향으로 변해 간다.

그러나 남자와 여자는 매우 다르다. 만족스럽고 문제없는 관계를 가지기 위해서 우리는 이 차이점들을 이해해야 한다. 남자가 우리와 같을 것이라고 기대해서는 안 된다는 말이다. 만약 그런 기대를 가진다면, 그것은 마치 물을 구하러 말라버린 우물을 향해 뛰어드는 것과 같다. 결국 목이 말라 죽게 될지도 모를 일이다.

당신이 남자에 관해 알아야 할 것들

그렇다면 남자와 성공적인 관계를 맺기 위해 알아야 할 것들에는 무엇이 있을까? 핵심사항들은 무엇일까? 그중 몇 가지는 함께 살펴보겠지만 이 주제에 관한 다른 책을 읽어보는 것도 좋다. 존 그레이 박사의 《화성에서 온 남자 금성에서 온 여자(Men Are from Mars, Women Are from Venus)》

는 이 분야에 관한 유명한 책이다. 케빈 레만 박사의 《그가 당신에게 결코 말해주지 않을 일곱 가지 것들(7 Things He'll Never Tell You... But You Need to Know)》도 읽어보면 좋을 책이다. 다른 책도 많이 있으므로 마음에 드는 책을 하나 골라 읽어보기 바란다.

남자에 관한 중요한 사실에는 무엇이 있을까? 그들은 무엇을 가장 필요로 할까? 어떤 방식으로 사고할까? 그들에게 진정으로 중요한 것은 무엇일까?

솔직하게 말하자면 남자는 정말로 키만 훌쩍 자란 남자아이에 불과하다. 그렇다. 여러 면에서 성인남자와 남자아이의 유일한 차이점은 그들이 각각 얼마짜리 장난감을 가지고 노느냐뿐이다. 여자아이나 여자들은 관계지향적이다. 우리는 대화를 많이 한다. 남자아이나 남자들은 경쟁지향적이다. 그들은 이기고, 정복하고, 최고가 되고자 하는 욕망으로 내달린다. 그들은 자신이 정복한 것에 대해서만 이야기한다. 자신의 공포, 결함, 한계에 대해서는 서로 이야기 나누지 않는다. 가장 가까운 친구에게도 자기 인생의 세세한 면에 대해 잘 드러내지 않는다. 반면 여자들은 네일숍이나 미용실에서 일상적으로 만나 서로의 인생에 대해 깊숙한 면까지 대화를 나누곤 한다. 기억하라. 여자는 관계중심적이다. 남자는 캐릭터 인형과 같다. 그들은 항상 슈퍼히어로가 되고자 노력한다!

남자는 여자가 자신과 자신이 이룬 것들을 존경해주길 바란다. 자신이 사회적인 관점에서 실제로 얼마나 성공했느냐에 상관없이 자기 여자의 눈에는 영웅처럼 비춰지길 간절히 원한다. 여자에게 자신이 백마 탄 왕자님이나 빛나는 갑옷을 입은 기사, 구세주, 챔피언이 되기를 바란다. 그리고 자신을 승리자로 인정해주기를 간절히 원한다. 그들이 자신만의 방식으로 우리를 위해 뭔가를 해주려 할 때 이를 그대로 두는 것은 매우 중요하다. 우리가 더 잘할 수 있다는 생각이 들더라도 말이다. 그들은 이러한 면에서 우리가 자신의 가치를 인정해주기를 바란다.

여자는 다르다. 여자는 사랑받고 소중하게 여겨지기를 바란다. 이런 방식으로 서로 연결되어 있는 느낌을 받을 때 여자는 자신이 가치 있다고 느낀다. 정복하거나 승리하거나 여주인공이 되고자 하는 욕구는 거의 없다. 남자가 존경을 열망하는 반면 여자는 애정을 갈구한다. 둘은 완전히 다르다. 남녀 간에 어떤 차이점들이 있는지 인식하고 이해하고 나면 서로 존중하는 일이 훨씬 쉬워질 것이다.

남자의 뇌는 여자의 뇌와 다르다. 여자는 여러 가지 일을 동시에 처리한다. 여자의 뇌에는 서로 밀접하게 관련되어 있는 부분이 많고 이들이 동시에 활성화된다. 반면 남자의 뇌는 그렇게 바쁘게 움직이지 않는다. 같은 시간에 훨씬 더 적은 부분이 활성화된다. 여자가 눈 깜짝할 새에 여러 일을 동시에 처리하는 반면 남자는 그렇게 하지 못한다. 그것은 불가능하다. 그러므로 그들에게 그렇게 하라고 기대하는 것은 어불성설이다. 다시 말해 그들은 한 번에 한 가지 일만 생각하는 스타일이다.

그리고 이 점이 남녀 사이에 중요한 차이를 가져온다. 여자들이 사랑과 로맨스에 몰두하는 반면, 남자들은 거의 하루 종일 섹스에 대해 생각한다. 일반적인 남자라면 하루에 약 50~60가지에 달하는 성적인 생각을 할 것이다. 이 가운데 일부는 전광석화처럼 뇌리를 스쳐가기도 하고 일부는 몇 분 동안 지속되기도 한다. 맨살이 드러난 팔, 꽉 끼는 청바지를 입은 여자, TV에 나오는 매력적인 뉴스 캐스터, 동료가 던진 성적 농담 등이 이러한 생각을 유발한다. 그녀가 옷을 벗으면 어떤 모습일지, 가슴을 만지면 어떤 느낌일지 또는 섹스를 하면 어떤 느낌일지 궁금해한다. 그리고 눈 깜짝할 새에 이러한 생각은 자취 없이 사라지고, 그 자리에서 바로 업무에 집중한다. 일에 집중하다 다른 성적인 생각에 빠지고 그러다 다시 돌아오고 하는 이러한 패턴이 계속 반복된다.

남자는 매우 성적인 존재다. 그들은 정기적으로 성욕을 분출하고 표현하고 싶은 욕구를 느낀다. 그들은 육체적인 관계에서 자기 여자에게 충분히 사랑받으면 모든 일에 최선을 다한다. 그리고 자신의 성생활에 만족하면 그들은 보통 행복감을 느끼고 상대에게 충실하게 대한다. 파트너를 기쁘고 만족스럽게 하기 위해 최선을 다해 노력한다. 이들은 정말로 좋은 (또는 대단한) 잠자리 상대가 되고 싶어한다. 또한 어떨 때 만족감을 느끼는지, 자신이 얼마나 멋진지에 대해 여자에게 듣고 싶어한다. 여자가 자신과의 시간을 원하고 즐긴다면 이들은 매일의 일상에 충분한 만족감을 느끼게 된다. 이들이 만족스러운 성생활로부터 얻는 힘은 매일 직면하는 문제와 스트레스에서 야기되는 부정적인 영향을 가라앉혀주기도 한다. 이러한 점을 감안하여 당신의 남자를 적절한 방법으로 칭찬하고 만족시킨다면 그는 당신을 위해 메두사의 머리라도 베어올 것이다(최소한 욕실 바닥에 있는 바퀴벌레라도 군말 않고 처치해줄 것이다). 당신이 그에게 어떤 것을 요구하든 너무 지나치다고 내빼지 않을 것이다. 당신이 이를 요청하는 방법만 제대로 안다면 말이다.

남자와 효과적으로 의사소통하는 방법

모든 것은 남자와 여자 사이의 소통의 문제로 귀결된다. 남자와 여자는 다른 방식으로 일을 처리한다. 여자는 많이 말하고 많이 들어야 한다. 반면 남자는 요약본을 필요로 한다. 그들은 문제와 요구사항과 해결책이 무엇인지만 요약해서 듣고 싶어한다. 그들은 "왜?"라는 질문을 받는 것을 가장 싫어한다. 자신도 어떤 일을 왜 하고 있는지 정확하게 알지 못하는 경우가 많기 때문이다.

이유를 물을수록 그들은 우리가 지나치게 따지고 든다고 말할 것이다. 그들은 말한다.

"그냥 이대로 받아들이거나 나를 있는 그대로 사랑해줄 수는 없어?"

남자들은 그들을 이해하고자 하는 우리의 시도를 자신과 자신의 존재 방식에 대한 수용과 존중이 부족한 것으로 받아들인다. 여자들이 이 사실을 깨닫지 못한다면 그들은 여자들을 밀쳐내고, 차단하고, 침묵하게 할 것이다.

여자가 상처를 받고 대응하면 남자는 여자가 왜 그렇게 예민하게 반응하는지 이해하지 못한다. 그리고 여자는 더욱 상처받는다. 남자는 화를 내고 더욱 비판적이 된다. 이 모든 일들은 순간적으로 통제를 벗어나 걷잡을 수 없게 된다.

"당신은 날 이해 못해. 내 얘기 듣고 있는 거야?"

이런 식의 말이 오고 간다. 여자는 사랑받지 못하고, 공격당하고, 내쳐진 기분이 든다. 남자는 비난받고 무시당한 기분이 든다.

그렇다면 여자는 어떤 방법으로 남자와 소통해야 할까? 남자와 소통하기 위해서는 일단 "왜?"라는 질문을 자신의 어휘목록에서 지워버려야 한다. 남자들이 상대의 거절에 매우 취약하다는 점을 깨달아야 한다. 쉽게 상처받는 어린 소년이 키만 훌쩍 큰 것이다. 여자는 자신을 열어보일 수 있는 친구들이 많은 반면 남자는 그런 친구가 거의 한 명도 없다고 말할 수 있다. 당신의 남자가 자신을 열어보일 수 있는 사람은 당신이 유일할 가능성이 많다. 그러므로 당신에게 비판받으면 그는 정말로 힘들어할 것이다. 자신을 이해하고자 하는 당신의 바람과 이를 위한 질문을 자신에 대한 공격으로 느낄 것이다. 당신이 어떤 비난이나 비판도 하지 않았음에도 불구하고 말이다.

여자는 남자가 이렇게 반응하거나 여자가 상처받았다는 사실을 인지조차 못할 때 그가 잔인하고, 무신경하고, 차갑다고 느낀다. 그들은 "단지 농담이었다."라거나 그들이 생각하는 것이 "악의는 아니었다."라고 말하며 넘긴다. 그런데 남자들은 자신이 여자에게 상처를 줬다는 사실을 알게 되면 패배자가 된 느낌을 받는다. 그들은 여자들이 우는 모습을 보는 것을 싫어한다. 그럼에도 여자들이 왜 화났는지는 전혀 알지 못한다. 이러한 전체적인 상황은 그들이 자신을 부적절하다고 느끼게 만든다. 그러나 그들은 이 일을 해결할 수 없다. 다시 말해 그들은 당신에게 이러한 상처가 생기지 않도록 할 수 없다는 이야기다.

뿐만 아니라 남자들은 두려워하고, 혼란스러워하고, 좌절감을 느낀다. 압도당하는 느낌을 받고 감정적인 과잉상태가 되기도 한다. 한꺼번에 너무 많은 감정이 느껴져 자신이 정확히 어떤 기분인지도 잘 모르게 된다. 그들은 우리와 다르다. 감정적인 격발은 그들의 뇌를 뒤죽박죽으로 만들어 차분하게 생각하는 것이 불가능해진다. 그들은 한 번에 한 가지만 생각한다는 점을 기억하라. 인지기능이 쉽게 흐려지고 혼자만의 공간을 만들기 위해 이해되지 않는 어리석은 말과 행동을 하기도 한다는 점을 명심하라. 이런 주체할 수 없는 상태에 있을 때, 대화로 해결하자고 계속 압박감을 주면 그들은 더욱 더 우리를 상처 입히고 밖으로 밀어낼 것이다.

그러므로 화를 자초하지 말기 바란다. 당신의 남자가 이러한 이유로 안절부절못하고 있다면 커다란 공간을 내어주도록 하라. 그에게 점심 도시락을 싸주며 바깥에 좀 나갔다 오라고 보내도 좋다. 아니면 동성친구와 전화통화를 하거나 혼자 커피를 마시러 나가라. 이런 일들을 할 수 없다면 그냥 다른 방에 들어가 자신을 진정시키라. 그가 혼자만의 공간이 필요하다고 말하면 기꺼이 받아들이라. 떨어져 있는 시간을 즐거이 보내라고 하고, 그 시간을 당신 자신을 돌보는데 쓰라.

일단 그가 자신을 가라앉히고 당신도 자신만의 밝은 빛과 힘, 균형감을 찾은 다음에야 서로에게 다가갈 수 있다. 그럴 수 있도록 동성친구들의 도움을 받으라. 그리고 그의 입장에서 생각해보도록 노력하라. 무엇 때문에 그는 극단적인 반응을 보였을까? 어떤 말과 행동을 했는가? 어떤 것을 놓쳤는가?

왜 나는 당신에게 남자와 소통하라고 권하는 걸까? 왜냐하면 더 노력해야 하는 사람이 바로 당신이기 때문이다. 남자보다는 여자의 뇌가 이런 일에 더 숙련되어 있다는 사실을 잊지 말라. 그러므로 당신이 파악할 수 있는 것을 알아내라. 일단 알아냈다면 그와 다시 마주 앉았을 때 어떻게 이야기를 풀어나가야 할지 잘 알 것이다.

이 점에 대해서는 구체적인 예를 살펴보는 것이 더 도움이 되리라 생각한다. 다음 이야기는 내가 HayHouseRadio.com에서 진행하는 라디오쇼에 걸려온 전화 내용이다.

노스다코타 주에 살고 있는 데비는 결혼생활에서 겪는 소통의 문제에 관해 상담하기 위해 전화를 걸었다. 그녀는 결혼한 지 20년이 지났고 몇 년 전에 한차례 우울증으로 고생한 적이 있었다. 당시에 그녀의 남편은 잠시 동안 외도를 했다. 그의 외도는 결국 끝이 났고 두 사람은 함께 그 일을 헤쳐 나왔다. 그러나 그녀는 여전히 그와 어떻게 소통해야 하는지 알 수가 없었다. 내가 9장에서 가르쳐준 의사소통 방법을 이미 모두 사용해보았지만 어떤 효과도 볼 수 없었다. 그는 벽을 높이 쌓은 채 그녀와 대화하기를 거부했다.

나는 그녀에게 구체적인 사건을 하나 들려달라고 부탁했다. 그가 직장에서 스트레스를 많이 받은 날이었다. 마침 할러윈이었고 아이들은 사탕을 얻으러 갈 생각에 매우 흥분해 있었다. 그가 직장에서 돌아왔을 때 아이들은 외출하게 해달라고 다소 건방지게 굴었다. 그는 갑자기 폭발하더니 아이들에게 소리를 질렀다. 그녀가 그의 반응 때문에 겁이 났다고 말하자 그는 더욱 화를 내며 아무 말도 하지 않고 내면 깊숙이 숨어버렸다. 불난 집에 부채질한 격이 되어버린 것이다.

"남자들이 감정에 압도됐을 때 그러한 소통방법을 써서는 안 됩니다." 나는 말했다. "그들의 뇌는 여자와 달라요. 그는 당신이 말하는 것을 처리할 수 없어요. 감정을 주체할 수 없을 정도이고 심지어 아이들에게 왜 갑자기 화를 냈는지 정확히 모를 수도 있습니다. 그의 행동에 대해 당신이 어떻게 느꼈는지 말해도 소용없어요. 그런 말은 그를 더욱 감당할 수 없는 상태로 만들고 화나게 할 뿐입니다."

데비는 즉각 이 말을 이해했다. 일리가 있었기 때문이다. 그녀는 20년이 넘게 이러한 행동양상을 보아왔다.

"그렇다면 제가 어떻게 해야 할까요?" 그녀는 물었다. "나중에 이야기해야 할까요?"

나는 대답했다.

"네. 그러셔야 합니다. 하지만 특별한 방법으로 하셔야 합니다. 쉽지는 않을 겁니다. 먼저 자신을 진정시키셔야 하고요. 그러고 나서 사랑을 베풀고 지지할 준비가 됐을 때 그에게 다가가 대화를 나누세요. 먼저 직장에서 보낸 힘든 하루에 대해 얘기해달라고 하세요. 대화를 계속하면서 아이들에게 평소와 다르게 행동하는 것을 보고 얼마나 스트레스가 심한 상태인지 알게 됐다고 말하세요. 분노에 찬 행동을 보고 사실 겁이 났다고 마지막에 말하셔도 좋아요. 남편분이 충분히 차분해진 상태라면 당신의 말을 듣고 자기가 한 일에 대해 생각할 거예요. 아마 사과할 수도 있고요."

데비는 나의 조언에 고마워했다. 그녀는 새롭고 필수적인 의사소통기술을 하나 얻은 채 전화를 끊었다. 내가 시행착오를 겪기 전에 누군가가 이를 먼저 알려줬더라면 얼마나 좋았을까 하는 생각이 들었다.

이 일화에서 제일 중요한 핵심은 무엇인가? 남자와 효과적으로 의사소통하기 위해서는 많은 다리를 만들어 두어야 한다. 그가 정신적으로 고갈되었을 때, 당신은 일단 동성친구에게 도움을 받아 자신을 치유해야 한다. 그리고 나서 지혜와 빛으로 무장하고 그의 세계로 걸어 들어가야 한다. 여러 감정을 감당해내고 무슨 일이 벌어지고 있는지 파악하는 일에는 그보다 당신이 훨씬 뛰어나다. 이러한 여성적인 재능을 잘 발휘한다면 그는 당신이 간절히 바라는 모든 것들을 기꺼이 줄 것이다. 어쩌면 더 많이 줄지도 모른다. 그는 당신이 자신을 도와주기를 바란다. 하지만 그렇게 하기 위해서는 다친 어린 아이처럼 그를 대해야 한다. 어떤 것도 그에게 요구해서는 안 된다. 그를 사랑하고 지지해야 한다. 당신이 그렇게 한다면, 그는 자신이 이해받고 인정받고 있다고 느낄 것이다. 그리고 그 10배로 당신에게 보답할 것이다.

| 남자의 뇌는 이리저리 뛰어다니는 메뚜기와 같다

이제 남자들의 또 다른 사고방식과 이것이 여자에게 의미하는 바로 넘어가보자. 대부분의 남자들은 내가 '메뚜기 마음'이라고 부르는 사고방식을 가지고 있다. 그들은 대부분의 여자들이 하는 것처럼 일을 순차적으로, 집중해서 그리고 상호관련지어서 하지 않는다. 그들은 한 가지 생각에서 다른 생각으로 금세 건너뛴다. 그리고 그들은 여자들과는 달리 대화 안에서 각 주제 사이의 연결과 전환을 매끄럽게 하지 않는다.

그래서 여자들은 대화를 하고 있는 도중에 그들이 갑자기 자기의 동료에 대해 이야기하기 시작하면 도대체 어디에서 그 생각이 나왔는지 의아해한다. 우리는 그들이 다음 주 월요일부터 목요일까지 일 때문에 시간이 없을 것 같다고 말할 때 그들 자신도 생각지 못하는 함축된 의미를 곧바로 알아챈다. 월요일에는 축구팀을 코치할 것이고, 수요일에는 '비서의 날' 행사에 비서들을 데려다줄 것이고, 목요일 저녁에는 친구들과 하는 카드 게임을 주선할 것이라는 것을 알고 있다. 그러므로 우리는 그들이 병원에 간 일은 어땠는지 물어보는 걸 잊는다든지, 휴가를 같이 가기 위해 맞춘 날짜를 직장에 알리는 걸 깜빡한다든지, 저녁식사에 초대한 손님들을 위해 집에 가져오기로 한 와인을 안 가져온다든지 할 때 상처를 받기 쉽다.

남자들의 뇌는 이리저리 뛰어다니는 메뚜기와 똑같은 방식으로 이 생각 저 생각으로 옮겨 다닌다. 어떤 생각은 여기에서 튀어나왔다 저기에서 없어지고 당신이 전혀 예상하지 못한 순간에 다시 돌출한다. 반면 여자들의 뇌는 주의력 결핍 과잉행동장애가 있지 않는 한 이처럼 움직이지 않는다. 그러므로 남자들의 이러한 스타일은 여자들을 혼란스럽게 만든다.

이러한 남녀의 차이를 생각할 때, 두 사람이 의사소통에서 혼선을 겪는 것은 너무나 자명한 일이다. 여자는 남자의 '변덕'을 잘못 해석하기 쉽다. 자신에 대한 관심이나 배려가 부족하다고 추정하기 쉽다. 우리가 그들처럼 행동한다면 우리에게는 바로 그런 의미이기 때문이다. 하지만 그들은 다르다. 그러므로 성급한 판단을 내리지 않도록 조심하라. 나는 완전히 다르게 생각해보라고 권해주고 싶다. 그가 어떤 행동을 할 때 그가 왜 그랬는지 당신은 전혀 알 수가 없다고 가정해보라. 그의 행동이 미심쩍을 때 선의로 해석하는 아량을 베풀라. 그리고 비난처럼 들리지 않게 조심하면서 부드러운 말투로 당신이 모르는 무슨 일이 있는지 또는 스케줄상의 문제에 대해 알고 있는지 물어보라. 그는 당신의 도움에 무척 고마워할 것이다. 하지만 아마 직접적으로 고맙다고 말하지는 않을 것이다. 이는 다른 방식으로 당신 앞에 나타날 것이다.

남자와 여자의 감정 차이

이제 남녀의 중요한 차이에 대해 한 가지만 더 살펴보자. 이는 남자가 감정을 처리하는 방법에 관한 것이다. 대부분의 남자는 두 가지의 감정상태를 가지고 있다. 행복하고 문제없는 상태 그리고 화난 상태의 두 가지다. 그들은 여자가 가진 광범위한 감정을 경험하지 못한다. 더군다나 이들은 화가 났을 때 매우 한정된 레퍼토리를 가지고 있다. 조용해지거나, 내면으로 숨거나, 시무룩해지거나, 수동적 공격성을 띠며 우리 말을 절대 안 듣거나, 발끈 성내는 방식으로 미성숙하게 화를 낸다. 그들은 자신의 감정과 욕구에 목소리를 부여하는 데 유난히 재주가 없다. 그들의 이러한 태도나 행동은 집안의 에너지를 완전히 바꿔버린다.

남자는 이 점에서 자신의 영향력을 거의 깨닫지 못한다. 자신이 뭔가 불편하고 화가 난다는 사실조차 잘 모를 때가 많다.

그렇다면 우리는 그들을 어떻게 다루어야 할까? 일단 애정을 가지고 그들이 왜 화가 났는지 그 원인을 찾기 위해 노력해야 한다. 상처 입은 어린아이를 대하듯 신중하고 따뜻하게 대해야 한다. 그들이 성을 낼 때는 잠시 뒤로 후퇴해야 한다. 원하는 것이 무엇인지 욕구를 확인하고 소통하는 데 최선을 다하라고 그들에게 부드럽게 말해줄 수도 있다. 무엇보다 중요한 것은 그들의 존재방식을 인내하고 존중해야 한다는 것이다. 평정을 유지할 때 그들은 아주 멋지고 매력적인 존재라는 사실을 기억하라.

이러한 남녀의 차이 때문에 분통을 터뜨리지 말기 바란다. 그렇다. 남자는 우리를 화나게 하는 존재다. 우리도 그들에게 마찬가지다. 그러나 이성관계의 친밀함 속에서만 얻을 수 있는 인생의 기쁨과 충만함, 즐거움 그리고 열정을 누리기 위해서는 남녀 모두 서로가 반드시 필요하다. 다음 장에서는 삶 속으로 기쁨, 열정, 즐거움을 초대하는 것이 얼마나 중요한지에 대해 배울 것이다.

행복한 성생활은
우리를 치유한다

#12

로맨스와 에로틱한 섹스는 영화, 책, 잡지를 잘 팔리게 만든다. 대중매체는 이것 없이는 대개 잘 팔리지 않는다. 이러한 패턴에는 분명히 이유가 있고, 이 장의 교훈도 같은 맥락이다. 당신은 삶 속으로 기쁨, 즐거움, 열정을 초대해야 한다.

  로맨스, 열정 그리고 성적인 즐거움은 우리가 살고 있는 행성에서 가장 기본적인 충동 중 하나이며 치유제로서의 기능도 한다. 우리 인간들은 활기찬 성생활에 의해 발생하는 엔도르핀 상승작용과 화학작용, 전신치유 작용을 필요로 한다. 실제로 수면, 에너지와 기쁨의 수준, 병과 긴장상태에 대한 저항력 등은 어떤 성생활을 영위하느냐에 큰 영향을 받는다. 사랑이 가득하고 상대를 보살피는 손길은 면역기능에 영향을 미치고 생명을 살린다. 어른의 품에 안겨 충분한 관심과 사랑을 받지 못한 아기들은 잘 자라지 못하고 결국 죽게 된다.

  좋은 성생활은 더욱 완전하게 인생을 사랑할 수 있도록 도와준다. 하루를 시작할 수 있는 힘을 주고, 영혼을 고양시키고, 편히 쉴 수 있는 안전한 항구가 되어준다. 또한 우리를 보호하고, 버팀목이 되어준다. 통찰력과 균형감과 내면의 평화를 가질 수 있도록 해준다.

　몸은 만져지고, 쓰다듬어지고, 귀여움을 받고, 자극받고, 채워지기를 갈망한다. 그리고 이런 식으로 관심을 받을 때 우리의 기분은 더 나아진다. 희망에 차고, 자신을 사랑하고, 내면의 힘을 느끼고, 새롭게 변신한다. 60년대의 유명한 차량용 반전 구호 스티커를 기억해보라. '전쟁이 아니라 사랑을 하자!' 사랑의 행위는 우리를 치유한다. 그리고 전 세계를 치유한다.

| 우선 섹스에 관한 진부한 통념에 마침표부터 찍으라

　이 모든 섹스 이야기가 삶의 치유와 도대체 무슨 관련이 있을까? 정확히 무엇을 추구해야 하고 어떻게 해야 하는가? 관심이 가는 사람들 중 아무나 골라 섹스하기 시작해야 하는가? 바에 가서 남자를 고르기 시작해야 하나? 또는 지금 있는 파트너에게 정기적인 섹스 놀이를 하자고 제안해야 하는가? 절대 아니다! 일단 당신은 자신의 삶 속으로 즐거움을 초대하기 시작해야 한다. 그 즐거움은 새로운 열정이나 오랫동안 가져온 꿈을 추구하기 시작할 때, 자신의 몸에 대해 충분히 잘 알게 될 때 찾아올 것이다.

　당신은 내면의 여신에 신경 쓰지 않았고, 그 때문에 여기까지 오게 되었는지도 모른다. 나는 분명히 그랬다. 당신은 아마 자신과 자신의 성적 매력과 가치에 대해 많은 부정적인 생각과 신념을 가지고 있을 것이다. 많은 여성들이 그런 경향이 있다. 어쩌면 당신은 자신이 너무 뚱뚱하고 매력 없고 늙었다고 느끼며 자신을 의심하고 자신의 몸을 싫어할지도 모른다. 그리고 자아실현이나 만족스러운 성생활에는 관심을 끄고 오로지 사랑, 로맨스 그리고 남을 보살피는 일에만 인생의 초점을 맞추도록 가르침을 받았을 가능성이 매우 크다.

놀랍게도 여자들은 남녀관계가 장기적으로 즐거운 상태로 지속되는 데에는 서로에 대한 끌림, 육체적 궁합, 만족스러운 섹스가 매우 중요한 역할을 한다는 사실을 배운 적이 거의 없다. 남녀 간의 화학작용, 성적인 끌림, 상대와 친밀해지고 싶다는 강력한 욕망은 충만하고 열정적인 관계를 구축하는 데 필수적이다. 섹스를 갈망하는 여자는 방종하고, 여자에게 집적대기 좋아하고 여러 여자와 놀아나는 남자는 섹스에 강한 사나이라는 이중 잣대를 버리라! 진부한 통념은 남자와 여자가 모든 면에서 완전히 다르다고 말한다. 남자는 오로지 섹스만을 원하고, 여자는 로맨스와 사랑만을 갈망한다는 것이다. 이 통념에 이제 마침표를 찍자. 그것은 단지 수많은 '원래 그런 거야.' 가운데 하나일 뿐이다. 사실 이보다 더 진실과 동떨어진 말은 없다. 여자는 성적인 존재다. 그리고 남자들 못지않게 침대에서 또는 부엌 바닥에서 큰 즐거움을 느낀다.

나는 결혼생활에서 성적인 친밀감이 결여되어 있다고 비탄하는 여성들을 많이 만나보았다. 그들은 현재의 파트너가 주지 않는 것 또는 줄 수 없는 것을 원한다. 그들은 흥미롭고 매력적인 상대를 갈망한다. 그러나 현재의 파트너는 원하는 것을 준 적이 없다. 그들은 안정적인 부양자, 좋은 남자, 남편감으로 적절한 남자에 안주했다. 성적인 끌림이 얼마나 중요한지, 그것이 앞으로 자신에게 얼마나 중대한 의미를 가지게 될지 미처 깨닫지 못했을 수도 있다. 그들은 자신의 꿈과 욕구를 유예했다. 그리고 이제 막 깨어나려고 하고 있다.

여기 해결책이 있다. 내면의 여신을 꽁꽁 숨기는 대신 그녀를 해방시킨다면 삶의 치유는 훨씬 쉬워질 것이다. 당신이 깨닫지 못할 수도 있지만 그녀는 언제라도 뛰쳐나와 즐기고 싶어한다. 그녀가 당신의 인생에서 제자리를 찾을 수 있도록 도와준다면 당신은 더욱 즐겁고 충만한 인생을 누리게 될 것이다.

나는 지루한 결혼생활에 성적인 충동이 묻혀서 자신이 섹스에 관심이 있는지조차 알지 못하는 많은 여성들과 상담했다. 그들에게(그리고 나에게) 권할 만한 혁신적인 책으로 유명한 전기 작가 게일 쉬이가 쓴 《섹스와 여성(Sex and the Seasoned Woman)》이 있다. 이 책은 중년의 시기에 대해 다시 정의 내린 정력적인 여성들에 관한 이야기다. 그들은 새로운 정체성, 친밀감, 인생의 열정을 발견했고 젊은 시절보다 더욱 충만한 성생활을 누리고 있다. 그리고 세상에는 이와 같은 수백만의 여성들이 있다. 나도 그중 하나다. 당신도 그중 하나가 될 수 있다. 어떻게 될 수 있는지 그 방법에 대해 살펴보도록 하자.

'오 맙소사!' 당신은 생각할지 모른다. '이 책은 자기치유에 대해 얘기하다가 갑자기 성인용 이야기로 건너뛰었어. 그만 읽어야 해. 나는 이런 것에 아직 준비가 되어 있지 않아.' 또는 당신은 깊은 안도의 숨을 내쉴지도 모른다. 몇 년 동안 이 주제에 대해 혼자 고민해왔지만 차마 누구에게도 털어놓고 의논하지 못했기 때문이다. 또는 열정적인 면을 되찾고 싶은 자신의 욕구를 깨달았으나 성적인 기쁨의 가능성에 대해 무력하게 느끼거나 그 방법에 대해 조금의 감도 잡지 못하고 있을지도 모른다. 아니면 당신은 이 장을 건너뛰어도 상관없는 완벽하게 각성한 관능적인 여성일 수도 있다. 당신이 완전히 진화한 섹스 여신의 기준을 만족시킨다면 나는 당신을 꼭 만나보고 싶다. 우리에게 당신이 체득한 위대한 교훈들을 가르쳐주기 바란다. (하지만 그런 여성이 실제로 존재할지 모르겠다. 내가 지금껏 만나본 모든 여성들은 이 문제로 인해 어떤 식으로든 발버둥치고 있었기 때문이다.)

그렇다면 어떻게 당신의 감각적이고 성적인 면과 접촉을 시작해야 할까? 데이트와 로맨스를 통하는 것만이 즐거움으로 갈 수 있는 유일한 길인가? 당신은 이미 너무 상처받거나 두려움에 휩싸여 있어서 데이트를 시작하기가 쉽지 않을지 모른다. 이런 경우라면 어떻게 시작해야 할까? 무엇을 해야 할까?

이미 배웠다시피 받을 준비가 되어 있는 것만을 가져올 수 있는 법이다. 그리고 무엇에 집중하면 결국 그것을 이룰 수 있다. 의도가 경험을 만든다는 사실을 잊지 말라.

일단 스스로의 아름다움과 성적 매력에 집중하기 바란다. 자신에게 성적인 만족을 원해도 좋다는 허락을 하라. 자신이 기쁨과 즐거움, 충만함을 누릴 자격이 있는 성적인 존재라는 사실을 인정하라. 그리고 자신과 자신의 몸을 매일 긍정하라. 거울을 쳐다보면서 말하라. "너는 아름다워." 매일 아침 세수를 할 때 거울을 보고 웃으며 말하라. "잘 잤어? 예쁜이!" 자신의 벗은 몸을 잘 관찰해보라. 옆모습, 가슴, 팔, 다리 그리고 목 등을 유심히 보라. 그러고 나서 신체의 각 부위에게 따뜻하게 말하라. "넌 나이를 먹을수록 완벽해지고 있어!"

다양한 방법으로 여러 부위를 만져보고 탐구해보기 시작하라. 무엇에 흥분하고, 어떤 방식으로 자극받기 원하는지 알아내라. 아름답고 섹시한 란제리를 사서 입어보라. 오일과 섹스 용품들로 실험을 해보라. 로맨스 소설과 에로틱한 문학작품들을 읽어보라. 상상하고, 꿈꾸고, 관능적인 음악을 들으라. 내면의 여신과 닿도록 도와줄 수 있는 것은 무엇이든 일단 해보라. 이러한 자기발견의 과정에서 당신을 도와줄 수 있는 몇몇 좋은 책들이 있다. 크리스티안 노스럽의 《폐경기의 비밀스러운 기쁨(The Secret of Pleasures of Menopause)》, 마리안 윌리엄슨의 《기적으로 이끄는 나이(The Age of Miracles)》, 데니스 린의 《비밀과 미스터리(Secret & Mysteries; The Glory and Pleasure of Being a Woman)》 등이다. 나는 이 책들을 읽고 귀중한 비결을 배웠다. 당신도 그러리라 확신한다.

좋다. 이제 데이트를 하고, 남자와 친밀감을 쌓고, 자신을 다시 상처받기 쉬운 상태로 만드는 것에 대해 이야기해보자. 이는 이번 장에서 가장 중요한 부분이다. 이 단계로 넘어가는 것에 대해 걱정이 되는가? 안전하지 않다고 느껴지는가? 아니면 기대되는가? 깊은 상처를 입었던 여성들은 대부분 '모두 다' 라고 대답할 것이다. 당신이 어떤 대답을 하든 당신은 혼자가 아니다. 우리 모두는 그곳에 있었다. 앞으로 나아가는 것은 분명 두려운 일이지만 동시에 우리에게 강력한 힘을 주는 일이다. 하지만 정확히 무슨 일을 해야 하는 것일까?

이 부분에서 성공하기 위해서는 전 과정에 완전히 몰입해야 한다. 자신의 전부를 던져야 한다. 당신은 자신이 아직 받아들일 준비가 되지 않은 것이 무엇인지 깨닫지 못했을 수도 있다. 그러나 당신은 가슴속 열망을 이루는 일을 할 것이고, 그러기 위해서는 7장에서 배운 방법들을 활용할 필요가 있을 것이다.

배신으로 상처받은 과거를 떠나보내는 자신만의 의식을 거행하라

배신으로 깊이 상처 받은 여성들에게는 한 단계가 더 필요하다. 감정적으로 끝낼 필요가 있는 것들을 상징적으로 끝내기 위해 형식이나 의식을 이용하고, 다음에 올 것들을 환영하는 방법이다. 몇 가지 예를 들어보자면 웨딩드레스를 태워버린다든지, 유대교 이혼식에 참여한다든지, 여자 친구들을 불러 모아 이혼 파티를 열고 새로 찾은 자유를 위해 건배하는 방법 등이 있을 것이다. 만약 그와 관계를 유지하고 있는 상태라면, 서약 의식을 하거나 결혼맹세를 다시 하는 방법 등이 있을 것이다. 창의력을 발휘해서 과거를 떠나보내고 미래로 나아가는 자신만의 의식을 만들어보

라. 새로운 아이디어를 위해 친구들에게 조언을 구하고 다양한 종교의 전통을 알아보고 다른 문화를 접해보라. 고정관념에 사로잡히지 말고 다양한 방법을 찾아보라.

  내가 이 글을 쓰고 있을 때 내 어시스턴트인 테레사가 자신의 이야기를 들려주었다. 그 이야기는 지금 우리가 다루고 있는 교훈의 훌륭한 예였으므로, 나는 그녀에게 그 이야기를 자세히 써줄 것을 부탁했다. 이를 옮겨본다.

데이트는 내게 늘 어려운 과제였다. 데이트 상대를 찾기 어려워서가 아니라 특별한 감정을 느낄 수 있는 사람을 찾을 수 없다는 것이 문제였다. 몇 년 동안 나는 달리기 동호회 활동을 했고, 그곳에서 몇몇 괜찮은 남자들을 만났다. 때때로 온라인 데이트 서비스를 통해 아주 괜찮은 남자를 몇 명 만나는 행운을 누리기도 했다.

문제는 그들에게 별다른 문제가 없음에도 불구하고 누구에게서도 특별한 열정을 느끼지 못했다는 점이다. 나는 '사랑에 미친 것 같은' 감정을 원했다. 하지만 누구에게도 그런 감정이 생기지 않았고, 결국 나이가 들면 그런 열정은 생기지 않나 보다 하는 생각이 들기 시작했다. 그런 열정은 젊은이들만 느낄 수 있는 감정인 것처럼 생각되었다. 사랑은 단지 동료애, 우정, 일상적 관심사를 나누는 것 이상이 아닐지도 모른다는 생각 또한 들었다. 이것들이 누군가와 공유하기에 나쁜 것은 아니지만 나는 이보다 강렬한 무언가를 원했다.

이때 나는 자신이 원하는 삶을 사는 법에 대한 많은 책을 읽고 공부하고 있었다. 나는 남은 인생을 내가 원하는 방식대로 설계하기 위해 책에서 배운 방법과 기술을 활용하고 있었다. 나는 정말 잘 해내고 있었다. 갑자기 생기는 사건들에 휩쓸리지 않고 원하는 인생을 만들어가고 있었다. 그러던 중

똑같은 기술을 연애에도 적용시켜야겠다는 생각이 문득 들었다. 나는 책임을 질 준비가 되어 있었고, 늘 찾아 헤매던 이상적인 관계를 시작할 준비도 되어 있었다.

전체 과정에 대해 생각해본 후, 내가 꿈꾸는 이상형의 특징에 대해 매우 자세한 목록을 작성하는 것으로 시작해보기로 결심했다. 나는 그에 대해 글로 써보고 작은 그림까지 그려가며 모든 것을 묘사했다. 외모, 성격의 특징, 좋아하는 것과 싫어하는 것, 목표, 직업 그리고 나에 대해 어떻게 느낄지(이것은 매우 중요하다)에 대해 적었다. 나는 생각해낼 수 있는 모든 것을 소소한 부분까지 자세하게 적었다. 결국 그 목록을 완성하는 데 일주일이나 걸렸다. 그후에도 그 목록을 늘 옆에 두고 단어나 그림을 추가하고 새로운 어떤 것이 생각날 때마다 다시 꺼내들었다. 그중 어떤 것은 너무 사소한 것이라 내가 바보처럼 느껴지기도 했다. 하지만 그럴 때마다 나는 자신에게 이것은 '나의' 목록이라고 되새겼다. 내가 원하는 이상형의 남자를 그려가고 있는 것이니까 말이다.

마침내 묘사 작업이 다 끝났다는 생각이 들자 목록에서 단어와 그림들을 모두 잘라냈다. 그리고 그 종이조각 더미를 밖으로 가지고 나가 작은 금속 팬 위에 올려놓고 불을 붙였다. 연기가 하늘로 굽이쳐 올라가는 것을 보면서, 나는 그 연기가 바람을 타고 날아가 내가 그리는 남자를 찾아줄 것이라고 상상했다. 그리고 그를 내게 데려다 달라고 조용한 목소리로 우주에게 부탁했다.

나는 우주가 하는 일에 힘을 조금 보태야겠다고 생각하고 과거에 이용했던 온라인 데이트 서비스에 다시 가입했다. 그후 얼마 안 있어 크리스에게서 연락이 왔다. 그의 프로필을 처음 봤을 때 나는 우리가 짝이 되리라고는 생각하지 않았다. 그는 이 지역으로 이사 온 지 얼마 안 된 상태였고 저녁식사, 영화, 야구경기 등을 가끔 함께 즐길 사람을 찾고 있었다. 나는 새로운 친구를 사귀는 것도 좋을 것 같다고 생각해 그를 만나보기로 했다. 그리고 세번째 데이트를 할 무렵 우리는 속수무책으로 사랑에 빠졌고 진지하게 만나게 되었다. 지금 나는 그를 1년째 만나고 있다. 그는 내가 목록에서 그렸던 바로 그 남자였다. 완벽한 이상형이었다.

나는 테레사를 만난 것에 대해 하늘에 감사한다. 우주는 내 인생에서 가장 적절한 때에 그녀를 보내주었다. 세상은 가끔 정말 오묘하게 돌아간다. 테레사는 내가 배신으로 무너지기 불과 몇 주일 전부터 나와 일하기 시작했다. 새로운 도전과 임무를 많이 경험할 수 있는 차별화된 직업을 원하던 그녀는 내가 낸 어시스턴트 모집광고에 지원했다. 의사, 칼럼니스트, 라디오쇼 진행자, 작가로 일하는 현재의 내 사회활동은 그녀의 바람을 잘 만족시켜주고 있다. 우리 둘 중 누구도 그녀의 일이 결국 이렇게까지 흥미진진하고 차별화될 줄은 몰랐다. 우리는 이에 대해 오늘도 농담을 나눈다.

그녀는 나의 친구였고, 속을 털어놓을 수 있는 사람이었으며, 아내였고, 공동부모였고, 법률 보조인이었으며, 내 결정에 대해 의견을 물을 수 있는 사람이었다. 테레사는 내가 찾고 있던 바로 그 어시스턴트였을 뿐 아니라 하느님이 보내주신 뜻밖의 선물이었다. 그리고 지금 그녀는 자신의 경험과 지혜를 들려줌으로써 당신까지 돕고 있는 중이다. 그녀에게 배워야 할 것이 많다. 그녀가 창조한 의식과 일구어낸 변화를 관심 있게 살펴보라. 그녀는 머리를 쥐어짜며 고민을 거듭했고 자신의 직관을 따랐다. 당신도 할 수 있다.

생각해보라. 어떤 종류의 형식, 의식, 통과의례에 끌리는가? 종이에 적고, 태우고, 친구들과 공유하고, 축배를 들고, 환영하고, 떠나보내기 위해서 어떤 방식을 택할 것인가? 편지에 써서 묻어버리거나, 풍수지리에 따라 가구를 재배치하거나, 주술사를 만날 것인가? 빼버리기로 한 반지를 대신할 장신구를 자신에게 선물하는 것은 어떤가? 오래된 러브레터들을 찢어버리고 재활용하는 것도 도움이 되지 않을까? 감정적으로 마침표를 찍어야 할 필요가 있는 과거를 상징적으로 끝내고 다음에 올 미래를 환영하기 위해 당신은 무엇을 할 것인가? 이미 끝나버린 인생의 한 장을 닫고 그 다음 장으로 완전히 넘어가게 도와주는 일을 무엇이든 꼭 하기 바란다. 당신의 새로운 이야기는 이제 막 시작하려고 한다!

자신만의 사랑의 언어 발견하기

당신은 이렇게 생각할지도 모른다. '이것 봐. 이럴 줄 알았어. 이번 장은 섹스와 열정에 관한 것이고, 이제 내게 나가서 데이트하고 섹스하라고 말할 참이야. 하지만 나는 이런 것들을 할 준비가 하나도 돼 있지 않아. 일단 몸매를 다듬어야 하고, 단장하고, 변신하고, 5~10킬로그램 정도 살을 빼야 해. 일단 성형수술부터 해야겠군. 이따위 꼴을 하고 있으면 아무도 나를 매력적이라고 생각하지 않을 거야!'

틀렸다! 틀렸다! 틀렸다! 당신은 틀렸다. 걱정은 집어치우고 일단 움직이라. 당신은 사랑을 해야 하고 사랑을 받아야 한다. 그것이 당신에게 좋다.

어쨌든 중요한 것은 당신은 지금 그대로의 모습으로 멋지다는 것이다. 대부분의 남자들은 자신의 몸에 만족하지 못하는 얼굴만 아름다운 여자보다는 자신감 넘치고 섹시한 여자에게 더 호감이 간다고 말한다. 섹시한 여자들은 자기확신에 차 있고, 자신을 수용하며, 감각적이고, 남자들과 농담하고 잘 어울리며 그들의 관심을 끄는 것을 편하게 여긴다. 그들은 기쁨에 차 있고 기꺼이 그 기쁨을 다른 사람들과 나눈다. 감각적인 여자는 침대에서 재미있고, 파트너를 즐겁게 해주고 싶어 안달하며, 남자가 그녀를 즐겁게 해주는 법을 스스로 깨닫도록 만든다. 그리고 안 믿을지도 모르겠지만 대부분의 남자들에게 자기 여자를 즐겁게 하는 데 성공하는 것보다 그들을 흥분시키는 것은 없다.

그렇다면 데이트를 하고 관계를 쌓는 것은 전부 섹스를 위해서인가? 이것이 삶을 치유하기 위해 키워야 할 유일한 종류의 열정인가? 아니다. 그렇지는 않다. 하지만 섹스와 열정과 로맨스는 우리 대부분에게 매우 근본적인 문제다. 기억하라. 사랑은 세상을 돌아가게 만드는 힘이다.

하지만 모든 사람들이 똑같은 방식으로 사랑을 경험하는가? 예를 들어 섹스나 육체적인 접촉은 남성과 여성에게 동등하게 중요한가? 남성이나 여성 개개인이 느끼는 그 중요성은 똑같은가? 아니다. 사람들은 다양한 방식으로 느끼고, 사랑을 표현한다. 사람들은 자신의 파트너, 데이트 상대, 사랑하는 사람이 자기와 똑같을 것이라고 추정하는 경향이 있다. 이것은 틀린 생각이다.

게리 채프먼은 이 문제에 관해 《다섯 가지 사랑의 언어(The Five Love Languages; How to Express Heartfelt Commitment to Your Mate)》라는 책을 썼다. 이 책에서 그는 다섯 가지 구체적인 사랑 언어, 다시 말해 사람들이 사랑을 표현하는 여러 가지 다른 방법들을 제시한다. 그것은 각각 소중한 시간, 긍정의 말, 선물, 서비스해주기 그리고 육체적 접촉이다. 그리고 그는 우리들 각자가 1위로 꼽는 사랑 언어는 각기 다르다고 말한다. 그는 이 다섯 가지 사랑 언어를 각각 별개의 장에 자세히 묘사하고, 자신과 파트너가 각자 제일 중요하게 생각하는 사랑 언어가 무엇인지 확인할 수 있는 방법을 가르쳐준다. 또한 상대에게 적합한 언어로 사랑을 표현하고 사랑을 구할 수 있는 방법을 제시해준다. 그에 따르면 대부분의 관계에서 각자 제일 중요하게 생각하는 사랑 언어는 남녀가 서로 다른 경우가 많다고 한다.

내가 이제 어떤 말을 하려고 하는지 아마 짐작이 갈 것이다. 당신의 관계가 성공적으로 이어지고 두 사람이 기쁨을 느끼기 위해서는 각자 어떤 사랑 언어를 제일 중요하게 생각하는지 서로 확인할 필요가 있다. 채프먼의 책을 꼭 읽어보기 바란다. 가슴속으로 열망하는 사랑을 만들어가는 데 그의 가르침을 반영하기 바란다. 그리고 내면의 여신을 바깥으로 데리고 나오는 것을 절대 잊지 말기 바란다.

다시 누군가를 만날 수 있을까?

좋다. 이제 데이트 관련 문제를 해결해야 할 시간이다. 나는 데이트할 때 도움이 되는 몇 가지 구체적인 비결과 방법을 제시하고자 한다. 아마 당신은 오랫동안 데이트 세계의 바깥에 머문 후 이제 그 안으로 다시 들어오려고 하고 있을 것이다. 또는 들어온 지는 꽤 되었지만 아직 아무 성과가 없을지도 모른다. 데이트를 해야 하는지, 한다면 어떻게 해야 하는지 고민하느라 시간만 보내고 있을지도 모른다. 당신이 어떤 상황에 처해 있든 다음 목록으로부터 뭔가 배울 수 있을 것이다. 가장 끌리는 방법을 활용해보라.

1. 마음을 열고 친근하고 활발한 사람이 되어라. 친근하고 수용적이고 누구든 환영하는 태도를 취한다면 사람들이 곁으로 모여들 것이다. 그들은 당신에 대해 알고 싶어하고 자신에 대해서도 당신과 공유하고 싶어할 것이다. 다른 사람들에게 먼저 인사를 걸어보고 커피숍에서 혼자 앉아 있는 남성에게 테이블을 같이 쓰자고 먼저 제안해보라. 아니면 슈퍼마켓 계

산대에서 뒤에 서 있는 남성과 가벼운 대화를 시도해보라.

—

2. **남자들에게 접근하라.** 접근받기를 기다리고 있지 말라. 남자들은 자신에게 다가오는 여자를 좋아한다. 늘 이성에게 접근하는 역할을 해야 한다는 건 힘든 일이다. 남자들은 거부를 두려워하고, 그들 중 일부는 정말로 수줍음이 많다는 사실을 기억하라. 대부분의 남자들은 자신에 대한 가벼운 관심의 표현을 고맙게 받아들인다. 그러므로 한번 시도해보라. 시도해보지도 않는다면 무슨 일이 어떻게 진행될지 어떻게 알겠는가?

—

3. **현실적이 되라.** 칠칠치 못한 남자에 안주하지 말라. 그렇다고 지나치게 까다롭게 굴지는 말라. 어떤 남자도(여자도) 완벽하지 않다. 우리는 모두 인간에 불과하다는 사실을 기억하라. 간절히 바라는 사람이 반드시 나타날 것이라고 믿으라. 하지만 당신이 바라는 이상적인 남성은 본모습을 감춘 채 다가올 수도 있다. 첫눈에 보기에 그는 당신이 기대하던 모습이 아닐지도 모른다. 그러므로 그의 겉모습만 보고 섣불리 판단내리지 말기 바란다. 키스를 받으면 왕자로 변하는 개구리 이야기가 인기 있는 이유가 있다. 불완전해보이는 사람이 당신과 완벽한 천생연분이 될 수도 있다. 설령 그렇지 않다 해도 그는 당신에게 중요한 무언가를 가르쳐줄 것이다.

—

4. **하루하루를 무언가를 배울 수 있는 기회로 여기라.** 당신이 어떤 남성을 만나고, 인사를 나누고, 함께 식사할 때마다 당신은 스스로 성장할 수 있는 기회를 갖는 것이다. 그의 어떤 점이 좋은지, 어떤 점이 싫은지에 대해 관심을 기울이라. 무엇이 당신을 웃게 만드는지, 그의 어떤 행동이 당신의 흥미를 끄는지, 어떤 면에 마음이 닫히는지 잘 살펴보라. 그와 함께 있으면 즐거운가? 그는 재미있고, 사려 깊고, 지적이고, 매력적인 사람인가? 아니면 지루한 사람인가? 그를 만지고 싶은가? 그와 더 많은 시간을 보내고 싶은가? 그와 함께 있는 시간이 빨리 지나가는가? 아니면 지루해서 견딜 수 없을 지경인가? 매일 매 순간 당신은 무언가를 배울 수 있다.

—

5. **인내심을 가지라.** 서두르지 말라. 어떤 사람과의 관계에서 눈에 보이는 성과를 이루기 위해 지나치게 많은 에너지를 쏟지 않게 조심하라. 무리하게 밀어붙이지 말라. 인내심을 가지라. 충분히 괜찮다고 느껴질 때까지 기다리라. 언젠가는 해결될 일이라면 분명히 적합한 때가 있을 것이다. 상대를 지나치게 옥죄지 말라. 만약 그렇게 한다면 가장 활기 넘치는 관계

에서 생명력을 빼앗아버리는 것이 된다. 현재를 마음껏 즐기라.

―

6. 수용력을 기르라. 그를 바꾸려고 하지 말라. 당신이 바꿀 수 있는 유일한 사람은 바로 당신 자신뿐이다. 상대가 자기 자신에 대해 그리고 자기가 중요하게 생각하는 것들에 대해 하는 말들을 유심히 들으라. 그를 있는 그대로 받아들여야 한다. 당신이 그를 현재 모습 그대로 좋아한다면 계속 만나도 좋다. 만약 그렇지 않다면 다시 생각해보기 바란다. 그는 조금도 변하지 않을 것이다. 어떤 사람의 잠재력 때문에 그와 머무르는 실수를 저지르지 말기 바란다. 그것은 언제나 지는 싸움이다.

―

7. 섹스를 사랑과 혼동하지 않도록 주의하라. 당신에게 빠진 남자들은 당신과 섹스를 하고 싶어할 것이다. 매일 아침을 함께 할 만큼 당신에게 열중한 상태는 아니더라도 말이다. 오랫동안 함께 할 사람인지 아직 검증되지 않은 남성과 섹스가 하고 싶다면 하라. 다만 본인이 무엇을 하고 있는지 명확히 인지하라. 그리고 아래 8번을 주의 깊게 읽어보기 바란다(제발 콘돔을 사용하고!). 만난 지 얼마 안 된 사람에게 섹스 뒤 사랑이 뒤따라 올 것이라고 기대하지 말라.

―

8. 6회 데이트 규칙을 염두에 두라. 만약 어떤 남성과 단순한 성적 관계 이상의 관계를 원한다면 여섯 번 데이트하기 전까지는 그와 섹스하지 않는 것이 좋다. 만약 그가 당신의 몸보다 당신 자체에 관심이 있다면 그리고 당신도 그에게 끌린다면, 그는 여섯 번 데이트할 때까지 기다릴 것이다. 그후 서로의 몸을 탐험하는 시간을 충분히 가질 수 있다. 이 규칙은 단순히 섹스 상대자만을 찾고 있는 남자에게서 당신을 보호하기 위한 것이다.

―

9. 당신과 함께 있는 그 사람을 사랑하라. 다른 커플을 보면서 부러워하는 걸 그만두라. 현재 데이트하고 있는 남자와 함께 있는 시간을 즐길 수 없다면 당장 시간 낭비를 멈추라. 당신의 시간과 그의 시간을 모두 낭비하는 것이다. 그런 상태라면 두 사람 모두에게 좋을 것이 하나도 없다. 그를 그다지 좋아하지도 않으면서 옆에서 서성이게 내버려두는 것은 그에게도 당신에게도 좋지 않다.

―

10. 화학반응은 중요하다. 육체적 끌림의 중요성을 간과하지 말라. 욕구는 끌림에서 시작된

다는 것을 잊지 말기 바란다. 만족스러운 성생활은 사람을 치유해준다. 열정 없는 사람은 끔찍하다. 당신을 흥분시키지 않는 사람과 섹스하거나 그 사람에게 헌신하지 말라.

―

11. 만약 그가 당신을 버린다면, 그것은 축복이다. 배신의 경험에서 이미 배웠듯이 그가 당신에게 그다지 빠지지 않았다면 그와 함께 하지 않는 편이 당신에게 훨씬 낫다. 당신은 가치를 인정받고 소중히 여겨질 자격이 있고 그래야만 한다. 훌훌 털어버리라. 앞으로 나아갈 수 있도록 기회를 준 우주에 감사하고, 갈 길을 가도록 하라.

―

12. 자신을 잘 돌보고 위험한 곳에 들어서지 않도록 조심하라. 모든 사람이 자신과 자신의 과거에 대해 정직하게 말하는 것은 아니다. 당신은 공포영화처럼 무시무시한 이야기를 읽거나, 듣거나, 아니면 직접 체험해봤을 수도 있다. 데이트하기로 마음먹은 남자에 대해 반드시 체크해보기 바란다. 인터넷 검색이나 공공기록을 통해 그의 결혼유무 상태, 범죄기록, 재산세 내역 등을 알 수 있을 것이다. 구글 검색창에 그의 이름을 쳐보고 그가 이야기한 것들이 실제 정보와 맞는지 비교해볼 수도 있다. 이러한 일을 하는 것에 대해 절대 부끄럽게 생각해서는 안 된다. 당신의 건강과 안전이 달려 있을 수도 있다. 데이트 초반 때는 공공장소에서 만나기 바란다. 아직 잘 모르는 남자에게 절대 집주소를 가르쳐주어서는 안 된다. 그를 집에 초대하는 것도, 그의 집을 방문하는 것도 삼가라. 만약 그가 이에 대해 당신을 압박한다면, 벗어나라. 빨리! 그는 문제가 있는 사람이다. 일반적인 남자라면 당신의 이러한 태도를 조심스럽고 주의 깊다고 받아들일 것이다.

―

13. 당신이 준비될 때, 진정한 사랑이 나타날 것이다. 누군가를 만나기 위해 지나치게 열심히 노력할 필요는 없다. 당신이 가슴속 열망을 이루기 위해 제 역할을 다하고 있으면 진정한 사랑은 저절로 찾아올 것이다. 만약 오랜 탐색 후에도 나타나지 않는다면 당신이 벽을 쌓고 있는 것이다. 스스로 그럴지도 모른다는 생각이 든다면 앨런 코헨의 《운에 기대지 말고 똑똑해져라(Don't Get Lucky, Get Smart: Why Your Love Life Sucks and What You Can Do About It)》라는 책을 읽어보기 바란다.

―

14. 자신의 직감을 믿으라. 만약 어떤 남자에 대해 이상한 느낌이 든다면 당장 벗어나라. 어떤 남자에게 자기도 모르게 끌린다면 바보처럼 행동하지 말고 마음이 가는 대로 내버려두라. 그렇다고 지나치게 분석만 하지도 말라. 머리로 이해하는 데 오랜 시간이 걸리는 것들을

가슴은 이미 알고 있을 때가 많다. 내면의 지혜를 믿으라.

---

15. 자신이 성공할 것이라는 것을 알고, 긍정하고, 믿으라. 당신은 간절히 원하는 사람을 결국 찾을 수 있을 것이다. 당신은 능력 있고, 아름답고, 매혹적이고, 멋진 사람이다. 충분한 자격이 있는 사람이다. 당신은 커다란 열정과 기쁨을 경험할 수 있을 것이다. 구하라. 그러면 얻을 것이다.

| 당신 안에 숨어 있는 내면의 여신을 해방시키라

이 장을 마치면서 기쁨과 즐거움과 열정을 삶 속으로 초대하라고 다시 한 번 강조하고 싶다. 당신 안에 있는 내면의 여신은 밖으로 나오지 못해 고통 받고 있다. 그녀를 돌보라. 자기 자신을 사랑하고 다른 사람들이 자신을 사랑하게 만든다면 치유는 한결 쉬워질 것이다.

충만하고 열정적인 성생활을 위해 이번 장에서 배운 비결, 방법, 전략을 잘 활용하라. 당신은 이것이 가져다주는 커다란 기쁨과 치유력을 누릴 자격이 있다. 다음으로 할 이야기는 당신이 비로소 약간의 재미를 갖기 시작했을 때에 관한 것이다. 다음 장에서는 어떻게 하면 현재의 순간에 머무를 수 있는지에 대해 배우겠다. 준비되었다면 넘어가도 좋다.

불안과 걱정을 다스리는 법

#13

앞 장에서 기쁨과 열정 그리고 즐거움을 삶 안으로 초대하는 것에 대해 배웠다. 우리는 어떻게 하면 내면의 여신을 해방시키고 스스로 즐길 수 있는지에 대해 집중해서 이야기했다. 그 여신이 당신의 삶속에 가져다주는 것들을 충분히 즐기기 바란다. 하지만 당신은 여전히 때때로 걱정에 휩싸일 것이고 가던 길에서 벗어나 헤맬 것이다. 이번 장에서는, '여기 그리고 지금'의 선물을 위해 현재에 머무르는 법에 대해 배울 것이다.

지금 이 순간에 머무르기란 늘 어렵다. 대부분의 사람들은 거의 모든 시간 스트레스에 시달리고 있다. 우리는 짜증나고, 압도되고, 신경질적이고, 두렵고, 지치고 그리고 긴장한 상태로 매일 종종걸음 치며 살고 있다. 우리는 게임을 지배하고 있지 못하다. 재정, 건강, 인간관계, 자녀들, 지구 그리고 미래에 대해 늘 걱정한다. 더군다나 배신당한 경험이 있는 사람은 그러지 않은 사람보다 훨씬 더 많은 걱정을 한다.

사람들은 허전한 마음을 채우기 위해 점점 더 많은 물건을 사들인다. 그리고 신경을 안정시키고 잠이 들게 도와주는 약에 수십억 달러를 소비한다. 알코올, 인터넷게임, 텔레비전, 영화와 같은 것들로 자신을 마비시킨다. 미래를 예측하고, 과거의 심리적 외상을 곱씹고, 설명이 불가능한 것들을 애써 분석하느라 진땀을 뺀다. 우리는 이를 멈추지 않을 것이다. 우리는 걱정과 혼란에 중독된 것처럼 보인다.

이러한 부정적인 생각 패턴과 회피 전략에 사로잡힐 때마다 우리는 자신에게서 현재에만 누릴 수 있는 기쁨들을 빼앗고 있다. 마음 깊은 곳에서 우리는 인간이 진정으로 가질 수 있는 유일한 것은 바로 이 순간뿐이라는 사실을 알고 있다. 어떤 것도 보장되지 않는다. 어떤 생각을 하든, 무엇을 하든, 무엇에 집중하든 상관없이 과거를 바꾸는 것도 미래를 통제하는 것도 불가능하다. 그럼에도 불구하고 우리는 끊임없이 과거와 미래에 대해 걱정한다. 그리고 그럴 때마다 스스로를 정체된 삶 속으로 밀어 넣는다.

| 사소한 걱정으로 자신을 괴롭히지 말라
|

배신을 당한 후 삶을 치유하고자 한다면 우선 지나치게 걱정하는 일부터 그만두어야 한다. 오늘의 즐거움을 놓친다면 내일의 기쁨 또한 누리지 못할 것이다.

당신은 매 순간을 있는 그대로 환영하고 소중히 여기기 시작해야 한다. 생각해보라. 미래에 대해 걱정하고 있지만 바로 지금 아무 문제도 없지 않은가. 스스로에게 물어보라.

'오늘 잘되고 있는 일은 뭐지? 어떤 일이 내게 기쁨을 가져다주지? 지금 무엇에 감사하지?'

기억하라. 자신이 집중하는 일이 자신에게 생긴다. 그것이 평안이길 바라는가, 걱정이길 바라는가? 기쁨이길 바라는가, 슬픔이길 바라는가? 희망이길 바라는가, 공포이길 바라는가?
다음 질문을 곰곰이 생각해보기 바란다.

*당신이 늘 걱정하는 사소한 문제들이
생각만큼 중요하지 않을 가능성이 있는가?*

당신은 아마 곧장 "그렇다."라고 답할 것이다. 거의 모든 사람이 이 패턴과 관련되어 있다. 이 문제가 가진 보편성 덕분에《사소한 것에 목숨 걸지 말라(Don't sweat the small stuff……. and It's All Small Stuff)》라는 책이 그렇게 큰 성공을 거둔 것이다. 우리는 사소한 일에 엄청나게 공을 들이고 그 걱정거리들이 무척 중요하다고 생각한다. 그러나 한편으로 마음 깊은 곳에서는 진실을 알고 있다. 우리가 헛수고를 하고 있고 별로 중요하지 않은 일에 집중하느라 에너지를 낭비하고 있다는 사실을 말이다.
《감정을 다스리는 10단계》에서 나는 다음과 같은 내 경험담을 소개했다.
열여덟 살 때, 나는 내 나이보다 두 배, 세 배, 네 배 나이 많은 어른들을 당시에는 소비에트연방이었던 동유럽으로 인솔했다. 패키지 여행회사에서 일하고 있던 나는 사람들과 함께 여행하면서 모든 일이 매끄럽게 진행되도록 하는 임무를 맡았다. 해당 지역의 가이드, 호텔, 항공사 그리고 기타 많은 사람들과 협력해야 하는 일이었다. 일이 크게 힘들다고 느끼지는 않았지만 나는 늘 걱정에 싸여 있었다.
'모스크바나 레닌그라드에 갔는데 가이드와 버스가 공항에서 대기하고 있지 않으면 어떡하지? 그렇게 되면 큰일인데.'
그 당시 소비에트연방에서는 정부가 여행 과정의 모든 업무를 처리하고 통제했다. 보안상의 이유로 방문객들은 자신이 어디에 묵을지 미리 통보받지 못했다. 외국인관광국(국영 여행사) 가이드가 도착시간에 맞춰 공항에 나와 어느 호텔로 가게 될 것인지 알려주고 그곳으로 태워다줄 버스를 미리 대기시켜 놓곤 했다. 나는 걱정이 끊이지 않았다.

'만약 아무도 안 나와 있다면 30~40명 정도 되는 사람들을 데리고 어디로 가야 하지? 뭘 어떻게 해야 하지?'

나는 정말 많이 걱정했다.

어떻게 되었을까? 맙소사, 정말로 그 일이 벌어지고 말았다. 35명의 여행객을 데리고 모스크바에 도착했는데 아무도 나와 있지 않았다. 바로 그 순간 나는 걱정하고 있을 틈이 없었다. '행동해야' 했다. 나는 즉시 여행객 중 한 명을 리더로 정하고 사람들을 그 사람 주위로 모은 후 내가 돌아올 때까지 어디에도 가지 말고 그 자리에 있으라고 말했다. 그러고 나서는 무엇을 해야 할지 알아내고 바로 실행에 옮겼다. 재빨리 공항에 있는 관광국사무소를 알아보고 전화를 걸어 직원을 만났다. 그는 속사포 같은 러시아어로 상황을 정리하고, 버스를 대기시키고, 우리가 원래 묵기로 되어 있던 호텔을 확인해주었다. 또한 우리가 호텔에 도착하면 가이드가 미리 와 있을 것이라고 말해주었다.

별도의 시간을 허비하지 않고 우리 그룹은 숙박지로 갈 수 있었다. 옆에 있는 누구도 계획에 조금이라도 차질이 있는지 전혀 눈치 채지 못했다. 나는 버스 앞자리에 앉아 마이크를 들고 지나가는 창 밖 풍경들을 설명했다. 그러면서 오랫동안 지속된 걱정이 아무짝에도 쓸모없는 공연한 법석이었다는 사실을 깨달았다. 우리들이 하는 수많은 걱정들도 마찬가지다.

내 환자들이 "만약……하면 어떡하죠?"라고 말하면서 '앞으로 생길지도 모르는 상황들'에 대해 장황한 설명을 늘어놓을 때마다 나는 "그 상황이 되면 다 해결될 것입니다."라고 대답한다. 어떤 일이 닥친다 해도 막상 그때가 되면 올바른 해결책이 있을 거라는 생각은 누구에게나 가슴 깊은 안도감을 준다. 이러한 방법으로 우리는 긴장을 풀고 걱정을 떨쳐버릴 수 있다. 한번 시도해보기 바란다.

나 또한 배신을 극복하는 과정에서 그리고 극복하고 나서도 이 교훈을 반복해서 음미했다. 그렇게 함으로써 나는 제정신을 유지할 수 있었다. 예를 들어 매달 소송비 때문에 엄청난 돈을 써야 했을 때 나는 정말로 공포감에 휩싸였다. 가지고 있던 돈을 다 써버리고 결국엔 아이들과 길바닥에 나앉게 될까봐 가슴이 오그라들었다. 이를 해결하기 위해 나는 한 가지 방법을 개발했다. 큰 금액의 수표를 쓸 때마다 수표장부의 지출 기록 옆에 자기긍정문을 적기 시작한 것이다. "걱정하지 마! 다 잘될 거야." 같은 문장이었다. 이런 말들은 내가 현재에 전념할 수 있도록 도와주었다. 결국 모든 것이 정말로 잘되었다. 현재 궁핍하지 않음은 물론 오히려 모든 것을 다 잘해내고 있다. 나의 근심은 말 그대로 공연한 법석이었다. 자신의 인생에 이 방법을 어떻게 적용할 수 있을지 생각해보기 바란다.

'여기 그리고 지금'에 집중할 수 있는 또 하나의 방법이 있다. 기본으로 돌아가라는 것이다.

곰곰이 생각해보라.

— 가장 중요한 것은 무엇이지?
— 현재 나를 즐겁게 하는 것은 무엇이지?
— 무엇에 대해 고마움을 느끼지?
— 무엇이 효과가 있고 어떻게 하면 그것을 더 키울 수 있지?

대부분의 사람들은 이처럼 기본적인 것들에 대해 충분히 생각하지 않는다. 지금의 순간에 머무르기 위해서는 그러한 패턴을 고쳐야 한다.

현재에 머무르기 위해 이용할 수 있는 또 다른 방법은 과거의 경험으로부터 얻은 교훈을 의식적으로 음미해보는 것이다. 당신은 걱정, 공포, 두려움, 고통이 영혼을 파먹도록 내버려둠으로써 불필요한 고통을 많이 겪었다. 변화를 두려워했기 때문에 비참한 상황에 머물렀다. 상황이 더 이상 회복할 수 없는 지경에 이르렀다는 사실과 언제든지 그 상황을 떠날 수 있다는 사실을 깨닫지 못했기 때문에 고군분투했다. 최선을 다했음에도 불구하고 당신은 스스로를 꾸짖고, 비판하고, 의심했다. 이제 당신은 자신이 얼마나 놀라운 사람인지 알고 있다. 스스로에게 이렇게 말해줄 시간이다.

'그 정도 했으면 할 만큼 했어. 충분해!'

자신을 그만 괴롭히라. 그리고 있는 그대로 내버려 두라!

당신의 힘과 기쁨과 내면의 평화를 되찾으라. 매일매일이 새로운 날이다. 이 순간은 당신에게 주어진 귀중한 선물이다. 당신은 이 경이로운 선물을 즐길 자격이 있다. 당신이 구한 것이다. 당신은 권리가 있다. 당신은 자격이 있다. 스트레스를 줄이고, 긴장을 풀고, 평안에 대한 욕구를 존중하는 방법에는 어떤 것이 더 있을까? 몇 가지를 더 알아보자.

나는 저서 《손쉬운 불안 퇴치법(The Stop Anxiety Now)》에 당신을 도울 수 있는 여러 가지 방법들을 모아놓았다. 그것들을 가지고 실험해보기 바란다. 그중 몇몇 방법은 별도의 설명 없이 바로 할 수 있는 것들이다. 운동과 춤, 기도, 챈트, 노래하기, 요가, 태극권, 기공 등이 그것이다. 다른 방법들에는 자기긍정기법(6장에서 배웠던), 긴장이완기법, 심상 그리기 훈련, 내가 '사고 중지'라고 부르는 인지행동 조정기법이 있다. 이 가운데 사고 중지 기법에 대해 알려주고 싶다. 갑자기 불쑥 나타나 길을 잃게 만들고 '지금'을 살지 못하게 만드는 걱정의 연쇄를 끊는 데 사용할 수 있도록 말이다.

걱정에 불을 지피는 생각들을 멈추게 하는 사고 중지 기법

사고 중지 기법은 불안을 효과적으로 다스릴 수 있는 방법으로, 이 기법은 몸과 마음이 얼마나 강력하게 연결되어 있느냐에 영향을 받는다. '불안을 양산하고 유지하는 생각들을 식별하고 이를 멈출 수 있다.' 는 것이 이 기법의 핵심내용이다. 걱정은 나선형의 길을 따라 위로 올라간다. 하지만 그 길을 따라 내려올 수도 있다.

언덕을 굴러 내려가고 있는 눈덩이처럼 점점 그 정도가 심해지는 걱정거리에 대해 생각해보라. 눈덩이는 굴러가면서 차차 추진력이 붙고 크기가 커질 것이다. 이제 그 눈덩이가 벽에 부딪쳐서 멈춘 모습을 상상해보라. 하늘에 찬란한 태양이 뜨면서 온도가 올라가고 눈은 순식간에 녹아 작은 물웅덩이로 변한다. 바로 이 눈덩이처럼 걱정은 적절한 조건 아래에서 완전하게 사라질 수 있다.

일단 걱정에 불을 지피는 생각들을 멈추면 불안은 사라지기 시작한다. 이러한 생각들을 멈출 수 있는 방법을 가르쳐주겠다. 걱정을 키우는 신념들을 날려버리는 데 이 방법을 이용할 수 있을 것이다.

걱정을 키우는 신념에는 다음과 같은 것들이 있다.

— 나는 그 없이는 절대 못 살아.
— 나는 생활보호대상자가 되어 죽을 거야. (또는 빈털터리로 죽을 거야.)
— 나는 위험에 처해 있어. 누군가가 나를 해칠 거야.
— 나는 실패할 운명이야.
— 나는 충분히 잘 해내고 있지 않아.
— 나는 절대 원하는 대로 살지 못할 거야.

위와 같은 불안한 생각이 들 때 마음을 진정시키는 자기긍정이나 암시를 통해 이를 중단시킬 수 있다. 그러나 이런 생각이 자체의 생명력을 얻어 당신을 나선형 고리 속으로 끌고 들어가는 경우가 있다. 그 목소리에 반박하여 진정시킬 수 있다면 우선 그렇게 하라. 하지만 불안한 자아가 이를 되받아 다시 반박하고 끔찍한 생각을 반복하며 통제할 수 없는 지경에 이르면, 현재로 돌아오기 위해 사고 중지 기법을 이용하라.

이 기법은 다음과 같은 단계로 이루어져 있다.

―

1. 자신이 스스로에게 말하고 있는 부정적인 생각을 확인하라. ('나는 그 없이는 절대 못 살아.' 또는 '나는 충분히 잘 해내고 있지 않아.' 와 같은)

―

2. 부정적인 생각에 반대되는 말을 자신에게 '단 한 번만' 하도록 하라. (예를 들면 '나는 필요한 모든 것을 가지고 있다.' 또는 '나는 가치 있는 사람이다.' 와 같은)

―

3. '반복적 단계'를 시작하려는 자신을 발견할 때마다 "멈춰."라고 말하라.

―

4. 부정적인 메시지를 없애야 한다는 것을 기억하는 데 도움을 줄 메모나 물건 같은 것을 이용하라.

―

5. 부정적인 생각에 직접적으로 대답을 함으로써 그것에 계속 집중하지 말고 가능한 방법을 동원하여 주의를 다른 곳으로 돌리라. 음악, 책이나 잡지, 텔레비전, 운동, 요리, 노래, 챈트, 기도, 심호흡, 휘파람, 친구와의 통화, 포옹 등 어떤 방법이라도 당신을 그 생각으로 돌아가지 않게 해주는 것을 이용하라. 당신은 반복적인 사고 패턴을 중지해야 한다.

―

6. 자신이 부정적인 자기대화의 나선형 계단을 오르고 있다고 느낄 때마다 이 기법을 이용하라. 당신은 아마 미처 알아차리지도 못한 채 파괴적인 생각의 순환 고리에 빠지는 일이 많

을 것이다. 하지만 이 기법을 반복하다 보면 언제 부정적인 생각이 당신을 지배하기 시작하는지 그 순간을 정확히 인식할 수 있을 것이다.

7. 이 과정을 계속하라. 시간이 흐를수록 점점 더 빠르게 자신을 멈출 수 있게 될 것이고, 기법을 사용하는 횟수가 점점 줄어들 것이다.

자신만의 사고 중지 기법을 개발하라

자신만의 고유한 사고 중지 기법을 개발하기 위해서는 우선 몇 가지 확인해야 할 것들이 있다. 카드에 몇 개의 작은 멈춤 신호를 만들도록 하라. 멈춤 신호 카드를 만든 후 다음의 질문에 답해보도록 하라.

a. "어떤 불안한 말을 내게 하는가, 점점 커져가는 내 걱정거리는 무엇인가?"
b. "이런 내 생각에 뭐라고 '단 한 번만' 답할 것인가?" 각 생각에 대한 답문을 결정하라.
c. "걱정스러운 생각을 하지 않기 위해 어떤 주의 전환 방법을 사용할 것인가?"
d. "생각 멈춤 신호 카드를 어디에 둘 것인가?" (운전석 앞, 욕실 거울, 달력, 컴퓨터 스크린, 냉장고, 전화 테이블 등에 둘 수 있다.)

이 훈련을 돕기 위해 다음에 나오는 걱정거리의 몇 가지 예와 '단 한 번만' 하는 응답(고딕 글씨)의 예를 읽어보도록 하라.

— 나는 생활보호대상자가 되어 죽을 거야. **오늘은 오늘을 살자. 나는 오늘을 위해 필요한 모든 것을 다 가지고 있다.**

— 나는 위험에 처해 있어. 누군가가 나를 해칠 거야. **나는 현재 안전하고 건강하다. 나는 이 순간에 머물러 있다.**
— 나는 실패할 운명이야. **나는 내 운명을 스스로 만든다. 나는 내 가슴이 원하는 대로 산다.**

주의 전환 목록을 만들기 위해 어떤 스트레스 상황이 닥치더라도 당신이 완전히 몰두할 수 있는 일에는 무엇이 있는지 생각해보라. 다음 목록에서 자유롭게 골라도 좋다.

- 음악(듣기, 악기 연주하기)
- 독서(책, 잡지, 신문)
- 텔레비전 보기
- 운동하기
- 요리하기
- 노래하기
- 챈트 읊기
- 웃기
- 기도하기
- 심호흡하기
- 휘파람 불기
- 명상하기
- 숫자 세기
- 친구들과 만나기
- 포옹하기

앞의 질문들에 답한 후 직접 만든 작은 멈춤 신호 카드들을 지정한 곳에 두라. 그런 후 다음에 나오는 '나의 사고 중지 계획'이라는 이름의 종이에 다음의 방법대로 빈 칸을 채워 넣으라.

- a에는 당신의 걱정거리를 적으라.
- b에는 그 걱정거리에 대해 단 한 번만 말할 용도의 대답을 적으라.
- c에는 멈춤 신호 카드를 놓을 장소를 적으라.
- d에는 당신이 앞으로 사용할 주의 전환 방법을 적으라.

나의 사고 중지 계획

내가 나에게 _____(a)라고 말하기 시작할 때, 나는 내게 _____(b)라고 단 한 번만 대답할 것이다. 그러고 나서 "멈춰."라고 말함으로써 걱정거리들을 떨쳐버릴 것이다. 나는 이 기법을 사용해야 한다는 점을 잊지 않기 위해 중요한 곳에 멈춤 신호 카드들을 놓을 것이다. 그곳은 _____와 _____(c)이다. 스스로에게 "멈춰."라고 말한 후 즉시 나는 나만의 주의 전환 방법을 이용할 것이다. 이는 내가 _____ 을 할 것이라는 의미다.

처음에는 걱정의 나선형 계단으로 많이 들어설 것이다. 그럴 때마다 나는 "멈춰."라고 말해야 할 것이다. 나는 이 사고 중지 계획을 하루에 두 번씩 크게 읽을 것이다. 내 걱정거리들은 점차 줄어들 것이다. 나는 치유될 수 있다. 나의 평안을 위해 나는 최선을 다하고 있다. 그리고 나는 내 마음이 몸을 치유할 수 있는 힘을 가지고 있다는 데 자신감을 느낀다.

걱정거리들을 떨쳐버리면서 불안은 눈 녹듯 사라질 것이다. 나는 조용한 내면의 평화를 경험할 것이다. 나는 순간이 주는 선물을 온전히 누릴 수 있을 것이다.

만약 점점 커져가는 걱정거리가 있다면 앞서 말한 불안 퇴치 방법들을 규칙적으로 사용해보기 바란다. 본인의 '사고 중지 계획'을 하루에 최소한 두 번씩 크게 읽으라. 아침에 일어나자마자 하거나 퇴근 후 또는 잠자리에 들기 전에 하는 것이 제일 좋다. 사고 중지 계획을 읽으면 다음과 같은 두 가지 좋은 점이 있다.

1. 사고 중지 기법을 이용해야 한다는 사실을 강력하게 상기시켜준다.
2. 이 자체만으로 충분히 훌륭한 자기긍정문의 역할을 한다.

당신이 걱정으로부터 거의 자유롭게 될 때까지 3주 동안 이를 하루 두 번씩 읽으라. 그후에는 읽는 빈도를 점차 줄여도 된다. 하지만 천천히 줄여나가도록 하라. 규칙적인 읽기를 끝낸 뒤에도 생활의 활력소로 가끔씩 읽어주는 것도 좋은 생각이다.

카페인 섭취량을 줄이라

신경체계를 안정시키고 현재에 집중하도록 돕기 위해 이용할 수 있는 몇 가지 단순한 영양 조정법이 있다. 카페인, 설탕 그리고 인공감미료의 사용을 줄이거나 아예 끊는 방법이 그중 하나다.

때때로 우리가 먹고 마시는 것은 우리를 불안하게 만든다. 예를 들어 카페인은 뇌와 중앙신경체계를 흥분시킨다. 사람들은 모두 카페인이 가진 에너지를 끌어올리는 힘에 반응한다. 그러나 어떤 사람들은 카페인의 활성화 효과에 극도로 민감하다. 그들은 불안해지고, 심장박동수가 증가하는 것을 느끼고, 혈압이 상승하고, 땀이 나면서 불편함을 느낀다.

많은 음료수와 약물에 카페인이 포함되어 있다. 커피, 차, 탄산음료, 에너지 드링크, 진통제, 각성제 등이 이에 해당한다. 그러므로 평소에 이들의 성분함량 설명을 꼼꼼히 읽고 자신이 카페인을 얼마나 섭취하고 있는지 점검해보기 바란다. 당신은 카페인에 매우 민감한 편인가? 카페인 섭취량을 줄이거나 아예 끊고 싶은가?

만약 카페인 섭취량을 줄이거나 끊기로 마음먹었다면 며칠을 주기로 조금씩 줄여나가기 바란다. 그렇게 해야 두통, 우울, 피로감과 같은 금단현상을 피할 수 있다.

설탕과 인공감미료는 카페인과 비슷한 방식으로 당신의 신체에 영향을 미친다. 많은 단순 탄수화물(과자, 케이크, 사탕, 아이스크림 등)을 한번에 섭취했을 때 또는 다이어트 소다를 많이 마셨을 때 갑자기 불안한 느낌이 상승하는 경우가 있다. 호르몬의 균형은 혈당과 인슐린 수치에 의해 급속도로 변한다. 때때로 음식을 섭취하는 과정에서 발생하는 영양의 불균형은 신경체계를 정말로 불안정하게 만든다. 그러므로 만약 당신이 이에 특히 민감하다고 생각된다면 단당(simple sugar)과 인공감미료의 섭취를 줄이거나 끊도록 시도해보라. 원한다면 차츰 줄여나가도 좋지만 이 영양물들을 갑자기 끊는다고 해도 그리 위험하지는 않다. (내 어시스턴트는 이에 대해 "위험하다는 건 그냥 사람들 생각이에요. 일단 멀리해보세요. 그리고 무슨 일이 벌어지는지 한번 보세요. 하하하."라고 한다.) 당신 스스로 판단해서 결정하라. 자신의 직감을 믿으라.

마지막으로 당신은 신경 안정을 위해 영양보조제나 약물을 사용하는 것에 대해 고민하고 있을지도 모른다. 허브영양제와 항불안제는 어떤 사람들에게 매우 효과가 좋다. 이러한 가능성에 대해 좀더 자세하게 알아보고 싶다면 내가 쓴 책《감정을 다스리는 10단계》를 읽어보거나 현재 상황에 대한 최선의 방법이 무엇인지 주치의와 상의해보기 바란다.

인간관계에서 현재에 머무르기

지금까지 현재가 주는 선물을 온전히 누리기 위해 불안과 걱정을 다스리는 법을 배우는 데 많은 시간을 들였다. 어떻게 하면 이 방법과 개념들을 인간관계에서 발생하는 문제에 적용할 수 있을까? 이 주제에 대해 살펴보자.

인간관계에서 '현재에 머무르기'에 관한 교훈을 배우기 전에 이전 장들에서 이미 배웠던 몇 가지 핵심사항들을 숙지하기 바란다.

1. 당신에게 자신만의 계획이 있을지라도 우주는 당신을 위한 다른 의도를 가지고 있을지도 모른다.

2. 접혀져 있던 인생의 부분들이 차차 펼쳐질 것이고 당신을 놀라게 할 것이다. 미래에 어떤 일이 벌어질지 미리 아는 것은 불가능하다.

3. 타이밍은 매우 중요하다. 당신이 어떤 교훈을 받아들일 준비가 되었을 때 선생님이 나타날 것이다. 당신의 직감적 본능은 당신이 떠나야 할지, 머물러야 할지 또는 어떤 상황 속으로 들어가야 할지 안내해줄 것이다. 적절한 때에 말이다.

4. 그 순간 옳다고 느껴지는 것이 정답이다. 옳지 않다고 느껴지는 것은 오답이다.

5. 바로 지금 이 순간 당신이 원하는 것이 당신이 가슴속으로 열망하는 것이다.

6. 당신이 어떤 상황 속으로 실제로 들어가지 않는 이상 그 상황이 되면 어떤 느낌이 들지

또는 어떻게 행동할지 정확히 예측하는 것은 불가능하다.

---

7. 당신의 직관은 놀랍도록 훌륭하다. 당신이 잘못된 결정을 한다면 그것은 당신이 자신의 직관에 충분히 집중하지 않았기 때문이다.

---

8. 당신은 가슴속 열망을 이룰 수 있다. 매번 매 순간.

지금 이 순간은 충분히 아름답다

나는 현재에 머무르기 전략이 어떻게 관계를 확장하는지 보여주기 위해 내 이야기를 들려주고 싶다. 이 이야기는 이미 언급한 적이 있는 톰과 친밀감이 더해지면서 생긴 일이다. 먼저 기본적인 배경 이야기를 약간 들려주겠다.

처음 만난 바로 그 순간부터 톰과 나는 서로에게 놀랍고도 강렬하게 끌렸다. 신기하게도 우리는 데이트를 시작한 초기부터 우리의 미래에 관해 이야기하기 시작했다. 우리는 이러한 이야기가 의미하는 것들을 책임질 준비가 되어 있지 않았다. 그럼에도 이야기 도중 미래에 대한 이야기가 자꾸 불쑥 튀어나왔고 우리는 이에 끌려들어갔다. 흥분해서 열띠게 이야기했고 심지어 자제력을 잃을 정도가 되기도 했다.

그런 일이 있은 뒤 톰은 주기적으로 불안해하며 자신만의 세계에 틀어박힌 채 나와의 모든 접촉을 끊어버렸다. 그는 과거의 끔찍했던 결혼생활을 되풀이하게 될까봐 두려워하고 있었다. 또한 내가 자신을 떠날까봐 걱정하고 있었다. 나는 그가 자신만의 공간으로 숨어버리자 굉장히 불안해졌다. 이 멋진 남자가 도망가서 영영 돌아오지 않을까봐 가슴 깊이 두려웠다.

사이가 점점 가까워지면서 줄다리기할 일이 많아졌고 우리는 둘 다 겁에 질렸다. 나는 이렇게 말했다.

"우리는 너무 앞서 나가고 있어요. 미래에 대해 어떤 결정을 내리는 걸 잠시 보류하기로 해요. 그리고 지금부터 10개월이나 12개월 후쯤에 우리가 어떤지 보도록 해요. 그때도 우리가 지금처럼 열렬히 사랑하고 있다면 계속 함께 하는 게 당연하겠죠. 간단하죠?"

그리고 이 '현재에 머무르기' 전략은 우리 두 사람을 진정시켜주었다. 톰은 내게 자주 이렇게 말하곤 했다.

"당신은 나보다 훨씬 훌륭한 사람이야. 나 같은 사람 말고 저 넓은 세상에 있는 다른 사람을 만나야 해. 당신은 어느 날 아침에 일어나서 이렇게 말할지도 몰라. '내가 이 남자랑 뭐하고 있는 거지?' 라고."

나는 그럴 때마다 이렇게 대답했다.

"'훌륭한' 이라는 말이 타이틀과 재산을 의미하는 거라면 당신 말이 맞을지도 몰라요. 하지만 내게는 그런 것들이 중요하지 않아요. 나는 내가 당신에 대해 어떻게 느끼는지 잘 알아요. 나는 당신에게 빠져 있고 다른 남자는 누구도 만나고 싶지 않아요. 당신은 나를 행복하게 해요. 그리고 나는 지금 이 순간 옳다고 느껴지는 사람과 함께 있는 게 너무 편안해요."

이 말은 내가 현재에 머무를 수 있도록 도와주었다. 한 순간 한 순간. 마찬가지로 그에게도 도움을 주었다.

이 일화를 쓰고 있는 이 순간 톰과 나는 결혼을 약속한 상태다. 우리는 1년 이상을 함께 지냈고 이 자리에 오기까지 매일 현재의 순간이 주는 선물을 확인해왔다. 우리는 몇 주일 전보다 지금 더 서로를 사랑한다. 그리고 나는 우리의 감정이 계속 커나갈 것이라고 믿어 의심치 않는다. 하지만 나는 너무 앞서나가지는 않을 것이다. 지금 이 순간은 충분히 아름답다. 있는 그대로의 모습으로 말이다.

당신이 이 책을 읽고 있을 때쯤이면 나는 톰과 결혼한 상태일 것이다. 출판의 세계에서 타이밍은 재미있게 돌아간다. 원고는 책이 실제로 인쇄되기 전에 편집자에게 넘어간다. 그러므로 나는 당신에게 오늘의 헤드라인을 말해주고 있는 것이다. 내일의 이야기는 아직 펼쳐지지 않았다. 그곳에 도착할 때 알 수 있을 것이다.

이 이야기의 교훈으로 다시 돌아오자. '현재에 머무르기' 전략을 이용하면 당신은 관계에서 놀라운 성취를 이룰 수 있다. 걱정을 가라앉히고, 균형적 시각을 얻고, 매 순간 자신이 가장 바라는 대로 선택할 수 있을 것이다. 자신의 현재적 지혜를 존중한다면 인생이 매우 명확해질 것이다. 무슨 말을 해야 할지, 무엇을 해야 할지 그리고 어떻게 삶을 즐겨야 하는지 알게 될 것이다. 당신은 매 순간 성공할 수 있다.

이번 장에서 배운 것들을 재구성해보면 다음과 같다.

당신은 바로 이 순간의 선물을 즐기기 위해 현재에 머물러야 한다. 그리고 그럴 수 있다. 배신당한 삶을 치유하려면 지나치게 걱정하는 일부터 그만두어야 한다. 살아가면서 얻는 모든 순간을 환영하고 소중하게 여기기 시작하라. 당신이 그렇게 할 수 있도록 도움을 주는 방법들이 많이 있다. 당신이 항상 걱정하고 있는 것들이 쓸모없는 공연한 법석은 아닌지 곰곰이 생각해보라. 지난날의 삶에서 배운 여러 가지 교훈들을 다시 떠올려보라. 걱정의 순환을 중단시키기 위해 사고 중지 기법을 이용하라. 자기 자신을 긍정하라. 영양 조정에 대해 알아보라. 그리고 내면의 지혜가 관계의 매 순간 자신의 길잡이가 되도록 하라.

이 책의 마지막 장인 다음 장에서는 새로 찾은 자유, 충만함 그리고 멋진 행운을 축하하는 법에 대해 배울 것이다. 준비가 되었다면 그곳에서 만나자.

당신 앞에 놓인 새로운 인생을 마음껏 축하하라

#14

축하한다. 당신은 이제 마지막 장에 도달했다. 우리는 지금까지 삶의 치유에 꼭 필요한 14가지 교훈 중 13가지를 만났다. 모든 장이 당신에게 도움이 되었기를 바라지만 몇몇 장은 당신이 가장 치유받고 싶어하는 곳을 어루만져준 반면, 몇몇 장은 그다지 큰 공감을 주지 않았을 수도 있다. 치유는 자신의 속도에 맞추는 과정이라는 것을 명심하기 바란다. 인생을 치유하는 데는 각자에게 맞는 자신만의 고유한 길이 있다. 서두에서 언급한 것처럼 사람들 개개인은 각자 세상에 단 하나뿐인 방식으로 느끼고, 보고, 성장한다. 그러므로 스스로에게 부드럽고 관대하게 대하도록 노력하라. 문득 생각이 날 때마다 다시 책을 펼쳐 들고 각 장에서 제시한 방법들을 시도해보라. 물을 주고 볕을 쬐어 자신에 대한 신뢰를 키우라. 당신은 필요한 바로 그것을 필요한 바로 그때에 얻을 수 있을 것이다.

이제 우리는 마지막 장에 도달했다. 이제껏 배운 것과 성취한 것에 대해 축하해야 할 시간이다. 우리는 인생의 많은 순간에서 축하해야 할 것들을 무시한 채 그냥 지나친다. 그래서 나는 '축하'의 중요성을 인식하고 기억하는 것을 돕기 위해 이번 장 전체를 이 주제에 할애했다. 그렇다면 여기에서 당신이 실제로 '해야' 하는 것은 무엇일까? '새로 찾은 자유, 충만함 그리고 멋진 행운을 축하하라.' 는 말은 무슨 의미일까?

'속도를 늦추고 하고 있는 모든 일을 점검하고 존중하라.' 는 8장의 교훈을 기억하는가? 우리는 '무엇인가를 하는(doing)' 것이 아니라 '존재하기(being)' 에 집중해서 작업했다. 휴식을 취하고 느긋해지는 작업, 이전의 균형-반균형 구조를 점검해서 '현재' 의 나에게 가장 잘 맞는 체계를 새로 잡는 작업도 했다. 8장에서 배운 이 교훈들의 일부를 이번 장에서 다시 그려볼 것이다. 새로 찾은 자유, 충만함 그리고 멋진 행운을 축하하기 위해서는 내일에 관해 생각하고, 계획을 세우고, 걱정하고, 달려가고, 질주하는 습관을 멈춰야 한다. 단순히 현재의 선물에 감사하고 머무는 이상의 일을 해야 한다. 당신은 자신의 성취와 자유 그리고 행운을 진정으로 인정해야 한다.

사람들은 대부분 인생에서 이 '인식과 인정' 의 단계를 빠뜨리고 산다. 대신 놀라운 업적을 달성하기 위해 자신을 최대한으로 밀어붙인다. 어떤 도전과제를 정복하고 소기의 목적을 달성하고 나면 한숨도 돌리지 않고 다음번 인생의 허들을 뛰어넘기 위해 전속력으로 질주한다. 우리는 자신을 끊임없이 밀어붙인다. 마치 절대로 내릴 수 없는 러닝머신 위에서 뛰고 있는 것처럼 말이다. 자신이 얼마나 대단한 일을 해냈는지 얼마나 축복받은 삶을 살고 있는지 생각하기 위해 잠깐 또는 한순간이라도 멈추는 것을 허락하지 않는다. 항상 해야 할 일이 더 많이 쌓여 있을 뿐이다.

나는 쿨 앤 더 갱의 〈축하(Celebration)〉라는 노래를 좋아한다. 이 노래를 들을 때마다 파티를 하고, 좋은 시간들을 축하하고, 우리 몸을 움직이고, 삶을 즐기는 것이 얼마나 중요한 일인지 새삼 느낀다. 우리는 좋은 시간들을 충분히 축하하지 않고 있다. 축하를 하지 않으면 인생의 충만함과 기쁨을 제대로 누리기가 어렵다. 나는 워크숍을 할 때마다 참여자들을 모두 자리에서 일어나게 해서 함께 노래 부르고 춤추라고 시킨다. 세 번 정도 이렇게 하고 나면 방에 있는 사람들은 대부분 미소를 짓거나 크게 웃는다. 노래는 건강, 충만함, 균형 그리고 삶의 의미에 대해 떠올리게 해주고 이에 대해 이야기를 열어나갈 수 있게 해준다. 치유를 위해 우리가 잘 해나가고 있는 것들에 대해서는 일단 인정해야 한다.

| 성취감 연습하기

잠시 모든 것을 멈추고 자신이 성취한 것들에 대해 생각해볼 시간을 가지기 바란다. 당신은 어떤 것을 이루기 위해, 극복하기 위해 또는 버리기 위해 고군분투했는가? 당신이 지금까지 해낸 것은 그것이 무엇이든간에 대단한 것이다. 당신은 극심한 스트레스 아래에서 살아남았고 계속 성장해가고 있다. 당신이 성취한 것 중 최소한 여섯 가지를 종이에 적어보도록 하라. 도움이 된다면 다음 주제 목록을 참고해도 좋다. 스스로 해낸 일을 가능한 한 자세하고 정확하게 적어보기 바란다.

나는 다음 분야에서 성공했다.

- 자기 돌봄
- 관계
- 부모 역할
- 재정
- 외모/태도
- 직업 활동
- 수용능력 계발하기
- 글쓰기
- 세우기
- 노래하기
- 말하기
- 가르치기

- 영적인 길
- 스포츠
- 여가 활동
- 집/가정
- 우정
- 버리기
- 앞으로 나아가기
- 위험 감수하기
- 의심 또는 책망 버리기
- 배우기
- 사랑하기
- 기도하기
- 춤추기
- 계획하기
- 옮기기
- 받기
- 신뢰하기
- 치유하기

성취감 연습의 예를 들어보겠다. 멋지게 치유와 성장 작업을 해낸 46세의 여성 패티는 어느 날 자신에게 매우 실망한 기색으로 내 사무실에 앉아 있었다. 그녀는 자신이 진짜로 조금의 발전이라도 한 것인지 자꾸 의심이 들어서 힘들어 하고 있었다. 나는 그녀에게 성취감 연습을 해보도록 권유했다. 다음은 그녀가 적은 자신의 여섯 가지 성취다.

1. 4년 전 나는 19년을 함께 산 남편이 자신의 대학 제자와 성관계를 가지고 있다는 사실을 알았다. 삶이 무너졌을 때 나는 내 자신을 잘 돌보았다. 나는 치료를 받고, 이혼소송을 청구하고, 직업을 바꾸기 위해 다시 학교로 돌아갔다.

2. 나는 현재까지 이수한 모든 과목(여섯 과목)에서 A와 B를 받았다.

3. 나는 처음으로 경제적인 책임을 지게 되었다. 나는 내가 번 돈과 이혼수당만을 소비한다. 나는 더 이상 신용카드 빚이 없다.

4. 나는 데이트를 하기 시작했다.
—

5. 나는 상처준 것에 대해 그를 비난하고 원망하는 것을 그만뒀다.
—

6. 나는 용기를 내어 침실을 쇼킹한 색으로 페인트칠했다. 정말 마음에 쏙 든다.
—

    리스트를 다 적었을 때 나는 그녀에게 큰 소리로 읽어보라고 했다. 우리는 4년이라는 시간 동안 그녀가 얼마나 대단한 성장을 했는지 인정했다. 처음 만났을 때 그녀는 절망적인 상태에 있었다. 그녀는 그것을 이겨냈고, 그것으로부터 배웠고, 마침내 자신의 인생을 책임질 수 있게 되었다.

    자신이 쓴 리스트를 보면서 패티는 배신의 선물이 무엇인지 깨달을 수 있었다. 성취감 연습을 통해 그녀는 자신의 과거를 되돌아보고 스스로의 성장을 찬찬히 돌아볼 수 있었다. 그녀는 자신이 결혼생활에서 늘 가족을 즐겁게 해주고 중재하는 역할을 했다고 회상했다. 하지만 그녀는 행복하지 않았다. 결혼의 종말과 함께 새로 찾은 자유가 이전에는 결코 경험하지 못했던 개인적 성취를 가능하게 해주었다. 그녀는 예전의 어느 때보다 행복했다. 이것은 확실히 축하해야 할 일이었다.

    패티와 나는 남은 상담시간 동안 축하계획을 짰다. 그녀는 가장 가까운 세 명의 친구를 초대해서 자신이 가장 좋아하는 멕시코 음식점에서 저녁식사를 함께 하기로 했다. 그녀는 친구들과 칵테일을 마시며 자신의 성취 목록을 공유했다. 그녀는 자신의 성장과 친구들이 보내준 지지에 감사하며 축배를 들었다. 그리고 자신이 해온 일에 대해 잘했다고 마음속 깊이 스스로 인정했다.

패티의 이야기가 주는 교훈을 당신의 성취감 연습에 어떻게 적용할 수 있을까? 이것에 관해 생각해보기 시작하라. 당신에게도 물론 자신에게만 맞는 개인적인 정답이 있을 것이다. 일단 성취목록을 작성했다면 당신을 사랑하고 지지해주는 사람들과 그것을 공유하기 바란다. 친구들과 도움이 될 만한 사람들에게 그들이 생각하는 바를 당신의 목록에 추가해달라고 부탁하라. 그들이 생각하는 당신의 성취는 무엇인가? 다른 사람들은 놀라운 성과라고 보는데 당신은 의미를 축소하고 있는 것이 있는가? 당신이 미처 인식하지 못한 것에는 어떤 것들이 있는가? 목록을 작성하는 데 충분한 시간을 투자하되 중심에서 벗어나지는 말기 바란다. 이 작업은 시간을 두고 계속 되풀이해서 해야만 하는 일이다.

　작든 크든 당신의 성공을 지속적인 방법으로 인정하고 축하하는 일은 매우 중요하다. 어떻게 하면 이를 규칙적으로 할 수 있을까? 축하의식이나 파티를 하면 자신에게 뭔가 도움이 될 것 같다는 생각이 드는가? 그렇다면 하나 만들라. 그리고 멋진 시간을 가지라. 많은 사람들의 축하와 인정이 필요한 순간이 있기도 하지만 작은 성취를 포함한 모든 일에 일일이 파티를 할 수는 없다. 그렇다면 이러한 경우에 어떤 다른 일을 할 수 있을까?

감사의 일기 쓰기

　개인적으로 나는 중요한 일들을 기록하기 위해 감사일기를 사용하는 것을 좋아한다. 당신은 이미 이 개념에 친숙할지도 모르겠다. 감사한 것들에 대해 매일 일기를 써보는 시간을 갖도록 하자. 잠자리에 들기 전이나 하루를 시작하기 전이 가장 적절한 시간이다. 이번 장의 교훈을 위해 나는 당신에게 감사일기를 적어보라고 권유하고 싶다. 자신이 성취한 것들, 다시 말해 해낼 수 있었다는 사실에 감사함을 느끼는 것들에 대해 적어보라. 그리고 그것이 얼마나 중요한지에 대해 상세한 설명을 덧붙여보라. 다음에 제시한 성취/감사 문장들을 참고하라. 당신이 현재 걷고 있는 길을 앞서 여행했던 사람들이 쓴 글이다.

— 나는 아들을 말다툼 없이 전남편의 집에서 데려올 수 있었던 것에 감사한다. 나에게는 큰 발전이었다.
— 나를 무시하는 변호사를 해고하기로 결정한 것에 대해 스스로 축하한다. 그것은 많은 용기가 필요한 일이었다.
— 엄청난 양의 정크푸드를 먹지 않고서 오늘 하루를 버텨낸 것이 나는 무척 기쁘다. 나는 오랜 시간 동안 초콜릿과 쿠키를 자가 치료제로 사용해왔다.
— 나는 믿고 의지할 수 있는 친구들을 가진 것에 감사한다. 오늘 지지를 구하기 위해 누군가에게 전화를 걸었다. 그녀는 흔쾌히 도와주었다. 이전 같았으면 그런 방법으로 도움의 손길을 구하지 못했을 것이다. 나는 정말로 성장하고 있다.
— 나는 오늘 전남편에게 또 속지 않아서 기쁘다. 그는 내게 사탕발림으로 거짓말을 해, 재정문제에 대한 합의를 끌어내려 했다. 이전 같았으면 굴복했을 것이다. 나는 많이 성장했다. 나는 더 이상 정당한 나의 권리를 포기하지 않는다.
— 나는 내 자신이 자랑스럽다. 오늘 온라인 데이트 서비스에 가입했다. 그리고 처음으로 자기소개서를 작성했다. 늘 겁내던 미지의 영역으로 한 걸음 내딛었다.
— 나는 처음으로 아들이 엉망으로 어질러놓은 것을 정리하려고 애쓰지

않았다. 아이가 자신의 실수를 통해 배워야 한다는 사실을 깨달았기 때문이다. 나는 아이를 지나치게 통제하려고 하는 마음을 버려야 한다.

— 나는 오늘 한 남성에게 함께 커피를 마시자고 제안했고 그는 승낙했다. 야호! 예전이라면 절대 그렇게 하지 못했을 것이다.

— 나는 세 번의 데이트 후 이 남자를 그만 만나기로 결정했다. 그와는 짜릿한 화학작용이 일어나지 않는다. 과거였다면 나는 아마 그와 계속 만났을 것이다.

— 나는 오늘 희생자 역할을 그만두기로 결심했다. 변호사 선임비용이 더 오를 것이라는 말을 들었을 때, 나는 이것은 내 자유를 위해 치러야 할 값이라는 사실을 스스로에게 되새겼다. 경제문제가 걱정될 때마다 나는 감옥에 갇혀 있는 기분이었다. 더 이상은 그렇게 살지 않을 것이다.

— 나는 여동생과 의견이 맞지 않을 때 내 의견만 항상 옳다고 고집했던 태도를 버렸다. 본의 아니게 과거에는 그것에 집착했다.

— 나는 친구에게 오래전 상처준 일에 대해 사과했다. 그는 나를 용서했었지만 나는 많은 죄책감을 가지고 살았다. 이제 마음이 정말 가볍다.

— 나는 일을 잘해낸 직원에게 긍정적인 반응을 보여주었다. 반드시 그렇게 할 필요는 없었지만 말이다. 내게는 큰 발전이다.

— 나는 오늘 직장에서 받은 건설적인 비판을 내 수행능력을 향상시키는 데 활용했다. 과거였다면 화를 냈을 것이다. 오늘 나는 그 충고에 대해 감사했다.

— 오늘 아침 마음속에서 비판의 목소리가 나를 공격하는 것을 들었을 때, 나는 "당장 멈춰."라고 말하고 주의를 다른 곳으로 돌릴 수 있었다. 내 자신을 더 잘 돌보게 된 것이다.

— 아까 내가 해낸 성취를 친구와 비교해보는 나를 발견했다. 곧 내 자신이 실패자처럼 느껴지기 시작했다. 그 순간 성취를 축하하는 방법을

배웠던 것을 기억해냈다. 여섯 가지 성취를 적어본 후 나는 훨씬 큰 만족감을 느꼈다.

당신은 방금 16개의 성취/감사 문장 목록을 읽었다. 글을 쓴 각각의 사람들은 성취감 연습을 통해 도움을 얻었다. 당신도 그렇게 할 수 있다. 감사일기를 매일 적어보라. 이 과정에서 당신은 인생의 속도를 늦출 수 있고, 자신의 경험과 그 대응방식에 대해 곰곰이 생각해볼 수 있고, 스스로의 힘으로 성취한 것을 축하할 수 있다. 그것이 아무리 작더라도 말이다. '작은' 성장단계라는 것은 없다. 행동을 아주 조금 변화시킴으로써 태산을 움직일 수도 있는 법이다.

마침내 얻은 자유, 당신은 이제 희생자가 아니다!

그렇다. 당신은 자유롭다. 그리고 당신은 이 선물을 축하해야 한다. 하지만 상처 입고, 배신당하고, 공포 때문에 힘이 다 소진되어 버렸을 때 새로 찾은 자유 안에서 축복을 발견하기란 쉬운 일이 아니다. 사실 뭔가를 상실하고서 이를 자유로 받아들이기는 매우 어려운 일이다. 꿈이 무너져 버리고 나면 상처와 분노, 공포 그리고 고통에 사로잡혀 삶이 앞으로 어떻게 될지에 대해 의심에 가득 차기 쉽다. 실제 위험이 사라지고 난 후에도 공포는 여전히 남아 있을 수도 있다. 자유롭다는 느낌이 들지 않을 때 또는 인생이 어떻게 펼쳐질지 알지 못할 때 해방을 축하하는 일은 어찌 보면 도전적인 일이다.

하지만 이 책에 나와 있는 교훈들을 공부하면서 당신은 인생을 책임진다는 것이 어떤 것인지 많이 배웠을 것이다. 공포와 의심, 희생자 역할, 자기학대로부터 벗어나기 위해 무엇을 해야 할지 당신은 이제 알고 있다. 가슴 깊이 열망하는 삶을 이루기 위해 활용할 수 있는 많은 방법들도 알아냈다. 근심으로 가득 찬 마음을 고요하게 만드는 방법에 대한 안내도 많이 받았다. 인생을 치유하기 위해 어떤 행동을 취해야 하는지 당신은 이제 알고 있다.

당신은 더 이상 희생자가 아니다. 자신이 원하는 삶을 자유로이 만들 수 있는 것이다. 오래된 신념들은 한때 당신을 감옥에 가두었지만 이제 더 이상 그 신념들은 당신의 감시꾼이 될 수 없다. 당신은 이제 가슴 깊이 열망하는 것을 자유롭게 천명할 수 있다. 그리고 당신은 성공할 수 있다. 당신이 마음을 활짝 연다면 당신을 도와줄 수많은 도움의 손길이 있다.

그렇다면 당신이 엄청나게 자유롭다는 사실을 어떻게 기억할 수 있을까? 당신은 적극적으로 스스로에게 그 사실을 되새겨야 한다. 자신에게 찾아온 자유라는 선물에 대해 매일매일 우주에 감사하기 바란다. 자유가 주는 좋은 점에 대해 목록을 작성해보아도 좋다. 자기긍정의 말이나 기도를 암송하거나, 시를 읽거나, 위대한 연설이나 에세이를 다시 읽어봐도 좋다. "나에게는 꿈이 있습니다."로 시작하는 마틴 루터 킹 목사의 유명한 연설을 생각해보라. 그 연설은 결국 '자유'라는 단어로 끝을 맺는다. 새미 데이비스의 〈나는 자유로워져야 해〉 같은 노래에 "나는 이제 자유로워. 그리고 내가 나라는 게 너무 기뻐."라는 가사를 붙여 노래 부를 수도 있겠다. 이를 노래하는 순간 당신은 실제로 자유의 경험 속으로 걸어 들어갈 것이다. 더 이상 자신에게 족쇄가 채워져 있지 않아서 정말 좋다는 생각이 들 것이다.

친구들이 이 '마침내 얻은 자유' 교훈을 얻는 데 당신을 도와줄 수 있다면 더 좋을 것이다. 그들은 당신이 현재 얼마나 축복받은 상태인지 일러줄 수 있고 오래된 생각이 다시 떠오를 때마다 당신이 더 이상 위험하지 않고 자유롭다는 사실을 확인시켜줄 수 있다. 무슨 말인지 다음 일화를 살펴보자.

산드라는 매력적이지만 아주 위험한 소시오패스인 맥스와 17년간 결혼생활을 했다. 하지만 그녀는 그에 대한 진실을 알지 못했다. 오랫동안 그에게 속았고 배신당했다. 파경을 맞은 순간에야 알게 된 사실이지만 그는 결혼생활 내내 문란한 성생활을 계속해 그녀를 큰 위험에 빠뜨려왔다. 또한 그녀와 친구들로부터 돈을 갈취했다. 그녀는 2년 전 마침내 그에게서 빠져나왔다. 그녀는 맥스와 이혼했고 단독양육권을 얻었으며 아이들을 돌보기에 충분한 합의금도 받아냈다.

그녀와 맥스가 서로 한 마디도 안 한 지 일 년이 넘었을 때였다. 그녀는 되도록이면 그와 대화해야 할 일을 만들지 않으려고 애썼다. 어느 날 그녀는 그가 얼마 전 자신의 순진한 친구로부터 또 돈을 갈취했다는 사실을 알게 되었다. 그 다음날 맥스는 아들을 집 앞에 내려주고 나서 그녀가 문밖에 나오기를 기다려 그녀에게 자랑스럽다고 말했다. 그녀가 지역사회에서 상을 받게 된 사실을 알았던 것이다. 그는 그녀를 '자기'라고 부르면서 몇 가지 번지르르한 말을 해댔다. 자신의 잘못에 대해서는 한 마디도 언급하지 않은 채 말이다.

그가 떠난 후 몇 시간 동안 산드라는 정신을 차릴 수가 없었다. 그녀는 그럴듯해 보이는 맥스의 간교에 속아 넘어가는 것이 얼마나 쉬운 일인지 새삼 깨달았다. 그녀는 그에게 끌려들어가는 것처럼 느꼈고 곧이어 공포감에 휩싸였다. 그는 치명적이게 매력적인 협잡꾼이자 사기꾼이었다. 그녀는 진정할 수가 없었다. 도움을 요청하기 위해 친구 조에게 전화를 걸었다.

"그는 더 이상 너를 해치지 못해. 그가 네게 할 수 있는 일은 아무것도 없어. 너는 이제 자유야!"

친구의 말을 듣자마자 산드라는 안도감에 휩싸여 눈물을 터트리고 말았다. 그리고 말했다.

"그 말을 듣고 싶었던 것 같아. 네 말이 사실이라고 머리로는 알고 있지만 몸으로는 여전히 예전처럼 반응하고 있었나봐. 이제는 기분이 괜찮아졌어. 고마워."

산드라는 자신이 자유롭고 안전하고 자기 운명을 책임지고 있다는 사실을 친구에게 확인받아야 했던 것이다. 친구의 분명하고 확신에 찬 말은 그녀를 해방시켰다. 그녀는 진정할 수 있었고 힘을 되찾을 수 있었다. 당신 또한 친구들의 확신과 사랑이 가득한 지지를 통해 도움을 받을 수 있을 것이다. 당신은 믿을 수 없을 정도로 자유롭다. 자신의 자유를 천명하고 이를 스스로 축하하라!

역경의 밝은 면

나는 방금 『뉴욕타임스』에서 한 에세이를 읽었다. 12년 전 심각한 암을 진단받고 자신의 유쾌하고 유머러스한 면을 발견한 여성이 쓴 글이었다. 자신에게 중요한 모든 것을 잃어버릴 위기에 처했을 때, 자신이 어른인 척 행동할 필요가 없다는 사실을 불현듯 깨달았다고 그녀는 말했다. 그녀는 바보처럼 행동하고, 한껏 뛰놀고, 어린아이처럼 굴고, 무엇에도 구애받지 않는 것처럼 자유로워질 수 있었다. 그녀는 현재의 순간을 온전하고 행복하게 살기로 하고 더 이상 나중 일을 걱정하며 살지 않기로 선택했다.

그녀의 글을 읽으면서 나는 즐거움에 가득 찬 어린아이들이 이젤 앞에서 온몸으로 페인트를 흩뿌리며 노는 모습을 떠올렸다. 무너뜨리는 게 재밎기만 한 아이들이 애써 쌓은 블록 탑을 와르르 부수는 소리도 들었다. 물웅덩이에서 첨벙거리다가 물이 사방으로 튀자 깔깔대고 웃는 어린 시절의 나를 보기도 했다.

『뉴욕타임스』의 에세이가 준 교훈은 이번 장의 교훈과 일맥상통한다. 우리에게는 이 순간 축하해야 할 아주 많은 것들이 있다. 걱정, 기대, 자기의심에 대한 집착을 버릴수록 우리의 온전하고 즐거움에 찬 자아가 고개를 내밀 것이다. 우리 모두는 바로 지금 행복해질 수 있다. 그리고 그래야만 한다.

이 에세이의 저자는 암의 극복과 느긋해지기로 한 자신의 결정 사이에 어떤 연관도 짓지 않고 있지만, 나는 그녀가 치료와 회복 과정을 웃으며 받아들이기로 선택함으로써 스스로를 치유한 것은 아닌가 생각한다. 여하튼 그녀의 그러한 접근방식이 고통스러운 방사선 치료를 견뎌내는 데 도움이 된 것만은 확실하다. 그리고 그 과정에서 주위에 작은 기쁨의 씨앗을 퍼뜨렸을 게 확실하다.

치유의 여정에서 당신이 지금 어느 순간에 있든 당신의 역경에는 밝은 면이 있다. 어떤 순간이라도 좋아할 수 있는 어떤 것은 반드시 있다. 친구들과 타인들의 작은 친절일 수도, 부엌 식탁 위에 있는 신선한 복숭아일 수도 또는 정원의 갓 피어난 장미 한 송이일 수도 있다. 갓 태어난 고양이가 가릉거리는 소리일 수도, 뺨에 비추는 한 줄기 햇살일 수도, 라디오에서 흘러나오는 아름다운 노랫소리일 수도 있다. 바로 지금 당신에게 즐거움을 가져다주는 것이 무엇인지 찾아보라. 당신의 역경에는 어떤 밝은 면이 있는가?

내 스스로도 확인했고 수많은 연구결과 또한 보여주는 한 가지 사실은 우리가 인생에 접근하는 방식이 우리의 경험을 결정한다는 것이다. 우리가 새로 찾은 자유, 충만함 그리고 멋진 행운을 축하하기로 선택한다면 우리는 감사와 기쁨, 은총이 우리 안에 넘치는 것을 경험할 수 있을 것이다. 기쁨, 빛, 희망 그리고 신념을 선택할 때 우리는 가슴속으로 열망하는 삶을 살아갈 수 있다. 우리는 배신이 주는 선물을 이해할 것이다. 그리고 삶을 변화시키고 치유할 것이다.

| 우리는 당신과 당신의 멋진 미래를 믿는다

　마지막 장을 마치며 핵심내용을 다시 한 번 짚어주고 싶다. 속도를 늦추고 자신이 이뤄낸 성취들을 인정하라. 잘해나가고 있는 일들을 빼놓지 말고 축하하도록 하라. 성취감 연습, 감사일기, '마침내 얻은 자유' 교훈과 같은 여러 가지 방법들을 활용하라. 당신의 역경에서 밝은 면을 발견하라. 그리고 배신의 경험이 주는 선물을 스스로 이해하라. 당신은 자신의 삶을 치유할 수 있다. 나는 당신이 반드시 그렇게 할 것이라는 것을 알고 있다.

　축하한다. 당신은 배신의 경험 후 삶을 치유하는 데 반드시 필요한 14가지 핵심교훈과 질문들에 대한 공부를 방금 끝마쳤다. 앞으로 이를 반복적으로 다시 읽어보고 삶에 적용시키는 작업을 계속 해나가야겠지만, 이미 당신은 상당히 긴 치유의 길을 걸어왔다. 나는 당신의 성취에 대해 무척 자랑스럽다. 뒤따른 끝맺는 글에서는 이 책에서 제시한 교훈들을 다시 살펴볼 기회를 가질 것이다. 각각을 다시 살펴본 후 자신만의 실천 문장을 만들어보도록 하라. 꼭 기억해야 할 것은 그 문장은 앞으로 계속 바뀔 것이라는 사실이다. 매번 매 순간 당신은 가슴속으로 열망하는 삶을 이룰 수 있다. 나는 당신과 당신의 멋진 미래를 믿는다. 당신이 어떻게 해낼지 상상해보니 벌써부터 기대로 가슴이 벅차다.

끝맺는 글

배신이 당신에게 가져다준 선물

지금까지 배운 14가지 핵심교훈과 질문들을 다시 되돌아보도록 하자. 각 항목을 꼼꼼히 읽고 자신이 이와 관련해서 무슨 일을 하고 싶은지 생각해보고 각 메시지가 지금 이 순간 당신의 인생에서 어떤 의미를 가지는지 구체적으로 고민해보도록 하자. 기억을 새롭게 하기 위해 원하는 장의 본문을 다시 읽어보는 것도 도움이 될 것이다. '삶의 치유'를 위한 각각의 질문이나 교훈을 어떻게 실천할지에 대한 개인적 의견과 앞으로의 계획을 각 문장 밑의 주어진 공간에 기록해보라. 별도의 종이를 이용해도 좋다.

1. 배신이란 무엇인가? 어떠한 감정이 들게 만들고 우리를 어디로 데려가는가?

_____

_____

2. 당신은 선택권을 가지고 있다. 힘을 갖겠는가? 혹은 희생자가 되겠는가?

_____

_____

3. 소시오패스와 결혼했을(혹은 사귀고 있을) 가능성이 있는가?

_____

_____

275

4. 어떻게 여기까지 오게 됐는가, 이 경험을 통해 무엇을 배워야 하는가?

5. 치유에 있어서 용서의 역할은 무엇인가?

6. 가슴속 열망을 이룰 수 있는 스스로의 능력을 믿는가?

7. 당신이 진정으로 원하는 삶은 무엇인가?

8. 삶의 속도를 늦추고, 자신이 하고 있는 모든 일들을 점검해보라.

9. 모험하고 시도하라. 그리고 자신의 감정에 관심을 기울이라.

10. 동성친구들에게 도움을 구하라.

11. 남자들이 당신에게 해줄 수 있는 것은 무엇이고 해줄 수 없는 것은 무엇인가?

12. 당신의 삶 속으로 기쁨과 즐거움 그리고 열정을 초대하라.

13. 이 순간의 선물을 위해 현재에 머무르라.

14. 새로 찾은 자유, 충만함 그리고 멋진 행운을 축하하라.

—

이제 자신의 생각들을 다시 한 번 돌아본 후 '나는 내 삶을 치유한다' 라는 제목의 다음 임무선언서를 작성해보도록 하라. 별도의 종이를 이용해도 좋다.

—

나는 내 삶을 치유한다.

내 지난날을 되돌아 볼 때 나는 다음과 같은 일을 해야 하고 또 하고 싶다는 사실을 깨달았다.

_____

_____

_____

_____

_____

나는 내 욕구와 계획이 시간이 흐름에 따라 변하리라는 사실을 알고 있다. 나는 위에 적은 일들에 매진하는 데 현재 최선을 다할 것이고 미래의 변화에 발맞추어 이 선언서를 발전시켜나갈 것을 맹세한다.

나는 내 인생을 책임질 수 있다. 나는 배신이 내게 준 선물을 이해한다. 나는 내 삶을 치유할 것이다. 나는 가슴속 열망을 이루고 꿈꾸는 대로 살아갈 것이다.

이제 이 임무선언서를 몇 장 복사하라. 몇 군데 눈에 잘 띄는 곳에 붙이고 한 장은 어디에 가든지 늘 지니고 다니도록 하라. 매일매일 이 교훈들을 읽고 실천하고 치유하고, 자신이 성장하는 속도에 맞춰 내용을 업데이트하고 바꿔나가기 바란다. 이렇게 하면 당신은 자신의 인생을 책임질 수 있고, 가슴속 열망을 이룰 수 있을 것이다. 배신이 당신에게 어떤 선물을 주었는지 이해할 수 있을 것이고, 고난을 극복하고 온전한 성취를 이룰 수 있을 것이다.

당신은 경이로운 사람이고 원하는 삶을 살 자격이 있다. 당신의 앞길에 빛과 기쁨이 가득하기를 희망하고 기도한다.

감사의 말

예전에는 책을 한 권씩 낼 때마다 그 책이 만들어지고 출판되기까지 중대한 역할을 한 분들에게 감사의 인사를 드렸다. 글에서라도 감사의 인사를 드릴 수 있다는 게 다행이었고 무척 기다려지는 일이었다.

그러나 이 책을 출판하면서 나는 다른 경험을 했다. 감사할 분들이 많이 있지만 글을 쓰는 초반에도, 도중에도, 후반에도 그러한 공간을 만들고 싶은 생각이 들지 않았다. 처음으로 나는 내 이야기가 아직 끝나지 않았다는 사실을 깨달았다. 배신의 진정한 '선물'은 이제 막 펼쳐졌다. 원고는 끝이 났지만 도착지에 가기 위한 나의 여정은 아직 멀었다. 더 많은 천사들이 내 인생에 들어와 나를 안내해주고, 지지해주고, 아직 배워야 할 것들을 가르쳐줄 것이다. 그리고 그 위대한 스승들 중 일부는 내게 상처를 준 사람들, 나를 심연의 고통으로 데려간 사람들 그리고 인생에 대한 훌륭한 지혜와 이해를 얻을 수 있는 길을 열어준 사람들일 것이다.

나의 멋진 남편 토머스 비버는 이렇게 말했다.

"지금처럼 서로 감사하며 사는 법을 배우기 위해 우리 두 사람 다 그 끔찍한 첫 결혼을 겪어야 했던 것 같소."

나는 그의 말에 전적으로 동의한다. 하지만 다음과 같은 의문이 생긴다.

"나는 내게 고통, 배신, 상처, 공포 그리고 결국엔 지혜를 가져다준 그 사람들에게 고마워하고 있는가?"

그 자체가 말이 되기나 하는가? 나는 절대로 그렇게 생각하지 않는다. 하지만 우리는 고통, 배신 그리고 변화가 준 선물에 감사해야 한다.

이 책의 본문에서 나는 고난의 시간 동안 생존하고, 성장하고, 성공할 수 있게 도와준 많은 이들에게 감사를 표했다. 그러나 아직 언급하지 못한 고마운 사람들이 많이 있다. 사실 그들 모두를 적으려다 한 명이라도 빠뜨리게 될까봐 두렵다. 그러한 이유로 나는 책을 출간하기 시작한 이래 최초로 감사의 인사를 생략하려 한다. 대신 도움을 주신 모든 분들께 기회가 닿을 때마다 직접 만나서 감사의 인사를 드릴 것을 약속한다. 우리 모두는 자주 이렇게 할 필요가 있다.

하지만 반드시 감사 인사를 해야 할 몇 분이 있다. 가장 우선적으로 마샤 왓슨에게 감사의 인사를 드린다. 마샤는 내가 열여섯 살에 뉴저지 주에 살 때 이웃이다. 그녀는 영어 선생님이었고 내게 에세이 쓰는 법을 가르쳐주었다. 그때까지 아무도 내게 주제 잡는 법의 중요성, 단락에서 주제문과 뒷받침 문장의 역할, 결론의 필요성 등에 대해 가르쳐주지 않았다. 나는 고등학교를 다니고 있었지만 짧은 보고서 쓰는 법도 몰랐다. 마샤 왓슨 덕분에 나는 이렇게나 멀리 걸어 올 수 있었다.

두번째로 인생에서 가장 힘든 시기에 나를 잡아주고 지켜봐준, 사랑하는 토머스 비버에게 감사하다. 그리고 가장 예상치 못하던 순간에 운명의 사람을 보내주신 신께 무한한 감사의 인사를 올린다.

세번째로 내 일과 수업을 도와주는 무대 뒤의 챔피언들에게 감사한다. 그들은 내 인생의 큰 선물이다. 고마워요. 로버타 그레이스, 다이앤 레이 그리고 도나 아베이트. 당신들은 최고예요.

마지막으로 내 환자들과 독자들에게 가장 깊은 감사의 인사를 드리고 싶다. 다른 누구보다 여러분 덕분에 나는 최선을 다하고, 배우고, 성장하고, 다른 사람에게 무언가를 주고 무언가를 받을 수 있었다. 여러분이 없었다면 이 책은 존재할 수 없었을 것이다. 모두에게 감사드린다. 신의 축복이 늘 함께 하기를 바란다.

감수의 글

진료현장에 있다 보면 남녀관계의 다양한 양상을 목격하게 된다. 들판에 피어 있는 수많은 꽃들이 하나하나 저마다의 얼굴을 가지고 있는 것처럼 각 커플마다 제각각의 다른 모습을 가지고 있다. 결국 한 사람의 삶을 온전히 이해하지 않고서는 그 사람의 '관계'에 대한 근본적인 접근이 어려운 것이 사실이다.

많은 경우 어릴 때 부모와 가졌던 관계는 성인이 된 후에도 개인에게 영향을 미친다. 어린 시절 최초로 맺었던 인간관계는 성인이 된 후의 인간관계에 영향을 주고 또한 이성과의 인간관계에도 영향을 미친다.

마음의 상처나 물리적인 피해를 받지 않는 현명하고 만족스러운 인간관계를 맺고 살아가고 싶은 것은 모든 사람들의 바람이다. 그럼에도 어떠한 사람들은 과거의 익숙한 (현명하지 않은) 인간관계를 반복하는 경우가 많은데, 이는 새로움에 대해 위험부담을 느끼는 심리가 작용해서 그런 것이다. 그러나 나쁜 경험이 반복되어 과거의 인간관계 패턴을 버리고 싶어지거나, 삶을 살아가면서 자신이 얽매이는 인간관계가 결코 행복을 주지 않는다는 사실을 깨닫게 되면 점차 현명한 인관관계를 지향하게 된다. 그리고 남녀관계에서도 과거에 매여 있는 사슬을 풀고 행복의 날개를 달고 살아가게 되는 것이다.

우리가 어린 시절 가지는 인간관계 모델에는 어떤 것이 있을까?

가장 우선적이고 핵심적인 모델 중의 하나는 부모간의 부부관계가 만드는 모델이다. 아이는 아빠와 엄마의 사고방식, 정서표현방식, 행동양식 등을 장기간 경험하면서 특정한 믿음을 가지게 되고 이 믿음을 기반으로 애정관계 모델을 구축하게 된다. 이와 함께 또 다른 핵심모델 중의 하나는 아이가 아빠와의 관계 혹은 엄마와의 관계를 통해 경험하게 된 것을 바탕으로 한다. 아이는 이러한 인간관계 모델들을 통해 애정관계에서도 '현실적' 모델 그리고 경험하고 싶은 '이상적' 모델을 가지게 되는 것이다. 많은 경우 아이는 성인이 되면 어릴 때 구축했던 관계 모델과 가장 비슷한 유형의 애정관계를 선택한다.

결국 어린 시절에 관계의 문제가 있었다면 성인이 되어서도 애정관계에 문제가 있을 가능성이 많은 것이다. 하지만 성장하는 과정에서 접한 다양한 경험을 통해 사고가 발달하고, 자신을 인식하는 능력이 향상되면서 과거의 관계 모델에 집착하지 않고 애정관계를 현명하게 풀어서 잘 살아가는 경우도 많다. 그러나 과거 어린 시절에 경험한 관계가 현재에 투영되고 그로 인해 현재의 선택을 하게 되는 경우 또한 많은 것이 사실이다.

그렇다면 어떻게 하면 좋은 애정관계를 가질 수 있을까?

과거 어린 시절의 관계를 잘 이해하고, 좋은 경험은 살리고, 좋지 않는 경험은 현명한 선택을 하는 밑거름으로 사용한다면 좋은 애정관계를 가질 가능성이 많아지리라 생각한다. 하지만 삶이라는 게 그리 쉬운 게 아니어서 어쩔 수 없이 다양한 시행착오를 겪게 되고 '배신'이라는 영혼을 파괴시키는 경험을 하게 될 가능성도 생긴다. 이러한 배신의 경험은 개인에게 이루 말할 수 없는 상처와 고통을 주는데 이 배신의 늪에 빠져 허우적거리지 않고 무사히 빠져나올 수 있도록 도와주는, 전문적이면서도 경험이 녹아 있는 책은 거의 없다고 해도 과언이 아니다.

그러한 점에서 이브 A. 우드 박사의 이 책은 매우 의미 있는 책이라고 할 수 있다. 우드 박사는 자신의 개인적인 경험을 용기 있게 드러내고 배신으로 인해 삶이 무너졌던 환자들을 치료한 다양한 사례를 통해 실질적이고 활용 가능한 지침을 제시하고 있다. 이 책은 '배신의 선물(The Gift of Betrayal)'이라는 원제가 암시하고 있듯이 배신이 주는 혹독한 시련의 과정을 극복하고 그 경험을 전화위복으로 삼아 삶의 과정에서 한 발 더 도약할 수 있는 방법을 제시한다. 또한 역기능적 사고와 행동패턴의 원인과 그 극복 방안에 대해서도 명쾌하고 이해하기 쉽게 설명하고 있다.

다만 이 책을 읽는 독자들이 이 책을 통해 도움을 받되 스스로 해결하기 어려운 경우에는 전문가의 도움도 구하기를 바란다. 스스로 자신의 문제를 해결하면 좋지만 감당하기 힘든 경험이 갑자기 찾아올 때는 감정에 압도당해 혼자서 문제해결이 어려운 경우도 있으니 말이다.

배신의 선물은 분명히 있는 것 같다. 이 책을 읽는 분들 모두 배신의 늪에서 벗어나 찬란한 행복의 선물을 찾게 되기를 진심으로 바란다.